财政部规划教材
全国高职高专院校会计专业立体化教材

管理会计

（第二版）

主　编　张文华
副主编　任纪霞　沈　欣　邢　雯

中国财经出版传媒集团
中国财政经济出版社

图书在版编目（CIP）数据

管理会计 /张文华主编. —2 版. —北京：中国财政经济出版社，2021.12

财政部规划教材　全国高职高专院校会计专业立体教材

ISBN 978－7－5223－1035－0

Ⅰ.①管…　Ⅱ.①张…　Ⅲ.①管理会计－高等职业教育－教材　Ⅳ.①F234.3

中国版本图书馆 CIP 数据核字（2021）第 260882 号

责任编辑：张　铮　　　　责任校对：唐　堂
封面设计：构远设计　　　责任印制：张　健

中国财政经济出版社 出版

URL：http：//www.cfeph.cn

E－mail：cfeph@cfeph.cn

社址：北京市海淀区阜成路甲 28 号　邮政编码：100142

营销中心电话：010－88191522

天猫网店：中国财政经济出版社旗舰店

网址：https：//zgczjjcbs.tmall.com

廊坊市佳艺印务有限公司印刷　各地新华书店经销

成品尺寸：185mm×260mm　16 开　16.25 印张　385 000 字

2022 年 11 月第 2 版　2023 年 5 月第 1 次印刷

定价：55.00 元

ISBN 978－7－5223－1035－0

（图书出现印装问题，本社负责调换，电话：010－88190548）

本社质量投诉电话：010－88190744

打击盗版举报热线：010－88191661　QQ：2242791300

前　言

为适应高等职业教育人才培养模式改革需要，推进以学生为中心，以职业能力培养为核心多样化教学模式的实施，本书在第一版基础上，吸收管理会计改革实践的最新成果，对教材体系进行了整合与重构，重点突出管理会计工作岗位职业能力与职业素养的培养和训练。本书充分体现了财经类课程“业财融合”的设计理念，工学结合，以项目和任务为载体，教学做一体化的教学理念，突出实践环节，着力提升学生的动手能力。

本书保持“理论与实务”相融合的总体设计思路，采取“项目导向、任务驱动”的编写模式，以管理会计指引体系和岗位工作内容为逻辑，将全书内容重构为十一个项目，具体包括：管理会计认知、战略管理、预算管理、成本管理、营运管理、经营预测、短期经营决策、项目投资决策、业绩评价、风险管理、管理会计报告。每个项目有明确的“项目导航”“项目目标”（包括素养目标、知识目标和能力目标）“案例导入”“学习任务”“项目总结”和“职业能力训练”等栏目。

编写中，本书依据财政部管理会计改革的思路，不断加强学习和专业建设，在全面贯彻管理会计体系建设指导意见和指引体系的基础上，持续强化案例开发，争取在管理会计教学改革中发挥示范作用。对管理会计的知识传授以够用为目标，重点在于拓展管理会计方法在企业业务活动中的管理作用。同时，结合大数据与会计、大数据与财务管理专业学生“岗课赛证”融通的需求对教材进行“去杂取精、化繁为简”以适应高职学生认知规律和专业技能发展的需要。

修订后的教材突出了以下特点：

第一，思想铸魂，筑牢立德树人根基。教材编写以习近平新时代中国特色社会主义思想为指引，坚持正确的政治方向和价值导向，遵循党的教育方针，坚持立德树人，引导学生树立正确的世界观、人生观、价值观，强化会计职业道德培养，通过素养目标贯彻教材始终，培养财经类高技术技能人才“求真务实、诚信为本、开拓创新”的职业素养。

第二，凝聚编者多年管理会计课程教学实践，将教学经验和体会融入教材编写。教材编写团队借助丰富的管理会计课程教学经验，形成了独特的教材知识阐述方式，将管理会计知识的传授和能力的培养融为一套独特的体系，转化为带着编者思维逻辑来表达问题和传达知识内涵的教材。

第三，教材中尽量简化概念的讲述与描述，能够用图形来表示的，不用文字来表达。知识点由浅入深，层次递进，便于学习者学习掌握。教材各个项目都根据知识点安排知名企业典型案例，培养学生的管理会计逻辑思维，帮助学生更好地理解和运用，提高学生的学习兴趣和知识的可掌握性。教材的使用，提供不同学时数的教学大纲，便于教师教学安排。

第四，新修订教材，引入会计思维的培养，在各部分知识和技能学习的同时，养成管理会计思维。教材中引入中石化、宝钢等企业先进的管理经验和典型案例，使教材使用起来更具有鲜活性和趣味性。

第五，丰富的教学资源，方便“教学做一体化”“混合式”教学模式的实施。提供教学大纲、教学日历、PPT 课件、教案等课堂教学资源，方便线上线下混合式教学实施，增加课程的趣味性。

本书由淄博职业学院张文华担任主编，淄博职业学院任纪霞、江苏财会职业学院沈欣和淄博职业学院邢雯担任副主编。全书由张文华负责设计教材体系和编写大纲，并对全书进行修改、总纂和定稿。

本书在编写和修订中，我们借鉴和吸收了国内外管理会计实践、研究和教学中的最新成果，山东中瑞鲁信税务师事务所有限公司的财务专家参加了教材项目、任务和业务的具体设计及职业能力分析，对教材出版给予了支持和帮助，在此一并致谢！

由于我们水平有限，本书不足之处在所难免，恳请广大读者批评指正，以便今后进一步修订完善。

编者

二〇二二年五月

目　录

项目一　认识管理会计 …… 1

任务一　管理会计的基本内容 …… 3

任务二　我国的管理会计体系 …… 7

项目二　战略管理 …… 14

任务一　战略管理认知 …… 16

任务二　战略地图 …… 20

项目三　预算管理 …… 27

任务一　预算管理认知 …… 30

任务二　预算编制方法 …… 33

任务三　预算的编制 …… 38

项目四　成本管理 …… 51

任务一　成本管理认知 …… 53

任务二　目标成本法 …… 55

任务三　标准成本法 …… 57

任务四　变动成本法 …… 66

任务五　作业成本法 …… 75

项目五　营运管理 …… 95

任务一　营运管理认知 …… 97

任务二　本量利分析 …… 100

任务三　敏感性分析 …… 110

任务四　边际分析 …… 112

任务五　内部转移定价 …… 115

项目六　经营预测 …… 129

任务一　经营预测认知 …… 131

任务二　销售预测 …… 132

任务三 利润预测…………………………………………………………………… 137
任务四 成本预测…………………………………………………………………… 139
任务五 财务预测…………………………………………………………………… 141

项目七 短期经营决策……………………………………………………………… 150
任务一 短期经营决策认知………………………………………………………… 153
任务二 生产决策…………………………………………………………………… 156
任务三 定价决策…………………………………………………………………… 164

项目八 项目投资决策……………………………………………………………… 176
任务一 项目投资决策认知………………………………………………………… 178
任务二 资金时间价值……………………………………………………………… 180
任务三 项目现金流量……………………………………………………………… 183
任务四 项目投资决策分析方法…………………………………………………… 184

项目九 业绩评价…………………………………………………………………… 197
任务一 业绩评价认知……………………………………………………………… 199
任务二 关键绩效指标法…………………………………………………………… 200
任务三 经济增加值………………………………………………………………… 203
任务四 平衡计分卡………………………………………………………………… 207

项目十 风险管理…………………………………………………………………… 219
任务一 风险管理认知……………………………………………………………… 221
任务二 风险矩阵…………………………………………………………………… 223
任务三 风险清单…………………………………………………………………… 224

项目十一 管理会计报告…………………………………………………………… 231

附 录……………………………………………………………………………… 244

参考文献…………………………………………………………………………… 252

项目一
管理会计认知

一个故事告诉你，什么是大数据时代？

某必胜客店的电话铃响了，客服人员拿起电话。

客服：必胜客。您好，请问有什么需要为您服务？

顾客：你好，我想要一份……

客服：先生，烦请先把您的会员卡号告诉我。

顾客：16846146****。

客服：陈先生，您好！您是住在泉州路一号12楼1205室，您家电话是2646****，您公司电话是4666****，您的手机是1391234****。请问您想用哪一个电话付费？

顾客：你为什么知道我所有的电话号码？

客服：陈先生，因为我们联机到CRM系统。

顾客：我想要一个海鲜比萨……

客服：陈先生，海鲜比萨不适合您。

顾客：为什么？

客服：根据您的医疗记录，你的血压和胆固醇都偏高。

顾客：那你们有什么可以推荐的？

客服：您可以试试我们的低脂健康比萨。

顾客：你怎么知道我会喜欢吃这种的？

客服：您上星期一在国家图书馆借了一本《低脂健康食谱》。

顾客：好。那我要一个家庭特大号比萨，要付多少钱？

客服：99元，这个足够您一家六口吃了。但您母亲应该少吃，她上个月刚刚做了心脏搭桥手术，还处在恢复期。

顾客：那可以刷卡吗？

客服：陈先生，对不起。请您付现款，因为您的信用卡已经刷爆了，您现在还欠银行4 807元，而且还不包括房贷利息。

顾客：那我先去附近的提款机提款。

客服：陈先生，根据您的记录，您已经超过今日提款限额。

顾客：算了，你们直接把比萨送我家吧，家里有现金。你们多久会送到？

客服：大约 30 分钟。如果您不想等，可以自己骑车来。

顾客：为什么？

客服：根据我们 CRM 全球定位系统的车辆行驶自动跟踪系统记录。您登记有一辆尾号为 796 的摩托车，而目前您正在解放路东段华联商场右侧骑着这辆车。

顾客：当即晕倒……

大数据时代，企业可以根据海量的数据及时对经营策略作出判断和调整。上面有关大数据的小案例，已经利用到了大家即将开始的管理会计之旅的经营决策、销售决策、收款决策等知识。管理会计的本质就是利用一切可以获取的信息，迅速提炼出精简的文字和数字信息作出经营决策，从而为企业创造价值。

会计思维是财务工作者在日常工作中非常需要的一种思维或习惯。比如作为一个会计，每面对一笔业务，他的想法是应该怎么做账，应该借什么，应该贷什么，科目明细是否会有错误或重复，辅助科目是否恰当，月底是否需要结转或者分期，对资产、负债和损益会有什么影响等等……管理会计则注重的是对思维的培养，对决策能力的关注，对会计人员转型来说必不可少。

项目导航

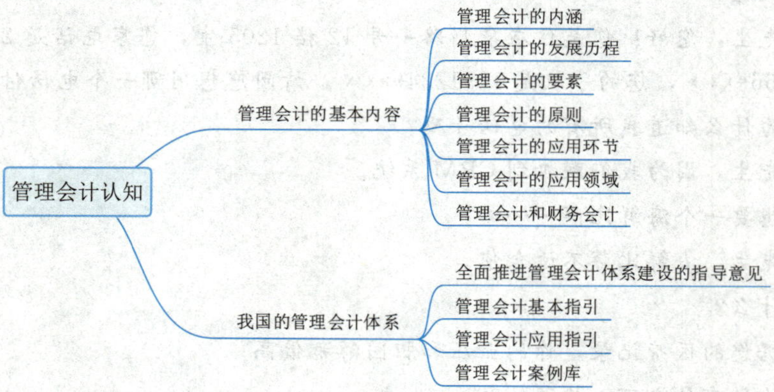

项目目标

素养目标	知识目标	能力目标
• 培养学生爱岗敬业、诚实守信、廉洁自律、客观公正、坚持准则、参与管理的会计职业道德规范 • 培养学生安全意识、风险防范意识和知法守法意识	• 了解管理会计的内涵、发展历程 • 熟悉管理会计的要素、原则、应用环节、应用领域、管理会计与财务会计的区别 • 熟悉全面推进管理会计体系建设的指导意见 • 掌握管理会计指引体系	• 会分析管理会计与财务会计的不同 • 会绘制管理会计的指引体系

课程素养 1－1

管理会计与创新

随着科技革命、生产力发展和社会生产方式转变，社会经济活动的内容、结构和管理运行模式正在发生日新月异的变化，与此相适应，会计工作的对象、工具、理念和方法都要进行相应调整完善。我国通过管理会计体系的建设，推动与新科技、新产业相适应的经营管理模式的构建，有力支持新兴产业发展和经济转型升级，需要明确两方面认识解决好相关问题。一是管理会计体系不只是在工具和技术层面进行创新，而且要主动跟踪研究实体经济发展新突破新变化，对新的科技项目和产业形态进行研究，对其经济性质、经济价值、经济前景进行科学分析评估，依据其产业特点和管理需求创新管理会计理念、方法等，为管理会计"业财融合"等提供科学指导。二是适应新的科技项目和产业形态的我国管理会计体系建设要立足实际，强化问题导向，从各类企业现实发展要求和经营管理矛盾出发，在分析问题和解决问题过程中总结提炼管理会计新理论、新工具、新标准、新方法。

（来源：财务与会计）

案例导入

一提到"会计"，很多人都认为只是与财务报表上的数字打交道，但这是一种误解。对于企业来说，收入、费用、利润等与资金相关的数字是非常重要的指标，管理会计也是从这一领域发展来的。但管理会计所应用的指标不只包括财务数据，它还非常关注根据商业内容的不同，用户数或者顾客满意度和再利用率等与企业经济活动相关的重要的非财务数据。事实上，普通的经理也能够熟练运用管理会计知识。

日本京瓷公司拥有一套非常独特的管理会计制度，创建这些管理会计制度的稻盛和夫也并非会计或者簿记的专家。他是一个典型的技术员出身的经营者，他凭借自己的自学和事业运营经验以及创造力，构筑了一套非常有效且独特的管理会计体制。稻盛和夫还有一本著作《稻盛和夫的实学：经营与会计》，大家有机会可以参阅。

任务一　管理会计的基本内容

一、管理会计的内涵

管理会计是基于企业、行政事业单位内部管理的需要，通过信息处理系统，将财务信息和业务活动密切联系，对单位活动进行预测、规划、决策、控制、评价和考核的管理活动。管理会计的目标是通过运用管理会计工具方法，参与单位规划、决策、控制、评价活动并为之提供有用信息，推动单位实现战略规划。管理会计的对象一般是指其管理工作对象，其具体内容是单位资金运动的合法性、合理性和有效性。

图 1－1 归纳了管理会计能够实现什么，我们也借此简单分析它在信息传递上的作用。

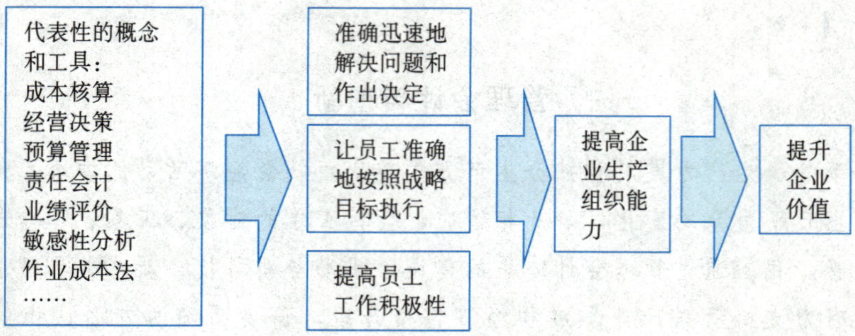

图 1—1　管理会计的作用

例如，提高员工的工作积极性，目的在于让员工能够按照战略目标努力工作。因为就算你将战略目标彻底贯彻到工作现场，如果员工在执行的时候很不情愿，那么企业的业绩就不会得到提高。就算不用让大家“双眼放光”那么夸张，但至少也不能让大家产生抵触情绪，而是能够在工作中保持积极向上的态度。所以，通过数字来提高员工的工作积极性也是管理会计的重要职责。

二、管理会计的发展历程

管理会计萌芽于 20 世纪初，由于生产专业化、社会化程度的提高以及竞争日益激烈，使得企业强烈地意识到，要想在竞争中生存和发展，必须加强内部管理，提高生产效率，以降低成本、费用，获取最大限度的利润，为适应该阶段社会经济发展的客观要求，产生了泰罗的科学管理理论。1952 年，国际会计师联合会年会正式采用“管理会计”来统称企业内部会计体系，标志着管理会计正式形成，自此，现代会计分为财务会计和管理会计两大分支。管理会计也从以成本决策与财务控制为中心转向以管理控制与决策为中心，逐步形成了包括规划、决策、控制、评价等在内的管理会计体系。随着经济社会环境、企业生产经营模式以及管理科学和科技水平的不断发展而逐步演进，大致经历了：成本决策与财务控制阶段（20 世纪 20 年代—50 年代）——管理控制与决策阶段（20 世纪 50 年代—80 年代）——价值创造阶段（20 世纪 90 年代至今）三个阶段。在此背景下，管理会计越来越容易受到外部信息以及非财务信息对决策相关性的冲击，企业内部组织结构的变化也迫使管理会计在管理控制方面要有新的突破，需要从战略、经营决策、商业运营等各个层面掌握并有效利用所需的管理信息，为此管理会计以强调价值创造为核心，发展了一系列新的决策工具和管理工具。

我国的管理会计相关理论引入较晚，但也较早的进行了探索和尝试。如，新中国成立之初，以成本为核心的内部责任会计，包括班组核算、经济活动分析和资本成本归口分级管理等；70 年代末期到 80 年代末的以企业内部经济责任制为基础的责任会计体系；90 年代后的成本性态分析、盈亏临界点与本量利依存关系、经营决策经济效益的分析评价等，都属于管理会计的范畴。如今，包括全面预算管理、平衡计分卡等绩效评价方法，作业成本法、标准成本法等成本管理方法在内的管理会计工具方法陆续在我国企业中运用，单位对管理会计的应用意识有所增强，应用水平有所提高。

三、管理会计的要素

《管理会计基本指引》总结提炼出应用环境、管理会计活动、工具方法、信息与报告这四项管理会计要素。这四项要素构成了管理会计应用的有机体系，单位应在分析管理会计应用环境的基础上，合理运用管理会计工具方法，全面开展管理会计活动，并提供有用信息，生成管理会计报告，支持单位决策，推动单位实现战略规划。

管理会计应用环境是单位应用管理会计的基础。单位应用管理会计，首先应充分了解和分析其应用环境，包括内外部环境。内部环境主要包括与管理会计建设和实施相关的价值创造模式、组织架构、管理模式、资源、信息系统等；外部环境主要包括国内外经济、法律等环境。

管理会计活动是单位管理会计工作的具体开展。在了解和分析其应用环境的基础上，单位应将管理会计活动嵌入规划、决策、控制、评价等环节，形成完整的管理会计闭环。

管理会计工具方法是实现管理会计目标的具体手段，是单位应用管理会计时所采用的战略地图、滚动预算管理、作业成本管理、本量利分析、平衡计分卡等模型、技术、流程的统称。

管理会计信息是开展管理会计活动过程中所使用和生成的财务信息和非财务信息，是管理会计报告的基本元素。管理会计报告是管理会计活动成果的重要表现形式，旨在为报告使用者提供满足管理需要的信息，是管理会计活动开展情况和效果的具体呈现。

四、管理会计的原则

单位应用管理会计，应遵循以下原则：

1. 战略导向原则。管理会计的应用应以战略规划为导向，以持续创造价值为核心，促进单位可持续发展。单位的一切活动都应该紧密结合战略目标。

2. 融合性原则。管理会计应嵌入单位相关领域、层次、环节，以业务流程为基础，利用管理会计工具方法，将财务和业务等有机融合。各单位开展生产经营活动时，要充分考虑业务与财务的有机融合，共同促进企业战略目标的实现。

3. 适应性原则。管理会计的应用应与单位应用环境和自身特征相适应。单位自身特征包括单位性质、规模、发展阶段、管理模式、治理水平等。单位在应用管理会计时，一定要结合具体情况、所处阶段、内外部环境，因地制宜，循序渐进的做好管理会计工作。

4. 成本效益原则。管理会计的应用应权衡实施成本和预期效益，合理、有效地推进管理会计应用。企业在推进管理会计的工作过程中，要合理分析基本情况，权衡成本效益，稳步推进，逐步落实。

五、管理会计的应用环节

管理会计贯穿于规划、决策、控制、评价等各个管理环节，融合业务活动的全过程，形成完整的循环，贯穿于单位管理水平提升的始终。

在战略规划、决策环节，管理会计在业务活动开始就介入其中，进行信息搜集、整理、加工，通过做好相关信息支持，参与战略规划拟定，从支持其定位、目标设定、实施方案选择等方面，为单位合理制定战略规划提供支撑，并融合财务和业务等活动，及时充分提供和利用相关信息，支持单位各层级根据战略规划做出决策。

在控制环节，管理会计可以通过设定定量定性标准，强化分析、沟通、协调、反馈等控制机制，支持和引导单位持续高质高效地实施单位战略规划。

在评价环节，管理会计可以基于管理会计信息等，合理设计评价体系评价单位战略规划实施情况，并以此为基础进行考核，完善激励机制；同时，对管理会计活动进行评估和完善，以持续改进管理会计应用。

六、管理会计的应用领域

管理会计强调财务与业务活动融合，涉及战略管理、预算管理、成本管理、营运管理、投融资管理、绩效管理、风险管理等各领域，辐射单位管理活动的方方面面，推动单位价值创造能力的全面提升。

在战略管理领域，管理会计可以通过应用战略地图、价值链管理等工具方法，从战略分析、制定、实施、评价和调整等环节，指导单位加强战略管理的科学性和有效性，促进单位实现战略目标。

在预算管理领域，管理会计可以通过应用滚动预算管理、零基预算管理、弹性预算管理、作业预算管理、全面预算管理等工具方法，促进单位提高预算编制、执行、控制、分析、报告、考核的水平，促进单位加强预算管理，提高资源配置的合理性和有效性。

在成本管理领域，管理会计可以通过应用目标成本管理、标准成本管理、变动成本管理、作业成本管理、生命周期成本管理等工具方法，促进单位优化成本结构，削减无效成本，拓展成本控制和分析维度，提高成本控制和分析精度，提高成本管理水平。

在营运管理领域，管理会计可以通过应用本量利分析、敏感性分析、边际分析、标杆管理等工具方法，强化营运控制，提高营运效率和质量，优化单位营运管理。

在投融资管理领域，管理会计可以通过应用贴现现金流法、项目管理、资本成本分析等工具方法，降低投融资风险，健全投融资决策机制，优化融资结构，提高投资效益。

在绩效管理领域，管理会计可以通过应用关键指标法、经济增加值（EVA）、平衡计分卡等工具方法，提升绩效管理水平，激发管理活力，促进单位可持续发展。

在风险管理领域，管理会计可以通过应用风险管理框架、风险矩阵模型等工具方法，全面梳理单位风险环节，提供有效风险应对方案，提升单位风险管理水平。

七、管理会计和财务会计

管理会计是会计的重要分支，主要服务于企业和行政事业单位内部管理需要，是通过利用相关信息，有机融合财务与业务活动，在单位规划、决策、控制和评价等方面发挥重要作用的管理活动。

1. 信息使用者的区别

管理会计从传统会计中分离出来，管理会计主要服务于企业内部经营管理、提高经济效益，为企业内部各级管理决策人员提供相关的会计信息和报告，属于“对内报告会计”；财务会计主要负责会计中涉及日常会计核算及对外报告的内容，主要为企业外部有关单位、组织和个人提供相关的会计信息，如股东、债权人等，属于“对外报告会计”。

2. 工作内容的区别

管理会计主要是通过提供与单位战略目标相匹配的预测、决策、计划、控制、考评等相关信息，帮助企业实现价值最大化，侧重于“创造价值”，其职能是解析过去、控制现在与筹划未来的有机结合；财务会计侧重在“记录价值”，通过确认、计量、记录和报告等程序提供并解释历史信息。管理会计主要是服务于管理人员的需要，可以使用不同管理会计工具方法，不必要完全遵守统一的会计准则和会计制度，财务会计需要遵守公认的会计准则或统一的会计制度。

3. 核算的区别

管理会计核算的对象、程序和方法相对比较灵活，可以是整个企业，责任部门或某个责任个人，也可以是生产经营活动的全过程，某个阶段和某个方面；财务会计是整个企业的生产经营活动。管理会计可以利用统计学、数学、运筹学、管理学、心理学等方面的知识与会计知识相结合，不求精确，只求相对准确；财务会计有一套专门的会计程序和核算方法，力求精确，有比较固定的凭证、账表等。

4. 报告的区别

管理会计报告格式不固定，根据管理工作的需要自行设计，根据需要编制，不具有法律效力；财务会计报告有固定的格式和程序，定期编制，是正式报告，具有法律效力。

【小贴士】管理会计所需的大部分数据均来源于财务会计系统，主要是对财务会计所提供信息的深加工与再利用，受到财务会计工作质量的约束。管理会计和财务会计都处于现代经济条件下的企业环境中，它们的工作内容从总的方面来看基本相同，都是企业经营过程中的资金运动，都统一服务于现代企业会计的总体要求，共同为实现企业内部经营管理的目标和满足企业外部有关方面的要求服务，两者的最终目标是一致的。

任务二 我国的管理会计体系

为了全面推进管理会计体系建设，财政部先后制定了《关于全面推进管理会计体系建设的指导意见》《管理会计基本指引》《管理会计应用指引》《管理会计案例库》。

一、全面推进管理会计体系建设的指导意见

为全面贯彻落实党的十八大和十八届三中全会精神，深入推进会计强国战略，全面提升会计工作总体水平，推动经济更有效率、更加公平、更可持续发展，根据《会计改革与发展“十二五”规划纲要》，财政部印发了《关于全面推进管理会计体系建设的指导意见》（财会〔2014〕27号，以下简称《指导意见》），明确提出了全面推进管理会计体系建设的指导思想、基本原则、主要目标、主要任务和措施、工作要求，为我国管理会计发展规划了蓝图、

指明了方向。

指引分为四个部分：

第一部分，从贯彻落实十八大精神，提升企事业单位管理水平、深化会计改革等方面，系统阐述了全面推进管理会计体系建设的重要性和紧迫性。

第二部分，旗帜鲜明地指出了管理会计体系建设的指导思想和基本原则，明确提出了全面推进管理会计体系建设的目标。

第三部分，按照管理会计体系建设的目标，有针对性地提出了相应的任务和具体措施，构建出由理论、指引、人才、信息化和咨询服务“4＋1”的有机发展模式。

第四部分，从加强组织领导、工作指导、宣传培训和跟踪服务等方面，对全面推进管理会计体系建设提出了具体的工作要求。

《指导意见》科学创新了一个由理论、指引、人才、信息化加服务市场“4＋1”的管理会计有机系统，理论建设为基础，标准建设为保障、人才培养为关键、信息化建设为支撑、咨询服务为外部支持。该系统各部分既相互独立，又彼此关联；既自成一体，又彼此促进。《指导意见》提出建立以管理会计基本指引为统领、以管理会计应用指引为具体指导、以管理会计案例示范为补充的管理会计指引体系。

二、管理会计基本指引

2016年，为推进管理会计指引体系建设，切实指导管理会计实践，立足国情、借鉴国际，财政部制定发布了《管理会计基本指引》，将管理会计普遍规律上升到标准，对管理会计应用的核心内容进行总结、提炼，为管理会计体系建设提供了保障。

《管理会计基本指引》将管理会计普遍规律上升到标准，对管理会计的基本原则、基本目标、基本要素等内容进行了总结、提炼，为单位全面准确理解管理会计、科学系统应用管理会计提供了基本框架和方向，有利于加强单位管理会计工作。同时，《管理会计基本指引》构建了管理会计概念框架，回答了会计理论界关心的管理会计目标、原则、要素等基本理论问题，统一了各方认识，协调了各方意见，为引导会计理论界加强管理会计理论研究，建设中国特色管理会计理论体系提供了有力制度保障。

基本指引是指引体系建设的重要内容，对制定应用指引和案例示范起统领作用，应用指引的框架设计、案例库的体系搭建等都根据《基本指引》展开。但是，不同于企业会计准则基本准则，管理会计基本指引只是对管理会计普遍规律和基本认识的总结升华，并不对应用指引中未做出描述的新问题提供处理依据。

第一章为总则，包括《基本指引》的制定依据、适用范围、管理会计目标、原则、要素等内容；第二章至第五章分别对总则中提出的应用环境、管理会计活动、工具方法、信息与报告这四个管理会计要素进行了展开；第六章为附则，包括《基本指引》的解释权限和施行日期等内容。

【小贴士】基本指引旨在指导单位应用管理会计，不要求强制执行。

三、管理会计应用指引

在管理会计指引体系中，应用指引居于主体地位，是对单位如何正确、有效地选择和应用管理会计工具方法提供的具体指导。2017 年 9 月 29 日，财政部发布《管理会计应用指引第 100 号——战略管理》（财会〔2017〕24 号）等首批 22 项管理会计应用指引。2018 年 8 月 17 日，财政部发布《管理会计应用指引第 202 号——零基预算》（财会〔2018〕22 号）等 7 项管理会计应用指引。2018 年 12 月 27 日，财政部发布《管理会计应用指引第 204 号——作业预算》（财会〔2018〕38 号）等第三批 5 项管理会计应用指引。至此，财政部共制定印发了 34 项管理会计应用指引，包括 7 项概括性指引和 27 项工具方法指引，概括性指引主要介绍本领域内相关管理会计工具方法的共性内容，工具方法指引主要介绍相关工具方法的应用环境、应用程序和应用评价等，具体见图 1－2 所示。管理会计指引体系开创了国际管理会计领域先河，起到了优化资源配置、降低要素成本、提高管理效率的重要作用。

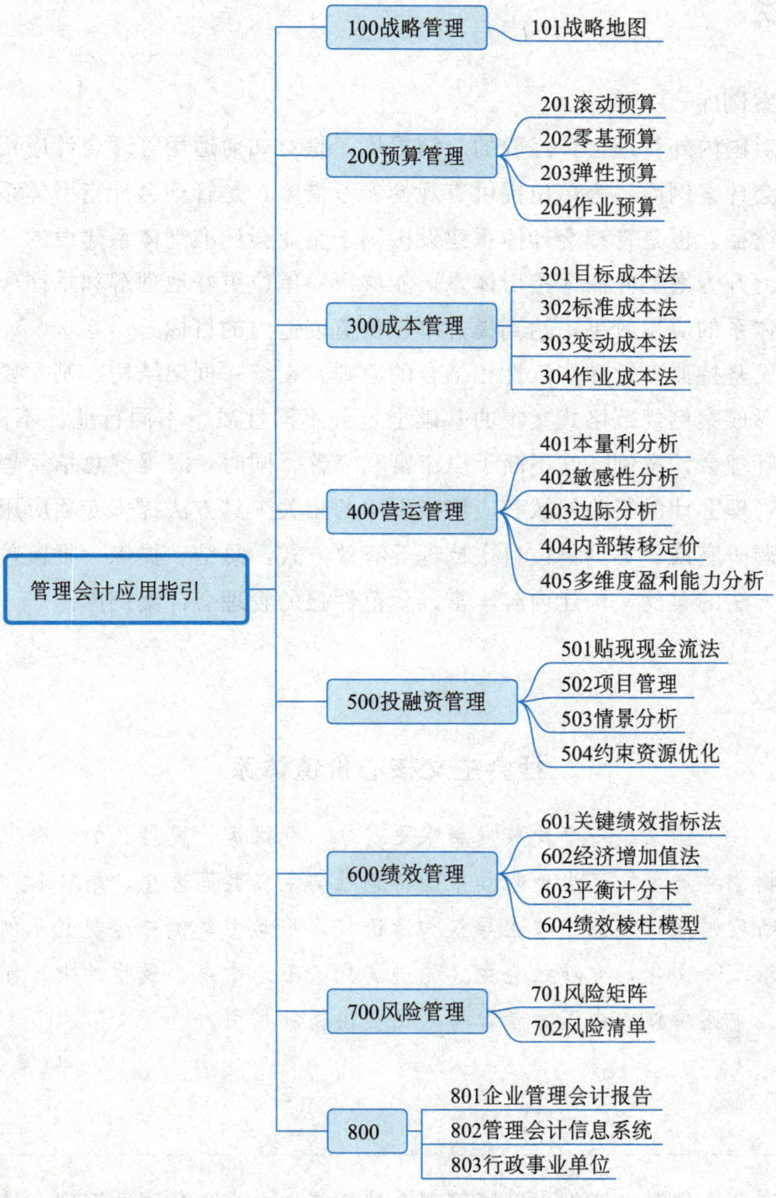

图 1－2　管理会计应用指引框架体系

根据《管理会计基本指引》，将管理会计工具方法按战略管理、预算管理、成本管理、营运管理、投融资管理、绩效管理、风险管理和其他等不同应用领域予以介绍，其中，概括性指引以“100”“200”“300”等标示，主要介绍该领域的相关管理程序，概括总结本领域内相关管理会计工具方法的共性内容，一般由总则、应用程序和附则等组成。具体应用指引以“101”“201”“202”等标示，一般由总则、应用环境、应用程序、工具方法评价和附则等组成。其中，总则主要介绍应用相关工具方法的目标、基本定义、原则等；应用环境主要介绍应用相关工具方法所需要的内、外部环境；应用程序主要介绍应用相关工具方法的应用流程；工具方法评价主要介绍应用相关工具方法的优缺点。应用指引是开放性的，随实践发展而不断发展完善。应用指引的实施更注重指导性，由各单位根据管理特点和实践需要选择相应的工具方法。

四、管理会计案例库

案例库是对国内外管理会计经验的总结提炼，是对如何运用管理会计应用指引的实例示范。建立管理会计案例库，为单位提供直观的参考借鉴，是管理会计指引体系指导实践的重要内容和有效途径，也是管理会计体系建设区别于企业会计准则体系建设的一大特色。将单位的成功经验上升为案例并嵌入指引体系，能够帮助单位更好地理解和掌握应用指引，增强管理会计指引体系的应用效果，达到提升单位价值创造力的目标。

案例库建设坚持典型性和广泛性相结合的原则，在统一框架结构、基本要素、质量特征等案例标准，形成案例规范格式文本的基础上，分不同性质、不同行业、不同规模等情况，逐步提炼若干管理会计案例，并不断予以丰富和完善。同时，既提炼总结管理会计整体应用案例，也针对管理会计的某些领域和应用指引中的相关工具方法提炼专项应用案例。争取通过经验交流、调研座谈、案例单位自主梳理等有效方式，总结、提炼一批覆盖多领域、多行业、多种工具方法的案例，构建内容丰富、示范性强的管理会计案例库。

课程素养 1－2

社会主义核心价值体系

文化自信是一个国家、一个民族发展中更基本、更深沉、更持久的力量。必须坚持马克思主义，牢固树立共产主义远大理想和中国特色社会主义共同理想，培育和践行社会主义核心价值观，不断增强意识形态领域主导权和话语权，推动中华优秀传统文化创造性转化、创新性发展，继承革命文化，发展社会主义先进文化，不忘本来、吸收外来、面向未来，更好构筑中国精神、中国价值、中国力量，为人民提供精神指引。

（来源：学习强国）

项目总结

本项目共有两个任务，详细讲解了管理会计的基本内容和我国的管理会计体系。

任务一，主要学习管理会计的内涵、发展历程、要素、原则、应用环节、应用领域、管理会计与财务会计的联系与区别。

任务二，主要学习全面推进管理会计体系建设的指导意见、管理会计基本指引、管理会计应用指引、管理会计案例库。

本项目内容为以后管理会计的学习奠定了理论基础。

职业能力训练

一、单项选择题

1. 1952 年，国际会计师联合会年会正式采用“管理会计”来统称企业内部会计体系，标志着管理会计正式形成（　　）。

A. 企业内部会计体系　　B. 企业外部会计体系

C. 企业内外部会计体系　　D. 企业综合会计体系

2. 现代会计分为（　　）两大分支。

A. 财务会计与税务会计　　B. 管理会计与税务会计

C. 管理会计与财务会计　　D. 管理会计与成本会计

3. 管理会计（　　）是单位应用管理会计的基础。

A. 应用环境　　B. 管理会计活动

C. 工具方法　　D. 信息与报告

4. （　　）是单位管理会计工作的具体开展。

A. 应用环境　　B. 管理会计活动

C. 工具方法　　D. 信息与报告

5. 管理会计（　　）是实现管理会计目标的具体手段。

A. 应用环境　　B. 管理会计活动

C. 工具方法　　D. 信息与报告

6. 在（　　），管理会计可以通过设定定量定性标准，强化分析、沟通、协调、反馈等控制机制，支持和引导单位持续高质高效地实施单位战略规划。

A. 战略规划　　B. 决策环节

C. 控制环节　　D. 评价环节

7. 在（　　）领域，管理会计可以通过应用关键指标法、经济增加值（EVA）、平衡计分卡等工具方法，提升管理水平，激发管理活力，促进单位可持续发展。

A. 绩效管理　　B. 战略管理

C. 预算管理　　D. 成本管理

8. （　　）构建了管理会计概念框架，回答了会计理论界关心的管理会计目标、原则、要素等基本理论问题。

A. 管理会计基本指引　　B. 管理会计应用指引

C. 管理会计案例库　　C. 全面推进管理会计体系建设的指导意见

9. （　　）是通过运用管理会计工具方法，参与单位规划、决策、控制、评价活动并为之提供有用信息，推动单位实现战略规划。

A. 管理会计的内涵　　B. 管理会计的环节
C. 管理会计的要素　　D. 管理会计的目标
10. 以下各项不属于管理会计指引体系的是（　　）。
A. 管理会计基本指引　　B. 管理会计应用指引
C. 管理会计案例库　　D. 全面推进管理会计体系建设的指导意见

二、多项选择题

1. 管理会计的对象一般是指其管理工作对象，其具体内容是单位资金运动的（　）。
A. 合法性　　B. 合理性
C. 有效性　　D. 公益性
2. 随着经济社会环境、企业生产经营模式以及管理科学和科技水平的不断发展而逐步演进，大致经历了（　　）三个阶段。
A. 战略管理阶段　　B. 成本决策与财务控制阶段
C. 管理控制与决策阶段　　D. 价值创造阶段
3.《管理会计基本指引》总结提炼出（　　）管理会计要素。
A. 应用环境　　B. 管理会计活动
C. 工具方法　　D. 信息与报告
4. 管理会计的内部环境主要包括与管理会计建设和实施相关的（　　）等。
A. 价值创造模式　　B. 组织架构
C. 管理模式　　D. 资源、信息系统
5. 管理会计的外部环境主要包括（　　）等环境。
A. 管理模式　　B. 组织架构
C. 经济环境　　D. 法律环境
6. 在了解和分析其应用环境的基础上，单位应将管理会计活动嵌入（　　）等环节，形成完整的管理会计闭环。
A. 规划　　B. 决策　　C. 控制　　D. 评价
7. 以下属于管理会计遵循的原则是（　　）。
A. 战略导向原则　　B. 融合性原则
C. 适应性原则　　D. 成本效益原则
8. 管理会计强调财务与业务活动融合，涉及（　　）等各领域，辐射单位管理活动的方方面面，推动单位价值创造能力的全面提升。
A. 战略管理　　B. 营运管理
C. 绩效管理　　D. 风险管理
9. 在营运管理领域，管理会计可以通过应用（　　）等工具方法，强化营运控制，提高营运效率和质量，优化单位营运管理。
A. 本量利分析　　B. 敏感性分析
C. 边际分析　　D. 标杆管理
10. 在投融资管理领域，管理会计可以通过应用（　　）等工具方法，降低投融资风险，健全投融资决策机制，优化融资结构，提高投资效益。

A. 价值链管理　　B. 贴现现金流法
C. 项目管理　　D. 资本成本分析

三、判断题

1. 管理会计是基于企业、行政事业单位外部管理的需要，通过信息处理系统，将财务信息和业务活动密切联系，对单位活动进行预测、规划、决策、控制、评价和考核的管理活动。（　）

2. 管理会计的目标是通过运用管理会计工具方法，参与单位规划、决策、控制、评价活动并为之提供有用信息，推动单位实现战略规划。（　）

3. 管理会计信息是开展管理会计活动过程中所使用和生成的财务信息，是管理会计报告的基本元素。（　）

4. 管理会计报告是管理会计活动成果的重要表现形式，旨在为报告使用者提供满足管理需要的信息，是管理会计活动开展情况和效果的具体呈现。（　）

5. 单位的一切活动都应该紧密结合战略目标。（　）

6. 管理会计贯穿于规划、决策、控制、评价等各个管理环节，融合业务活动的全过程，形成完整的循环，贯穿于单位管理水平提升的始终。（　）

7. 管理会计主要是通过提供与单位战略目标相匹配的预测、决策、计划、控制、考评等相关信息，帮助企业实现价值最大化，侧重于“记录价值”，其职能是解析过去、控制现在与筹划未来的有机结合。（　）

8. 管理会计基本指引用于指导单位应用管理会计，要求强制执行。（　）

9. 管理会计基本指引在管理会计指引体系中居于主体地位，是对单位如何正确、有效地选择和应用管理会计工具方法提供的具体指导。（　）

10. 管理会计案例库是对国内外管理会计经验的总结提炼，是对如何运用管理会计应用指引的实例示范。（　）

四、业务题

1. 简述管理会计与财务会计的联系与区别。

2. 绘制我国管理会计体系的思维导图。

项目二
战略管理

“战略”一词来源于军事，意为作战的谋略，后来逐渐被引申至政治和经济等领域，战略是一种从全局考虑和谋划，以实现全局目标的计划和策略。

企业战略是战略在企业这一特定领域的具体应用。企业战略是指企业为了实现长期的生存和发展，在综合分析企业内部条件和外部环境的基础上作出的一系列带有全局性和长远性的谋划。战略对于企业的成功越来越重要，没有战略的企业，就像一艘没有舵的船，只会在原地打转，不知向何处航行。20 世纪 90 年代以来，由于企业外部环境的变化日益加快，战略不仅决定企业业务活动的框架并对协调活动提供指导，而且使企业能够应对并影响不断变化的环境；战略将企业偏爱的环境与它希望成为的组织类型结合起来，战略既是预先性的，又是反应性的。

项目导航

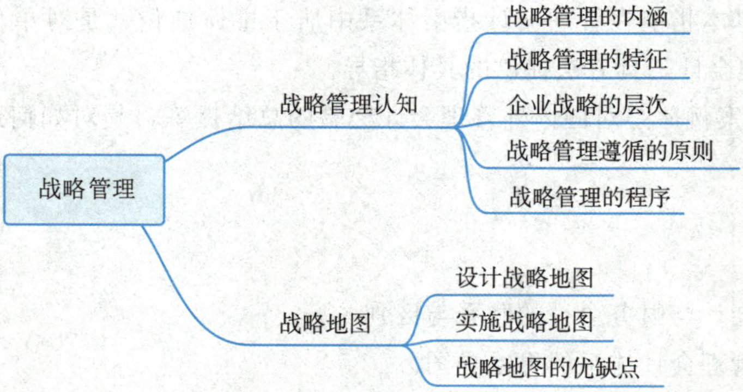

项目目标

素养目标	知识目标	能力目标
• 培养学生的全局意识、大局意识、战略格局、总体规划的意识 • 培养学生树立团队合作意识，做到严谨、细致、耐心	• 了解战略管理的内涵和战略地图的优缺点 • 熟悉战略管理的特征、层次、遵循的原则和管理程序 • 掌握战略地图的设计和实施	• 会设计战略地图 • 会落实战略地图的实施

课程素养 2—1

“一带一路”战略

“一带一路”战略是从东方走向西方、从发展中国家走向发达国家、从中国走向世界的一种新的全球化。“一带一路”国家合作的主要内容，包括政策沟通、设施联通、贸易畅通、资金融通、民心相通在内的“五通”，将成为未来沿线国家间合作的重点领域。其中，加强政策沟通是“一带一路”建设的重要保障；基础设施互联互通是“一带一路”建设的优先领域。中国的“一带一路”战略是纯粹的经济发展战略，是纯粹的经济发展战略平台，是在充分尊重沿带沿路各国社会政治制度和文化价值观基础上的经济战略合作。总体来看，“一带一路”战略在各国的积极配合下，正在从一个美好愿景落地生根，逐步开始发挥真正的经济带动作用。

（来源：学习强国）

案例导入

随着生活节奏的加快，生活在都市的人们越来越希望能有一方净土，在空闲的时光摆脱繁忙的工作，通过劳动来净化自己的心灵，回归到最简单的家庭亲情的生活方式中。此外，消费者对有机农产品的需求与日俱增，而一些企业的不规范行为导致消费者对市场销售的有机农产品的真实性产生怀疑。

一种新型的社区支持型农业顺应这些需求而产生，其中以小马驹市民农园最为知名。小马驹市民农园将农业、休闲业、教育产业融为一体，以会员制的模式运作。会员分为两种类型：配送份额会员和劳动份额会员。对于配送份额会员，农园提供配送服务，包括宅配和取菜点两种方式。宅配即配送到家，配送频率为每周一次或两次，小马驹在市区设立了三个取菜点，会员可以自行选择时间和取菜点。这些配送服务为消费者提供了便利，使他们享受到被关爱的体验。

劳动份额会员可以在空闲时间到农场来耕种自己的园地。有儿童的家庭特别青睐这种亲近自然、家庭团聚、寓教于乐的模式。小马驹农园策划了很多节日活动，包括开锄节、立夏节、端午节、立秋节、中秋节、丰收节等，在这些节日活动中，对小朋友进行传统农耕和文化教育。农园还开展了一些活动激发小朋友的兴趣，包括认识植物、喂养动物、挖红薯、拔萝卜、荡秋千、玩沙子、滚铁环、拔河、在野地里游玩等，这些活动是孩子们在城市中不可能见到的。农园在一角设立了一个大食堂，会员在劳动过程中，可以到食堂用餐，农园要求会员用餐以后自己洗碗，洗碗用的不是洗涤剂，而是麦麸，更增添了农园天然质朴环保的色彩。

小马驹市民农园新鲜的有机农产品去掉了中间商，可以直接被会员们购买，在传统农产品的激烈竞争中，确保了稳定的市场和农民可靠的收入来源；同时，由于降低了农产品物流和包装成本、会员们能够亲历有机产品的生产过程，也满足了会员们能够放心享用物美价廉有机农产品的消费需求。

试分析：小马驹市民农园战略的特点。

任务一　战略管理认知

一、战略管理的内涵

战略，是指企业从全局考虑做出的长远性的谋划。战略管理，是指对企业全局的、长远的发展方向、目标、任务和政策，以及资源配置作出决策和管理的过程。

战略管理是一种区别于传统职能管理的管理方式。该管理方式的基本内容是：企业战略指导着企业一切活动，企业战略管理的重点是制定和实施企业战略，制定和实施企业战略的关键是对企业的外部环境和内部条件进行分析，并在此基础上确定企业的使命和战略目标，使它们之间形成并保持动态平衡。因此，企业战略管理的含义可以界定为：企业战略管理是为实现企业的使命和战略目标，科学地分析企业的内外部环境与条件，制定战略决策，评估、选择并实施战略方案，控制战略绩效的动态管理过程。

二、战略管理的特征

由传统职能管理走向现代战略管理是企业管理的一次重大飞跃。与传统的职能管理相比，战略管理具有以下特征：

（一）战略管理是企业的综合性管理

战略管理为企业的发展指明基本方向和前进道路，是各项管理活动的精髓。战略管理的对象不仅包括研究开发、生产、人力资源、财务、市场营销等具体职能，还包括统领各项职能战略的竞争战略和公司层战略。战略管理是一项涉及企业所有管理部门、业务单位及所有相关因素的管理活动。

（二）战略管理是企业的高层次管理

战略管理的核心是对企业现在及未来的整体经营活动进行规划和管理，它是一种关系到企业长远生存发展的管理。战略管理追求的不仅是眼前财富的积累，更是企业长期健康稳定的发展和长久的竞争力。与企业的日常管理和职能管理不同，战略管理必须由企业的高层领导来推动和实施。

（三）战略管理是企业的一种动态性管理

战略管理的目的是依据企业内部条件和外部因素制定并实施战略决策和战略方案，以实现战略目标。而企业的内外部条件和因素总是不断变化的，战略管理必须及时了解、研究和应对变化的情况，对战略进行必要的修正，确保战略目标的实现。因此，企业战略管理活动应具有动态性，即针对企业内外部各种条件和因素的变化进行适当调整或变更。

三、企业战略的层次

企业战略一般分为三个层次，包括选择可竞争的经营领域的总体战略、某经营领域具体竞争策略的业务单位战略（也称竞争战略）和涉及各职能部门的职能战略。图 2—1 概括了企业各层次的战略所涉及的管理层次。

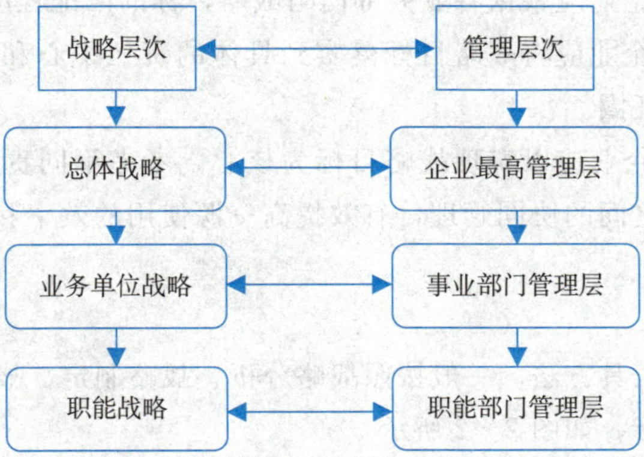

图 2－1 企业战略结构层次

(一) 总体战略

总体战略又称公司层战略。在大中型企业中，特别是经营多项业务的企业中，总体战略是企业最高层次的战略。它需要根据企业的目标，选择企业可以竞争的经营领域，合理配置企业经营所必需的资源，使各项经营业务相互支持、相互协调。公司战略常常涉及整个企业的财务结构和组织结构方面的问题。

(二) 业务单位战略

公司的二级战略常常被称作业务单位战略或竞争战略。业务单位战略涉及各业务单位的主管以及辅助人员。这些经理人员的主要任务是将公司战略所包括的企业目标、发展方向和措施具体化，形成本业务单位具体的竞争与经营战略。业务单位战略要针对不断变化的外部环境，在各自的经营领域中有效竞争。为了保证企业的竞争优势，各经营单位要有效地控制资源的分配和使用。

【小贴士】对于一家单业务公司来说，总体战略和业务单位战略是合二为一的；只有对业务多元化的公司来说，总体战略和业务单位战略的区分才有意义。

(三) 职能战略

职能战略，又称职能层战略，主要涉及企业内各职能部门，如营销、财务、生产、研发(R&D)、人力资源、信息技术等，即如何更好地配置企业内部资源，为各级战略服务，并提高组织效率。

各职能部门的主要任务不同，关键变量也不同，即使在同一职能部门中，关键变量的重要性也因经营条件不同而有所变化，因而难以归纳出一般性的职能战略。

在职能战略中，协同作用具有非常重要的意义。这种协同作用首先体现在单个的职能中各种活动的协调性与一致性，其次体现在各个不同职能战略和业务流程或活动之间的协调性与一致性。

议一议：总体战略、业务单位战略和职能战略的侧重点和影响范围有哪些不同？

四、战略管理遵循的原则

1. 目标可行原则。战略目标的设定，应具有一定的前瞻性和适当的挑战性，使战略目标通过一定的努力可以实现，并能够使长期目标与短期目标有效衔接。

2. 资源匹配原则。企业应根据各业务部门与战略目标的匹配程度进行资源配置。

3. 责任落实原则。企业应将战略目标落实到具体的责任中心和责任人，构成不同层级彼此相连的战略目标责任圈。

4. 协同管理原则。企业应以实现战略目标为核心，考虑不同责任中心业务目标之间的有效协同，加强各部门之间的协同管理，有效提高资源使用的效率和效果。

五、战略管理的程序

企业应用战略管理工具方法，一般按照战略分析、战略制定、战略实施、战略评价和控制、战略调整等程序进行，如图 2－2 所示。

图 2－2　战略管理程序

（一）战略分析

战略分析包括外部环境分析和内部环境分析。企业进行环境分析时，可应用态势分析法（Strength，Weakness，Opportunity，Threat，简称 SWOT 分析）、波特五力分析和波士顿矩阵分析等方法，分析企业的发展机会和竞争力，以及各业务流程在价值创造中的优势和劣势，并对每一业务流程按照其优势强弱划分等级，为制定战略目标奠定基础。

战略分析的主要目的是评价影响企业目前和今后发展的关键因素，并确定在战略选择步骤中的具体影响因素。战略分析需要考虑许多方面的问题，主要是外部环境分析和内部环境分析。

1. 外部环境分析。外部环境分析可以从企业所面对的宏观环境、产业环境、竞争环境和国家竞争优势几个方面展开。外部环境分析要了解企业所处的环境正在发生哪些变化，这些变化给企业将带来哪些机会和威胁。

2. 内部环境分析。内部环境分析可以从企业的资源与能力、价值链和业务组合等几个方面展开。内部环境分析要了解企业自身所处的相对地位，企业具有哪些资源以及战略能力。

（二）战略制定

战略制定，是指企业根据确定的愿景、使命和环境分析情况，选择和设定战略目标的过程。企业可根据对整体目标的保障、对员工积极性的发挥以及企业各部门战略方案的协调等实际需要，选择自上而下、自下而上或上下结合的方法，制定战略目标。

企业设定战略目标后，各部门需要结合企业战略目标设定本部门战略目标，并将其具体化为一套关键财务及非财务指标的预测值。为各关键指标设定的目标（预测）值，应与本企业的可利用资源相匹配，并有利于执行人积极有效地实现既定目标。

评估战略备选方案。评估备选方案通常使用三个标准：

①适宜性标准。考虑选择的战略是否发挥了企业的优势，克服了劣势；是否利用了机会，将威胁削弱到最低程度；是否有助于企业实现目标。

②可接受性标准。考虑选择的战略能否被企业利益相关者接受。实际上并不存在最佳的、符合各方利益相关者的统一标准，经理们和利益相关团体的不同价值观和期望在很大程度上影响着战略的选择。

③可行性标准。对战略的评估最终要落实到战略收益、风险和可行性分析的财务指标上。

最终的战略决策，确定准备实施的战略。如果用多个指标对多个战略方案的评价产生不一致的结果，最终的战略选择可以考虑以下几种方法：

①根据企业目标选择战略。企业目标是企业使命的具体体现，因而，选择对实现企业目标最有利的战略方案。

②提交上级管理部门审批。对于中下层机构的战略方案，提交上级管理部门审批能够使最终选择的方案更加符合企业整体战略目标。

③聘请外部专家进行战略选择工作。专家们拥有广博、丰富的经验和知识，能够提供比较客观的意见。

（三）战略实施

战略实施，是指将企业的战略目标变成现实的管理过程。企业应加强战略管控，结合使用战略地图、价值链管理等多种管理会计工具方法，将战略实施的关键业务流程化，并落实到企业现有的业务流程中，确保企业高效率和高效益地实现战略目标。

战略实施就是将战略转化为行动。战略实施要解决以下几个主要问题：

1. 确定和建立一个有效的组织结构。确定和建立组织结构涉及如何分配企业内的工作职责范围和决策权力，如：①企业的管理结构是高长型还是扁平型；②决策权力集中还是分散；③企业的组织结构类型能否适应公司战略的定位。

2. 保证人员和制度的有效管理。人力资源和科学的管理体制关系到战略实施的成败。

3. 正确处理和协调公司内部关系。企业内部各种团体有其各自的利益要求和目标，而许多要求是互相冲突的，这些冲突可能会导致各种争斗和结盟。在战略实施过程中必须正确把握和对待各种内部关系和内部活动。

4. 选择适当的组织协调和控制系统。战略实施离不开企业内各单位的集体行动和协调，企业必须确定采用什么标准来评价各下属单位的效益，控制它们的行动。

5. 协调好企业战略、结构、文化和控制诸方面的关系。

战略管理是一个循环过程，而不是一次性的工作。要不断监控和评价战略的实施过程，修正原来的分析、选择与实施工作，这是一个循环往复的过程。

企业战略管理的实践表明，战略制定固然重要，但在一定意义上说，战略实施更为重要。制定一个良好的战略仅仅是战略成功的一部分，只有有效实施这一战略，企业的战略目标才能够顺利地实现。如果一个良好的战略没有得到很好的贯彻实施，则只会导致事与愿违甚至失败的结果。如果企业没能制定出完善而合适的战略，但是在战略实施中，能够克服原有战略的不足之处，那么有可能最终导致该战略的完善与成功。

（四）战略评价和控制

战略评价和控制，是指企业在战略实施过程中，通过检测战略实施进展情况，评价战略执行效果，审视战略的科学性和有效性，不断调整战略举措，以达到预期目标。

企业主要应从以下几个方面进行战略评价：战略是否适应企业的内外部环境；战略是否达到有效的资源配置；战略涉及的风险程度是否可以接受；战略实施的时间和进度是否恰当。

（五）战略调整

战略调整，是指根据企业情况的发展变化和战略评价结果，对所制定的战略及时进行调整，以保证战略有效指导企业经营管理活动。战略调整一般包括调整企业的愿景、长期发展方向、战略目标及其战略举措等。

任务二　战略地图

战略地图，是指为描述企业各维度战略目标之间因果关系而绘制的可视化的战略因果关系图。

战略地图通常以财务、客户、内部业务流程、学习与成长等四个维度为主要内容，通过分析各维度的相互关系，绘制战略因果关系图。企业可根据自身情况对各维度的名称、内容等进行修改和调整。

企业应用战略地图工具方法，应注重通过战略地图的有关路径设计，有效使用有形资源和无形资源，高效实现价值创造；应通过战略地图实施将战略目标与执行有效绑定，引导各责任中心按照战略目标持续提升业绩，服务企业战略实施。

一、设计战略地图

企业设计战略地图，一般按照设定战略目标、确定业务改善路径、定位客户价值、确定内部业务流程优化主题、确定学习与成长主题、进行资源配置、绘制战略地图等程序进行。

企业应根据已设定的战略目标，对现有客户（服务对象）和可能的新客户以及新产品（新服务）进行深入分析，寻求业务改善和增长的最佳路径，提取业务和财务融合发展的战略主题。

在财务维度，战略主题一般可划分为两个层次：第一层次一般包括生产率提升和营业收入增长等；第二层次一般包括创造成本优势、提高资产利用率、增加客户机会和提高客户价值等。

企业应对现有客户进行分析，从产品（服务）质量、技术领先、售后服务和稳定标准等方面确定、调整客户价值定位。在客户价值定位维度，企业一般可设置客户体验、双赢营销关系、品牌形象提升等战略主题。

企业应根据业务提升路径和服务定位，梳理业务流程及其关键增值（提升服务形象）活动，分析行业关键成功要素和内部营运矩阵，从内部业务流程的管理流程、创新流程、客户管理流程、遵循法规流程等角度确定战略主题，并将业务战略主题进行分类归纳，制定战略方案。

企业应根据业务提升路径和服务定位，分析创新和人力资本等无形资源在价值创造中的作用，识别学习与成长维度的关键要素，并相应确立激励制度创新、信息系统创新和智力资本利用创新等战略主题，为财务、客户、内部业务流程维度的战略主题和关键业绩指标（Key Performance Indicator，简称 KPI）提供有力支撑。

根据各维度战略主题，企业应分析其有形资源和无形资源的战略匹配度，对各主题进行战略资源配置。同时应关注企业人力资源、信息资源、组织资源等在资源配置中的定位和价值创造中的作用。

企业可应用平衡计分卡的四维度划分绘制战略地图，以图形方式展示企业的战略目标及实现战略目标的关键路径。具体绘制程序如下：

1. 确立战略地图的总体主题。总体主题是对企业整体战略目标的描述，应清晰表达企业愿景和战略目标，并与财务维度的战略主题和 KPI 对接。

2. 根据企业的需要，确定四维度的名称。把确定的四维度战略主题对应画入各自战略地图内，每一主题可以通过若干 KPI 进行描述。

3. 将各个战略主题和 KPI 用路径线链接，形成战略主题和 KPI 相连的战略地图。

在绘制过程中，企业应将战略总目标（财务维度）、客户价值定位（客户维度）、内部业务流程主题（内部流程维度）和学习与成长维度与战略 KPI 链接，形成战略地图。

企业所属的各责任中心的战略主题、KPI 相应的战略举措、资源配置等信息一般无法都绘制到一张图上，一般采用绘制对应关系表或另外绘制下一层级责任中心的战略地图等方式来展现其战略因果关系，范例如图 2－3 和图 2－4 所示。

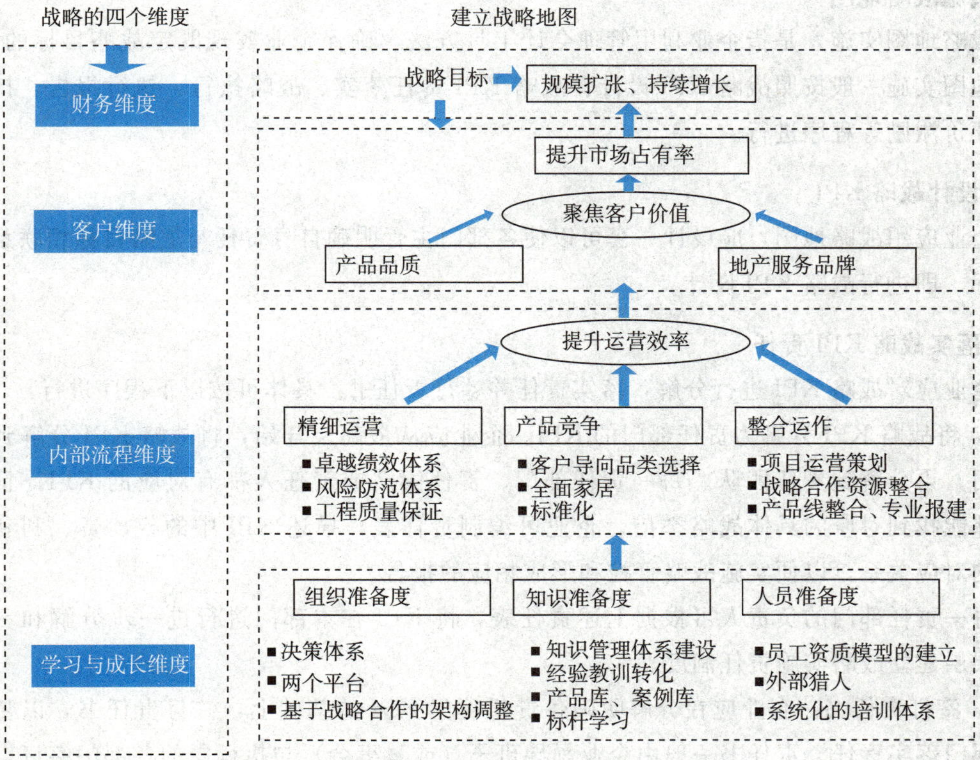

图 2－3 某家居企业战略地图范例

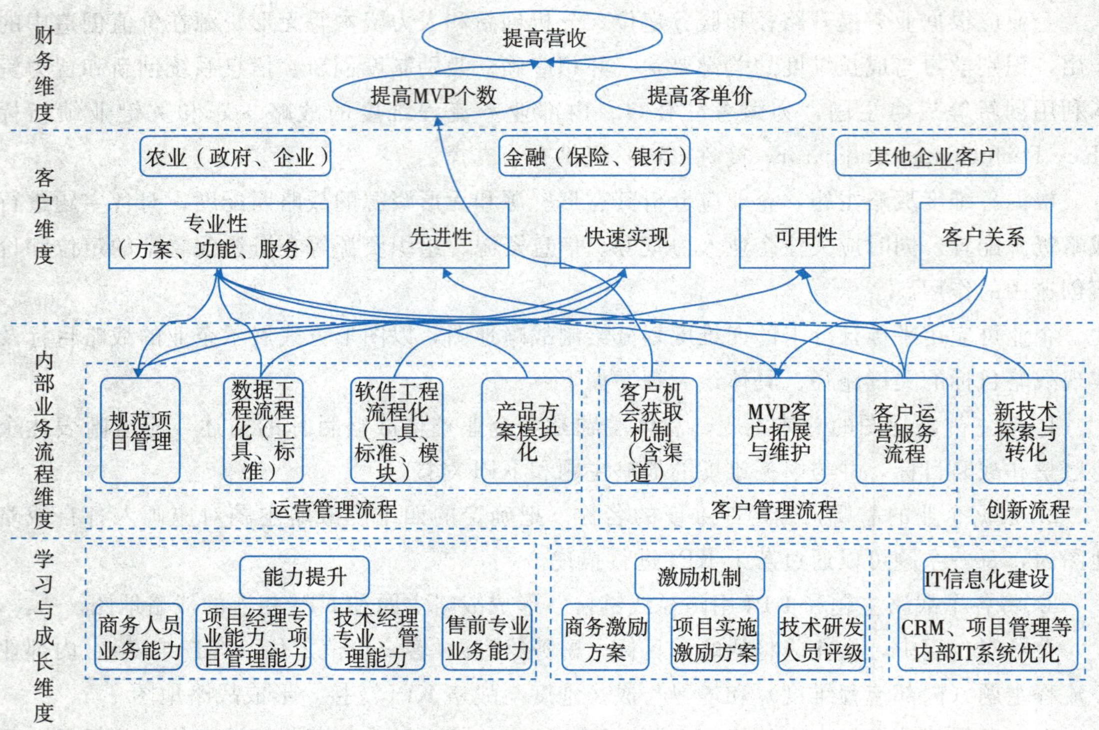

图 2—4　某互联网公司的战略地图范例

二、实施战略地图

战略地图实施，是指企业利用管理会计工具方法，确保企业实现既定战略目标的过程。战略地图实施一般按照战略 KPI 设计、战略 KPI 责任落实、战略执行、执行报告、持续改善、评价激励等程序进行。

（一）设计战略 KPI

企业应用战略地图，应设计一套可以使各部门主管明确自身责任与战略目标相联系的考核指标，即进行战略 KPI 设计。

（二）落实战略 KPI 责任

企业应对战略 KPI 进行分解，落实责任并签订责任书。具体可按以下程序进行：

1. 将战略 KPI 分解为责任部门的 KPI。企业应从最高层开始，将战略 KPI 分解到各责任部门，再分解到责任团队。每一责任部门、责任团队或责任人都有对应的 KPI，且每一 KPI 都能找到对应的具体战略举措。企业可编制责任表，描述 KPI 中的权、责、利和战略举措的对应关系，以便实施战略管控和形成相应的报告。

每一责任部门的负责人可根据上述责任表，将 KPI 在本部门进行进一步分解和责任落实，层层建立战略实施责任制度。

2. 签订责任书。企业应在分解明确各责任部门 KPI 的基础上，签订责任书，以督促各执行部门落实责任。责任书一般由企业领导班子（或董事会）与执行层的各部门签订。责任书应明确规定一定时期内（一般为一个年度）要实现的 KPI 任务、相应的战略举措及相应的奖惩机制。

(三) 执行战略

企业应以责任书中所签任务为基础，按责任部门的具体人员和团队情况，对任务和 KPI 进一步分解，并制定相应的执行责任书，进行自我管控和自我评价。同时，以各部门责任书和职责分工为基础，确定不同执行过程的负责人及协调人，并按照设定的战略目标实现日期，确定不同的执行指引表，采取有效战略举措，保障 KPI 实现。

(四) 编制战略执行报告

企业应编制战略执行报告，反映各责任部门的战略执行情况，分析偏差原因，提出具体管控措施。

1. 每一层级责任部门应向上一层级责任部门提交战略执行报告，以反映战略执行情况，制定下一步战略实施举措。

2. 战略执行报告一般可分为以下三个层级：

(1) 战略层（如董事会）报告，包括战略总体目标的完成情况和原因分析；

(2) 经营层报告，包括责任人的战略执行方案中相关指标的执行情况和原因分析；

(3) 业务层报告，包括战略执行方案下具体任务的完成情况和原因分析。

3. 企业应根据战略执行报告，分析责任人战略执行情况与既定目标是否存在偏差，并对偏差进行原因分析，形成纠偏建议，作为责任人绩效评价的重要依据。

(五) 持续改善

企业应在对战略执行情况进行分析的基础上，进行持续改善，不断提升战略管控水平。

1. 与既定目标相比，发现问题并进行改善。企业应根据战略执行报告，将战略执行情况与管控目标进行比对，分析偏差，及时发现问题，提出解决问题的具体措施和改善方案，并采取必要措施。企业在进行偏差分析时，一般应关注以下问题：

(1) 所产生的偏差是否为临时性波动；

(2) 战略 KPI 分解与执行是否有误；

(3) 外部环境是否发生重大变化，从而导致原定战略目标脱离实际情况。

企业应在分析这些问题的基础上，找出发生偏差的根源所在，及时进行纠正。

2. 达成既定目标时，考虑如何提升。达成战略地图上所列的战略目标时，企业一般可考虑适当增加执行难度，提升目标水平，按持续改善的策略与方法进入新的循环。

(六) 评价激励

企业应按照《管理会计应用指引第 100 号——战略管理》中战略评价的有关要求，对战略实施情况进行评价，并按照《管理会计应用指引第 600 号——绩效管理》的有关要求进行激励，引导责任人自觉地、持续地积极工作，有效利用企业资源，提高企业绩效，实现企业战略目标。

三、战略地图的优缺点

战略地图的主要优点：能够将企业的战略目标清晰化、可视化，并与战略 KPI 和战略举措建立明确联系，为企业战略实施提供有力的可视化工具。

战略地图的主要缺点：需要多维度、多部门的协调，实施成本高，并且需要与战略管控相融合，才能真正实现战略实施。

课程素养 2—2

乡村振兴战略

党的十九大报告指出，农业农村农民问题是关系国计民生的根本性问题，必须始终把解决好“三农”问题作为全党工作的重中之重，实施乡村振兴战略。坚持农业农村优先发展，按照产业兴旺、生态宜居、乡风文明、治理有效、生活富裕的总要求，建立健全城乡融合发展体制机制和政策体系，统筹推进农村经济建设、政治建设、文化建设、社会建设、生态文明建设和党的建设，加快推进乡村治理体系和治理能力现代化，加快推进农业农村现代化，走中国特色社会主义乡村振兴道路，让农业成为有奔头的产业，让农民成为有吸引力的职业，让农村成为安居乐业的美丽家园。

（来源：百度百科）

项目总结

本项目共有两个任务，详细讲解了战略管理和战略地图的基本内容。

任务一，主要学习战略管理的内涵，战略管理的特征，总体战略、业务单位战略、职能战略三个企业战略层次，战略管理应遵循的原则以及战略管理的程序。

任务二，主要学习设计战略地图的方法，如何实施战略地图以及管理会计工具战略地图的优缺点。

职业能力训练

一、单项选择题

1. 战略，是指企业从（　　）考虑做出的长远性的谋划。

A. 顶层　　　　B. 基层

C. 局部　　　　D. 全局

2. 企业战略管理的重点是（　　）。

A. 制定战略　　　　B. 实施战略

C. 战略分析　　　　D. 制定和实施企业战略

3. 制定和实施企业战略的关键是对企业进行（　　）。

A. 外部环境分析　　　　B. 内部条件分析

C. 外部环境和内部条件分析　　　　D. 生产经营环境

4. 战略管理必须由企业的（　　）领导来推动和实施。

A. 最高层　　　　B. 高层

B. 中层　　C. 基层

5. 对（　　）公司来说，总体战略和业务单位战略的区分才有意义。

A. 单一的　　B. 多元化的

C. 附属的　　D. 独立的

6. 企业战略的层次分为（　　）。

A. 二层　　B. 三层

C. 四层　　D. 五层

7. 业务单位战略又称为（　　）。

A. 竞争战略　　B. 总体战略

C. 职能战略　　D. 公司层战略

8. 战略管理的资源匹配原则要求企业应根据（　　）的匹配程度进行资源配置。

A. 各业务部门之间　　B. 各职能部门之间

C. 各业务部门与战略目标　　D. 各职能部门与战略目标

9. 战略地图实施，是指企业利用（　　），确保企业实现既定战略目标的过程。

A. 战略实施　　B. 战略选择

C. 管理会计工具方法　　D. 战略分析

10. 企业应从（　　）开始，将战略 KPI 分解到各责任部门，再分解到责任团队。

A. 最高层　　B. 高层

B. 中层　　C. 基层

二、多项选择题

1. 战略管理遵循的原则是（　　）。

A. 目标可行原则　　B. 资源匹配原则

C. 责任落实原则　　D. 协同管理原则

2. 以下属于常用的战略分析工具的有（　　）。

A. 波士顿矩阵　　B. 通用矩阵

C. SWOT 分析　　D. 习性分析

3. 企业制定战略目标的方法有（　　）。

A 领导层制定　　B. 自上而下

C. 自下而上　　D. 上下结合

4. 外部环境分析可以从企业所面对的（　　）方面展开。

A. 宏观环境　　B. 产业环境

C. 竞争环境　　D. 国家竞争优势

5. 企业的内部环境，可以从（　　）方面展开。

A. 企业的资源与能力　　B. 价值链

C. 业务组合　　D. 产业环境

6. 以下属于战略制定评估备选方案的标准的是（　　）。

A. 最佳标准　　B. 适宜性标准

C. 可接受性标准　　D. 可行性标准

7. 企业一般可以进行（　）的战略调整。

A. 企业的愿景　　B. 长期发展方向

C. 战略目标　　D. 战略举措

8. 战略地图通常以（　）维度为主要内容，通过分析各维度的相互关系，绘制战略因果关系图。

A. 财务　　B. 客户

C. 内部业务流程　　D. 学习与成长

9. 在财务维度，战略主题第一层次一般包括（　）。

A. 创造成本优势　　B. 生产率提升

C. 营业收入增长　　D. 资产利用率

10. 以下属于战略管理的特征的有（　）。

A. 战略管理是企业的综合性管理

B. 战略管理是企业的高层次管理

C. 战略管理是企业的集中性管理

D. 战略管理是企业的一种动态性管理

三、判断题

1. 战略，是指企业从局部考虑做出的长远性的谋划。（　）

2. 对于业务公司来说，都可以区分出总体战略和业务单位战略。（　）

3. 公司战略常常涉及整个企业的财务结构和组织结构方面的问题。（　）

4. 战略分析包括外部环境分析和内部环境分析。（　）

5. 企业可根据对整体目标的保障、对员工积极性的发挥以及企业各部门战略方案的协调等实际需要，选择自上而下的方法，制定战略目标。（　）

6. 企业应根据各业务部门与战略目标的匹配程度进行资源配置。（　）

7. 战略管理是一项一次性的工作。（　）

8. 如果企业没能制定出完善而合适的战略，但是在战略实施中，能够克服原有战略的不足之处，最终也不可能导致该战略的完善与成功。（　）

9. 战略地图，是指为描述企业各维度战略目标之间因果关系而绘制的可视化的战略因果关系图。（　）

10. 将战略KPI分解为责任部门的KPI，企业应从最基层开始，将战略KPI分解到各责任部门。（　）

四、业务题

1. 分析战略管理各程序的要点。

2. 分析导入案例中战略管理的特点。

项目三

预算管理

预算是对未来目标的“期望”，也是为行动建立的“假设”，设立目标，是为了知道现在应该做什么，拟定预算，“由上而下”型较有成长可能。预算要取得大幅成长与保守估计间的平衡，过去的数字只能参考，不能当做基准。

制定三种目标层级，激励员工又能确保达到低标。一般人往往会觉得预算或经营计划设定一个就够了，然而，有些公司会设定两个，甚至三个。

为了激励员工突破下一个成长阶段，应制定“大的目标值”，这是第一个。第二个则是至少要确保销售额达到某种程度的“最低底线”计划。这两者的中间值，意即计划的“落点”则是第三个。不过同时有三个计划，可能在执行过程中会搞混，因此建议改成在年度一开始，就要做好参考目标值。

“预算管理”能让问题“透明化”。用每月预算比较“计划”和“实绩”，并立刻采取对策。“数字”是最好的警报系统，只要你看得懂，掌握每项数值变化，就能立刻发现问题。把完成每月报表的时间限制在“次月 5 日之前”，当月绩效反映预算结果，早分析才有好对策。

“预算管理”可以找出所有部门的“浪费程序”，工作流程中，原来有太多无所谓的步骤，缩短预算管理时间，避免时间、人力和费用的浪费，随时掌握每日变化，避免一切损失。

用数字管理，快速掌握滞留库存，把过程数字化，一有变动就要采取行动。最高目标就是“零库存”，每一个程序和合作对象都要配合。丰田汽车的 JIT（Just－In－Time）生产方式世界知名，是接近无库存物流的方法，改善作业流程，剔除造成“浪费”的步骤。

财务报表分析，第一时间做出预算计划调整，所有数字排开，营业状态一目了然，读懂指标数字，就能早一步行动。

项目导航

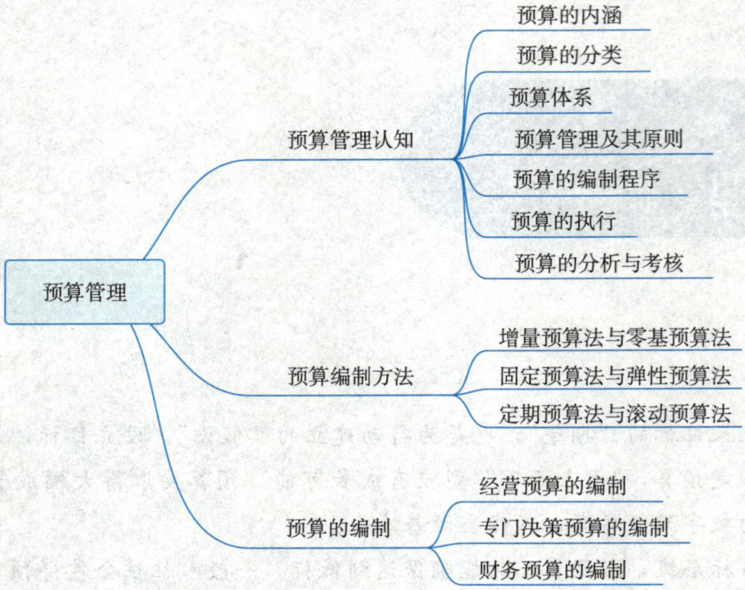

项目目标

素养目标	知识目标	能力目标
• 培养学生预算管理的意识，凡事预则立，不预则废 • 培养学生的全局意识、大局意识、认真严谨的工作态度	• 熟悉预算的内涵、分类、预算体系及预算的执行、分析与考核等 • 掌握预算的编制方法 • 掌握经营预算、专门决策预算和财务预算的编制	• 会运用预算的编制方法 • 会预算的编制

课程素养 3－1

凡事预则立，不预则废

出自《礼记·中庸》："凡事预则立，不预则废。言前定，则不跲，事前定，则不困，行前定，则不疚，道前定，则不穷。"

任何事情，事前有准备就可以成功，没有准备就要失败。说话先有准备，就不会理屈辞穷站不住脚；事前有准备，就不会遇到困难挫折；行事前先做好计划，就不会发生后悔的事；做选择前先做好准备，就不会走投无路。

（来源：百度百科）

案例导入

兴业农牧发展股份有限公司在《20×1年度财务决算和20×1年度财务预算报告》中提到：

20×1年度，预算执行情况良好，实现营业收入311 134.75万元，完成年初预算331 424.00万元的93.88%，实现归属于上市公司股东的净利润46 845.48万元，完成年初预算40 000.00万元的117.11%。总体而言，在董事会的领导下，在管理层以及全体员工的共同努力下，公司保持了良好的经营业绩和健康的发展势态，为未来的进一步发展奠定了坚实的基础。

20×2年度财务预算方案：20×1年度，公司将持续扩大生产规模，按计划完成非公开发行股票募集资金投资项目和子公司自有肉鸡场的建设，积极开展上海兴业农牧发展有限公司的投资建设，同时，不断加强企业内部管理，进一步提高经济效益。根据公司20×2年生产经营发展计划确定的经营目标，编制公司20×2年度财务预算方案如下：

一、主要财务预算指标

实现营业收入：499 593.00万元

实现净利润：60 900.00万元

全年拟投资16.18亿元继续扩大生产规模，计划全年肉鸡出栏量达到20 000万元。公司的现金流量全年保持总体平衡。

二、20×2年年度预算编制说明

主营业务收入按公司生产能力、销售目标编制，产品销售价格和主要原材料采购成本按照市场价格测定编制，各主要材料消耗指标以20×1年实际并结合公司考核指标要求测定编制。销售费用、管理费用结合公司20×1年实际水平考虑到薪资费用、差旅费用、拟成立上海兴业农牧发展有限公司开办费用等预计将增加的费用测定编制，财务费用结合公司经营和投资计划测定编制。

20×2年度，公司计划实现年屠宰加工鸡肉20 000万元的生产目标，使产业链中现有各生产环节完整配套。同时，公司将不断加强内部潜力挖掘，提高生产效率，进一步提高公司的综合竞争力。

现金收支按照统筹安排、量入为出、确保年内现金流量基本平衡的原则确定。20×2年，公司将进一步强化成本控制和预算管理，加大市场销售渠道的多元化建设，努力扩大经营活动现金流入量。同时，公司将积极拓展融资渠道，保障资金需求。

公司年度财务预算报告的这一描述，为财务会计工作者学习全面预算提出了明确的目标和要求。

任务一 预算管理认知

一、预算的内涵

预算（Budget）是企业在预测、决策的基础上，用数量和金额以表格的形式反映企业未来一定时期内经营、投资、筹资等活动的具体计划，是为实现企业目标而对各种资源和企业活动所做的详细安排。预算是一种可据以执行和控制经济活动的、最为具体的计划，是对目标的具体化，是实现企业战略导向预定目标的有力工具。

预算具有两个特征：首先，预算与企业的战略目标保持一致，因为预算是为实现企业目标而对各种资源和企业活动所做的详细安排；其次，预算是数量化的并具有可执行性，因为预算作为一种数量化的详细计划，它是对未来活动的细致、周密安排，是未来经营活动的依据。数量化和可执行性是预算最主要的特征。

1. 通过预算指标可以控制实际活动过程，随时发现问题，采取必要措施，纠正不良偏差，避免经营活动漫无目的、随心所欲，通过有效的方式实现预期目标。

2. 各部门预算的综合平衡，能促使各部门管理人员清楚地了解本部门在全局中的地位和作用，尽可能地做好部门之间的协调工作。预算经过综合平衡后可以提供解决各部门冲突的最佳办法，代表企业的最优方案，可以使各部门的工作在此基础上协调进行。

3. 预算是业绩考核的重要依据。各部门责任考核必须以预算标准为基础。经过分解落实的预算规划目标能与部门、责任人的业绩考评结合起来，成为奖勤罚懒、评估优劣的重要依据。

二、预算的分类

1. 根据内容不同，企业预算可以分为经营预算、专门决策预算和财务预算。

经营预算是指与企业日常业务直接相关的一系列预算，包括销售预算、生产预算、采购预算、费用预算等。

专门决策预算是指企业重大的或不经常发生的、需要根据特定决策编制的预算，包括投融资决策预算等。专门决策预算直接反映相关决策的结果，是实际中已选方案的进一步规划。如资本支出预算，其编制依据可以追溯到决策之前搜集到的有关资料，只不过预算比决策估算更细致、更精确一些。例如，企业对一切固定资产购置都必须在事先做好可行性分析的基础上来编制预算，具体反映投资额需要多少、何时进行投资、资金从何筹得、投资期限多长、何时可以投产、未来每年的现金流量是多少。

财务预算是指与企业资金收支、财务状况或经营成果等有关的预算，包括资金预算、预计资产负债表、预计利润表等。财务预算作为全面预算体系的最后环节，它是从价值方面总括地反映企业经营预算与专门决策预算的结果，故亦称为总预算，其他预算则相应称为辅助预算或分预算。显然，财务预算在全面预算中占有举足轻重的地位。

2. 按预算指标覆盖的时间长短，企业预算可分为短期预算和长期预算。

通常将预算期在 1 年以内（含 1 年）的预算称为短期预算，预算期在 1 年以上的预算称为长期预算。在预算编制过程中，往往应结合各项预算的特点，将长期预算和短期预算结合使用。一般情况下，企业的经营预算和财务预算多为 1 年期的短期预算，年内再按季度或月细分，而且预算期间往往与会计期间保持一致。

三、预算体系

各种预算是一个有机联系的整体。一般将由经营预算、专门决策预算和财务预算组成的预算体系，称为全面预算体系。其结构如图 3－1 所示。

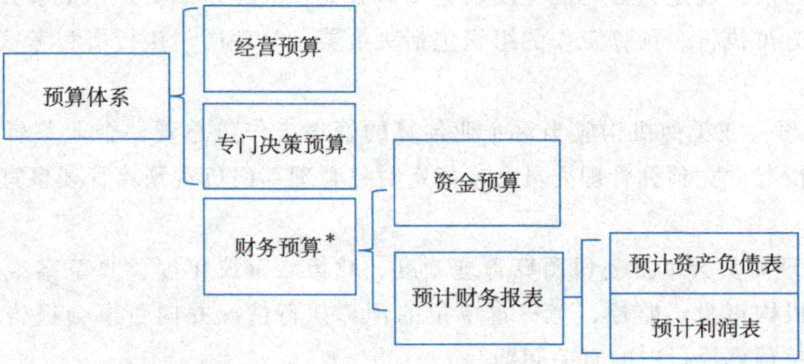

图 3－1　全面预算体系

注：* 表示此处财务预算是狭义概念，又称总预算。

四、预算管理及其原则

预算管理，是指企业以战略目标为导向，通过对未来一定期间内的经营活动和相应的财务结果进行全面预测和筹划，科学、合理配置企业各项财务和非财务资源，并对执行过程进行监督和分析，对执行结果进行评价和反馈，指导经营活动的改善和调整，进而推动实现企业战略目标的管理活动。

企业进行预算管理，一般应遵循以下原则：

1. 战略导向原则。预算管理应围绕企业的战略目标和业务计划有序开展，引导各预算责任主体聚焦战略、专注执行、达成绩效。

2. 过程控制原则。预算管理应通过及时监控、分析等把握预算目标的实现进度并实施有效评价，对企业经营决策提供有效支撑。

3. 融合性原则。预算管理应以业务为先导、以财务为协同，将预算管理嵌入企业经营管理活动的各个领域、层次、环节。

4. 平衡管理原则。预算管理应平衡长期目标与短期目标、整体利益与局部利益、收入与支出、结果与动因等关系，促进企业可持续发展。

5. 权变性原则。预算管理应刚性与柔性相结合，强调预算对经营管理的刚性约束，又可根据内外环境的重大变化调整预算，并针对例外事项进行特殊处理。

五、预算的编制程序

企业实施预算管理应当设立相应的机构，配备相应的人员，建立必要的制度。预算管理的机构设置、职责权限和工作程序应与企业的组织架构和管理体制互相协调，保障预算管理各环节职能衔接，流程顺畅。

企业应建立健全预算管理制度、会计核算制度、定额标准制度、内部控制制度、内部审计制度、绩效考核和激励制度等内部管理制度，夯实预算管理的制度基础。企业应充分利用现代信息技术，规范预算管理流程，提高预算管理效率。

我国《公司法》规定：公司的年度财务预算方案、决算方案由公司董事会制订，经股东会审议批准后方可执行。预算工作的组织包括决策层、管理层、执行层和考核层。

具体如下：

1. 企业董事会或类似机构应当对企业预算的管理工作负总责。企业董事会或者经理办公会可以根据情况设立预算管理委员会或指定财务管理部门负责预算管理事宜，并对企业法定代表人负责。

2. 预算管理委员会审批公司预算管理制度、政策，审议年度预算草案或预算调整草案并报董事会等机构审批，监控、考核本单位的预算执行情况并向董事会报告，协调预算编制、预算调整及预算执行中的有关问题等。

3. 企业财务管理部门具体负责企业预算的跟踪管理，监督预算的执行情况，分析预算与实际执行的差异及原因，提出改进管理的意见与建议。

4. 企业内部生产、投资、物资、人力资源、市场营销等职能部门具体负责本部门业务涉及的预算编制、执行、分析等工作，并配合预算管理委员会或财务管理部门做好企业总预算的综合平衡、协调、分析、控制与考核等工作。其主要负责人参与企业预算管理委员会的工作，并对本部门预算执行结果承担责任。

5. 企业所属基层单位是企业预算的基本单位，在企业财务管理部门的指导下，负责本单位现金流量、经营成果和各项成本费用预算的编制、控制、分析工作，接受企业的检查、考核。其主要负责人对本单位财务预算的执行结果承担责任。

六、预算的执行

预算编制完成后，应按照相关法律法规及企业章程的规定报经企业预算管理决策机构审议批准，以正式文件形式下达执行。预算审批包括预算内审批、超预算审批、预算外审批等。预算内审批事项，应简化流程，提高效率；超预算审批事项，应执行额外的审批流程；预算外审批事项，应严格控制，防范风险。

企业预算一经批复下达，各预算执行单位就必须认真组织实施，将预算指标层层分解，从横向到纵向落实到内部各部门、各单位、各环节和各岗位，形成全方位的预算执行责任体系。

预算执行一般按照预算控制、预算调整等程序进行。

（一）预算控制

预算控制，是指企业以预算为标准，通过预算分解、过程监督、差异分析等促使日常经营不偏离预算标准的管理活动。企业应建立预算授权控制制度，强化预算责任，严格预算控制。企业应建立预算执行的监督、分析制度，提高预算管理对业务的控制能力。企业应将预算目标层层分解至各预算责任中心。预算分解应按各责任中心权、责、利相匹配的原则进行，既公平合理，又有利于企业实现预算目标。企业应通过信息系统展示、会议、报告、调研等多种途径及形式，及时监督、分析预算执行情况，分析预算执行差异的原因，提出对策建议。

企业财务管理部门应当利用财务报表监控预算的执行情况，及时向预算执行单位、企业预算管理委员会以至董事会或经理办公会提供财务预算的执行进度、执行差异及其对企业预算目标的影响等财务信息，促进企业完成预算目标。

（二）预算调整

年度预算经批准后，原则上不作调整。企业应在制度中严格明确预算调整的条件、主体、权限和程序等事宜，当内外战略环境发生重大变化或突发重大事件等，导致预算编制的基本假设发生重大变化时，可进行预算调整。

议一议：年度预算为什么原则上不做调整？

七、预算的分析与考核

企业应当建立预算分析制度，由预算管理委员会定期召开预算执行分析会议，全面掌握预算的执行情况，研究、解决预算执行中存在的问题，纠正预算的执行偏差。

开展预算执行分析，企业管理部门及各预算执行单位应当充分收集有关财务、业务、市场、技术、政策、法律等方面的信息资料，根据不同情况分别采用比率分析、比较分析、因素分析、平衡分析等方法，从定量与定性两个层面充分反映预算执行单位的现状、发展趋势及其存在的潜力。

预算考核主要针对定量指标进行考核，是企业绩效考核的重要组成部分。企业应建立健全预算考核制度，并将预算考核结果纳入绩效考核体系，切实做到有奖有惩、奖惩分明。预算考核主体和考核对象的界定应坚持上级考核下级、逐级考核、预算执行与预算考核职务相分离的原则。

企业内部预算执行单位上报的预算执行报告，应经本部门、本单位负责人按照内部议事规范审议通过，作为企业进行财务考核的基本依据。企业预算按调整后的预算执行，预算完成情况以企业年度财务会计报告为准。

预算考核以预算完成情况为考核依据，通过预算执行情况与预算目标的比较，确定差异并查明产生差异的原因，进而据以评价各责任中心的工作业绩，并通过与相应的激励制度挂钩，促进其与预算目标相一致。

任务二 预算编制方法

企业一般按照分级编制、逐级汇总的方式，采用自上而下、自下而上、上下结合或多维度相协调的流程编制预算。预算编制流程与编制方法的选择应与企业现有管理模式相适应。常见的预算编制方法主要包括增量预算法与零基预算法、固定预算法与弹性预算法、定期预算法与滚动预算法。

一、增量预算法与零基预算法

按出发点的特征不同，预算的编制方法可分为增量预算法和零基预算法两大类。

1. 增量预算法。

增量预算法，是指以历史期实际经济活动及其预算为基础，结合预算期经济活动及相关影响因素的变动情况，通过调整历史期经济活动项目及金额形成预算编制方法。

增量预算法以过去的费用发生水平为基础，主张不需在预算内容上作较大的调整，编制的前提条件是：(1) 现有的业务活动是企业所必需的；(2) 原有的各项业务都是合理的。

以现有业务活动和各项活动的开支水平，确定预算期各项活动的预算数。增量预算法的缺陷是可能导致无效费用开支无法得到有效控制，使得不必要开支合理化，造成预算上的浪费。

2. 零基预算法。

零基预算法，是指企业不以历史期经济活动及其预算为基础，以零为起点，从实际需要出发分析预算期经济活动的合理性，经过综合平衡，形成的预算编制方法。零基预算法适用于企业各项预算的编制，特别是不经常发生的预算项目或预算编制基础变化较大的预算项目。零基预算法的应用程序如下：

第一，明确预算编制标准。企业应搜集和分析对标单位、行业等外部信息，结合内部管理需要形成企业各预算项目的编制标准，并在预算管理过程中根据实际情况不断分析评价、修订完善预算编制标准。

第二，制订业务计划。预算编制责任部门应依据企业战略、年度经营目标和内外环境变化等安排预算期经济活动，在分析预算期各项经济活动合理性的基础上制订详细、具体的业务计划，作为预算编制的基础。

第三，编制预算草案。预算编制责任部门应以相关业务计划为基础，根据预算编制标准编制本部门相关预算项目，并报预算管理责任部门审核。

第四，审定预算方案。预算管理责任部门应在审核相关业务计划合理性的基础上，逐项评价各预算项目的目标、作用、标准和金额等，按战略相关性、资源限额和效益性等进行综合分析和平衡，汇总形成企业预算草案，上报企业预算管理委员会等专门机构审议后报董事会等机构审批。

零基预算法的主要优点：一是以零为起点编制预算，不受历史期经济活动中的不合理因素影响，能够灵活应对内外环境的变化，预算编制更贴近预算期企业经济活动需要；二是有助于增加预算编制透明度，有利于进行预算控制。

零基预算的主要缺点：一是预算编制工作量较大、成本较高；二是预算编制的准确性受企业管理水平和相关数据标准准确性影响较大。

二、固定预算法与弹性预算法

按业务量基础数量特征的不同，可分为固定预算法和弹性预算法两大类。

1. 固定预算法。

固定预算法又称静态预算法，是指以预算期内正常的、最可实现的某一业务量（是指企业产量、销售量、作业量等与预算项目相关的弹性变量）水平为固定基础，不考虑可能发生的变动的预算编制方法。

固定预算法的缺点表现在两个方面：

一是适应性差。因为编制预算的业务量基础是事先假定的某个业务量。在这种方法下，不论预算期内业务量水平实际可能发生哪些变动，都只按事先确定的某一个业务量水平作为编制预算的基础。

二是可比性差。当实际的业务量与编制预算所依据的业务量发生较大差异时，有关预算指标的实际数与预算数就会因业务量基础不同而失去可比性。例如，某企业预计业务量为销售 100 000 件产品，按此业务量给销售部门的预算费用为 5 000 元。如果该销售部门实际销售量达到 120 000 件，超出了预算业务量，固定预算下的费用预算仍为 5 000 元。

2. 弹性预算法。

弹性预算法又称动态预算法，是指企业在分析业务量与预算项目之间数量依存关系的基础上，分别确定不同业务量及其相应预算项目所消耗资源的预算编制方法。

理论上，弹性预算法适用于编制全面预算中所有与业务量有关的预算，但实务中主要用于编制成本费用预算和利润预算，尤其是成本费用预算。

编制弹性预算，要选用一个最能代表生产经营活动水平的业务量计量单位。例如，以手工操作为主的车间，就应选用人工工时；制造单一产品或零件的部门，可以选用实物数量；修理部门可以选用直接修理工时等。

弹性预算法所采用的业务量范围，视企业或部门的业务量变化情况而定，务必使实际业务量不至于超出相关的业务量范围。一般来说，可定在正常生产能力的 70%～110%，或以历史上最高业务量和最低业务量为其上下限。弹性预算法编制预算的准确性，在很大程度上取决于成本性态分析的可靠性。

与按特定业务量水平编制的固定预算法相比，弹性预算法的主要优点是考虑了预算期可能的不同业务量水平，更贴近企业经营管理实际情况。弹性预算法的主要缺点：一是编制工作量大；二是市场及其变动趋势预测的准确性、预算项目与业务量之间依存关系的判断水平等会对弹性预算的合理性造成较大影响。

企业应用弹性预算法，一般按照以下程序进行：

第一步，确定弹性预算适用项目，识别相关的业务量并预测业务量在预算期内可能存在的不同水平和弹性幅度。

第二步，分析预算项目与业务量之间的数量依存关系，确定弹性定额。

第三步，构建弹性预算模型，形成预算方案。

第四步，审定预算方案并上报企业预算管理委员会等专门机构审议后，报董事会等机构审批。

弹性预算法又分为公式法和列表法两种具体方法：

（1）公式法。公式法是运用总成本性态模型，测算预算期的成本费用数额，并编制成本费用预算的方法。根据成本性态，成本与业务量之间的数量关系可用公式表示为：

$$y=a+bx$$

式中，y 表示某项预算成本总额，a 表示该项成本中的固定基数，b 表示与业务量相关的弹性定额，x 表示预计业务量。

【任务 3－1】 某企业制造费用中的修理费用与修理工时密切相关。经测算，预算期修理费用中的固定修理费用为 5 000 元，单位工时的变动修理费用为 3 元；预计预算期的修理工时为 1 500 小时。运用公式法，测算预算期的修理费用总额为：

5 000＋3×1 500＝9 500（元）。

因为任何成本都可用公式“$y=a+bx$”来近似的表示，所以，只要在预算中列示 a（固定成本）和 b（单位变动成本），便可随时利用公式计算任何业务量（x）的预算成本（y）。

（2）列表法。列表法是用列表的方式，在相关范围内每隔一定业务量范围计算相关数值预算。

应用列表法编制预算，首先要在确定的业务量范围内，划分出若干个不同水平，然后分别计算各项预算值，汇总列入一个预算表格。

【任务 3－2】 A 企业采用列表法编制的 20×1 年 6 月制造费用预算如表 3－1 所示。

表 3－1 **A 企业制造费用预算表** 单位：万元

业务量（直接人工工时）	400	450	500	550	600
占正常生产能力百分比	80%	90%	100%	110%	120%
变动成本：					
运输费用（b=0.2）	80	90	100	110	120
电力费用（b=1.0）	400	450	500	550	600
材料费用（b=0.1）	40	45	50	55	60
合计	520	585	650	715	780
混合成本：					
修理费用	425	485	532	583	732
油料费用	175	221	210	220	245
合计	600	706	742	803	977
固定成本：					
折旧费用	400	400	400	400	400
人工费用	150	150	150	150	150
合计	550	550	550	550	550
总计	1 670	1 841	1 942	2 068	2 307

列表法的优点：不管实际业务量多少，不必经过计算即可找到与业务量相近的预算成本；混合成本中的阶梯成本和曲线成本，可按总成本性态模型计算填列，不必用数学方法修正为近似的直线成本。但是在评价和考核实际成本时，往往需要使用插值法来计算“实际业务量的预算成本”。

三、定期预算法与滚动预算法

按预算期时间特征的不同，可分为定期预算法和滚动预算法两类。

（一）定期预算法

定期预算法是指在编制预算时，以固定会计期间（如日历年度）作为预算期的一种预算编制方法。这种方法的优点是能够使预算期间与会计期间相对应，便于将实际数与预算数进行对比，也有利于对预算执行情况进行分析和评价。但这种方法以固定会计期间（如1年）为预算期，在执行一段时期之后，往往使管理人员只考虑剩下时间的业务量，缺乏长远打算，导致一些短期行为的出现，不利于前后各个期间的预算衔接，不能适应连续不断的业务活动过程的预算管理。

（二）滚动预算法

滚动预算法是指企业根据上一期预算执行情况和新的预测结果，按既定的预算编制周期和滚动频率，对原有的预算方案进行调整和补充、逐期滚动、持续推进的预算编制方法。

按照预算编制周期，可以将滚动预算分为中期滚动预算和短期滚动预算。中期滚动预算的预算编制周期通常为3年或5年，以年度作为预算滚动频率。短期滚动预算通常以1年为预算编制周期，以月度、季度作为预算滚动频率。短期滚动预算通常使预算期始终保持12个月，每过1个月或1个季度，立即在期末增列1个月或1个季度的预算，逐期往后滚动，因而在任何一个时期都使预算保持为12个月的时间长度。这种预算能使企业各级管理人员对未来始终保持整整12个月时间的考虑和规划，从而保证企业的经营管理工作能够稳定而有序地进行。

1. 逐月滚动。逐月滚动是指在预算编制过程中，以月份为预算的编制和滚动单位，每个月调整一次预算的方法。如在20×1年1月至12月的预算执行过程中，需要在1月末根据当月预算的执行情况修订2月至12月的预算，同时补充下年1月的预算；到2月末可根据当月预算的执行情况，修订3月至20×2年1月的预算，同时补充20×2年2月的预算；以此类推。

2. 逐季滚动。逐季滚动是指在预算编制过程中，以季度为预算的编制和滚动单位，每个季度调整一次预算的方法。逐季滚动编制的预算比逐月滚动的工作量小，但精确度较差。

3. 混合滚动。混合滚动是指在预算编制过程中，同时以月份和季度作为预算的编制和滚动单位的方法。这种预算方法的理论依据是：人们对未来的了解程度具有对近期的预计把握较大、对远期的预计把握较小的特征。

滚动预算的主要优点：通过持续滚动预算编制、逐期滚动管理，实现动态反映市场、建立跨期综合平衡，从而有效指导企业营运，强化预算的决策与控制职能。

滚动预算的主要缺点：一是预算滚动的频率越高，对预算沟通的要求越高，预算编制的工作量越大；二是过高的滚动频率容易增加管理层的不稳定感，导致预算执行者无所适从。

任务三 预算的编制

企业应建立和完善预算编制的工作制度，明确预算编制依据、编制内容、编制程序和编制方法，确保预算编制依据合理、内容全面、程序规范、方法科学，形成各层级广泛接受的、符合业务假设的、可实现的预算控制目标。

一、经营预算的编制

（一）销售预算的编制

销售预算是指在销售预测的基础上根据销售计划编制的，用于规划预算期销售活动的一种经营预算。销售预算是整个预算的编制起点，其他预算的编制都以销售预算作为基础。表3－2是齐鲁公司本年的销售预算（本项目预算均不考虑增值税）。

销售预算的主要内容是销售量、单位售价和销售收入。销售量是根据市场预测或销货合同并结合企业生产能力确定的，销售单价是通过价格决策确定的，销售收入是两者的乘积，在销售预算中计算得出。

表3－2 **销售预算** 金额单位：元

项 目	第1季度	第2季度	第3季度	第4季度	全年
预计销售量（件）	1 400	1 500	1 800	1 700	6 400
预计单位售价	700	700	700	700	700
销售收入	980 000	1 050 000	1 260 000	1 190 000	4 480 000
预计现金收入					
上年应收账款	360 000				360 000
第一季度	588 000	392 000			980 000
第二季度		630 000	420 000		1 050 000
第三季度			756 000	504 000	1 260 000
第四季度				714 000	714 000
现金收入合计	948 000	1 022 000	1 176 000	1 218 000	4 364 000

销售预算通常要分品种、分月份、分季度、分销售区域、分推销员来编制。上例是一个简例，仅划分了季度销售。

销售预算中通常还包括预计现金收入的计算，其目的是为编制资金预算提供必要的资料。第一季度的现金收入包括两部分，即上年应收账款在本年第一季度收到的货款，以及本季度销售中可能收到的货款部分。本例中，假设每季度营业收入中，本季度收到现金的60%，另外的40%现金要到下季度才能收到。

【小贴士】注意销售预算是整个预算的编制起点，其他预算的编制都以销售预算为基础的。

(二) 生产预算的编制

生产预算是为规划预算期生产规模而编制的一种经营预算，它是在销售预算的基础上编制的，并可以为编制直接材料预算和产品成本预算提供依据。编制生产预算的主要依据是预算期各种产品的预计销售量及存货期初期末资料。表 3—3 是齐鲁公司的生产预算。

表 3—3　生产预算　单位：件

项　目	第 1 季度	第 2 季度	第 3 季度	第 4 季度	全年
预计销售量	1 400	1 500	1 800	1 700	6 400
加：预计期末产成品存货	150	180	170	200	200
合计	1 550	1 680	1 970	1 900	6 600
减：预计期初产成品存货	150	150	180	170	150
预计生产量	1 400	1 530	1 790	1 730	6 450

生产预算的特点是只以实物量表示，没有金额，以销售预算为基础编制。期末产成品存货数量通常按下期销售量的百分比确定，本例按 10%安排期末产成品存货。年初产成品存货是编制预算时预计的，年末产成品存货根据长期销售趋势来确定。本例假设年初有产成品存货 150 件，年末留存 200 件。

基本公式：①预计期末产成品存货＝下季度销售量×10%

②预计期初产成品存货＝上季度期末产成品存货

③预计生产量＝（预计销售量＋预计期末产成品存货）－预计期初产成品存货

(三) 直接材料预算的编制

直接材料预算是为了规划预算期直接材料采购金额的一种业务预算。它是以生产预算为基础编制的，同时要考虑原材料存货水平。

表 3—4 是齐鲁公司的直接材料预算。其主要内容有直接材料的单位产品用量、生产需用量、期初和期末存量等。“预计生产量”的数据来自生产预算，“单位产品材料用量”的数据来自标准成本资料或消耗定额资料，“生产需用量”是上述两项的乘积。年初和年末的材料存货量，是根据当前情况和长期销售预测估计的。各季度“期末材料存量”根据下季度生产量的一定百分比确定，本例按 20%计算。各季度“期初材料存量”是上季度的期末材料存量。本例假设年初原材料 3 000 千克，年末留存 4 000 千克。各季度“预计材料采购量”根据下式计算确定：

预计材料采购量＝（生产需用量＋期末存量）－期初存量

表 3—4　直接材料预算

项　目	第 1 季度	第 2 季度	第 3 季度	第 4 季度	全年
预计生产量（件）	1 400	1 530	1 790	1 730	6 450
单位产品材料用量（千克/件）	10	10	10	10	10
生产需用量（千克）	14 000	15 300	17 900	17 300	64 500
加：预计期末存量（千克）	3 060	3 580	3 460	4 000	4 000

续表

项　目	第 1 季度	第 2 季度	第 3 季度	第 4 季度	全年
减：预计期初存量（千克）	3 000	3 060	3 580	3 460	3 000
预计材料采购量（千克）	14 060	15 820	17 780	17 840	65 500
单价（元/千克）	8	8	8	8	8
预计采购金额（元）	112 480	126 560	142 240	142 720	524 000
预计现金支出：					
上年应付账款（元）	63 500				63 500
第一季度（元）	56 240	56 240			112 480
第二季度（元）		63 280	63 280		126 560
第三季度（元）			71 120	71 120	142 240
第四季度（元）				71 360	71 360
合计	119 740	119 520	134 400	142 480	516 140

为了便于以后编制资金预算，通常要预计材料采购各季度的现金支出。每个季度的现金支出包括偿还上期应付账款和本期应支付的采购货款。本例假设材料采购的货款有50%在本季度内付清，另外50%在下季度付清。这个百分比是根据经验确定的。如果材料品种很多，需要单独编制材料存货预算。

（四）直接人工预算的编制

直接人工预算是一种既反映预算期内人工工时消耗水平，又规划人工成本开支的经营预算。它以生产预算为编制基础。这项预算是根据生产预算中的预计生产量以及单位产品所需的直接人工小时和每小时工资率进行编制的。由于工资都需要使用现金支付，所以，不需另外预计现金支出，可直接参加资金预算的汇总。齐鲁公司的直接人工预算如表 3－5 所示。

表 3－5　　**直接人工预算**

项目	第 1 季度	第 2 季度	第 3 季度	第 4 季度	全年
预计生产量（件）	1 400	1 530	1 790	1 730	6 450
单位产品工时（小时/件）	3	3	3	3	3
人工总工时（小时）	4 200	4 590	5 370	5 190	19 350
每小时人工成本（元/小时）	70	70	70	70	70
人工总成本（元）	294 000	321 300	375 900	353 300	1 354 500

（五）制造费用预算的编制

制造费用预算通常分为变动制造费用预算和固定制造费用预算两部分。变动制造费用以生产预算为基础来编制。固定制造费用，需要逐项进行预计，通常与本期产量无关，可按每季度实际需要的支付额预计，然后求出全年数。表 3－6 是齐鲁公司的制造费用预算。

表 3－6　　**制造费用预算**　　单位：元

项目	第 1 季度	第 2 季度	第 3 季度	第 4 季度	全年
变动制造费用：					

续表

项目	第1季度	第2季度	第3季度	第4季度	全年
间接人工（5元/件）	7 000	7 650	8 950	8 650	32 250
间接材料（3元/件）	4 200	4 590	5 370	5 190	19 350
修理费（2元/件）	2 800	3 060	3 580	3 460	12 900
水电费（2元/件）	2 800	3 060	3 580	3 460	12 900
小计	16 800	18 360	21 480	20 760	77 400
固定制造费用：					
修理费	12 000	13 200	16 000	16 000	57 200
折旧	50 000	50 000	50 000	50 000	200 000
管理人员工资	66 000	65 500	70 000	65 000	266 500
保险费	15 500	17 100	19 000	27 000	78 600
财产税	4 225	4 225	4 225	4 225	16 900
小计	147 725	150 025	159 225	162 225	619 200
合计	164 525	168 385	180 705	182 985	696 600
减：折旧	50 000	50 000	50 000	50 000	200 000
现金支出	114 525	118 385	130 705	132 985	496 600

为了便于以后编制产品成本预算，需要计算小时费用率。

变动制造费用分配率＝77 400÷19 350＝4（元/小时）

固定制造费用分配率＝619 200÷19 350＝32（元/小时）

为了便于以后编制资金预算，需要预计现金支出。在制造费用中，除折旧费用外都必须支付现金，所以，根据每个季度制造费用数额扣除折旧费后，即可得出“现金支出”的费用。

（六）产品成本预算的编制

产品成本预算是反映预算期内各种产品生产成本水平的一种经营预算。这种预算是在销售预算、生产预算、直接材料预算、直接人工预算和制造费用预算的基础上编制的。生产量、期末存货量来自生产预算，销售量来自销售预算。生产成本、存货成本和销货成本等数据，根据单位成本和有关数据计算得出。表3－7是齐鲁公司本年的产品成本预算。

表3－7　　产品成本预算

项目	单位成本			生产成本（元）	期末存货（元）	销货成本（元）
	单价（元/千克或小时）	投入量（千克或小时）	成本（元）	6 450件	200件	6 400件
直接材料	8	10	80	516 000	16 000	512 000
直接人工	70	3	210	1 354 500	42 000	1 344 000
变动制造费用	4	3	12	77 400	2 400	76 800
固定制造费用	32	3	96	619 200	19 200	614 400
合计			398	2 567 100	79 600	2 547 200

（七）销售费用和管理费用预算的编制

销售及管理费用预算是以价值形式反映整个预算期内为销售产品和维持一般管理工作而发生的各项费用支出计划的费用预算。

销售费用预算是指为了实现销售预算所需支付的费用预算。它以销售预算为基础，根据费用计划编制。销售费用预算应和销售预算相配合，应按品种、按地区、按用途的具体预算数额列示。

管理费用是搞好一般管理业务所必需的费用。管理费用多属于固定成本，所以，一般是以过去的实际开支为基础，按预算期的可预见变化来调整。重要的是，必须充分考察每种费用是否必要，以便提高费用使用效率。表 3—8 是齐鲁公司的销售及管理费用预算。

表 3—8　销售费用和管理费用预算　单位：元

项目	金额
销售费用：	
销售人员工资	300 000
广告费	110 000
包装、运输费	50 000
保管费	30 000
折旧费	50 000
管理费用：	
管理人员薪金	200 000
福利费	40 000
保险费	20 000
办公费	35 000
折旧费	37 500
每季度支付现金（785 000/4）	196 250

二、专门决策预算的编制

专门决策预算主要是长期投资预算（又称资本支出预算），通常是指与项目投资决策相关的专门预算，它往往涉及长期建设项目的资金投放与筹集，并经常跨越多个年度。编制专门决策预算的依据，是项目财务可行性分析资料以及企业筹资决策资料。

专门决策预算的要点是准确反映项目资金投资支出与筹资计划，它同时也是编制资金预算和预计资产负债表的依据。表 3—9 是齐鲁公司本年的专门决策预算。

表 3—9　专门决策预算　单位：元

项目	第 1 季度	第 2 季度	第 3 季度	第 4 季度	全年
投资支出预算	1 000 000	200 000	250 000		1 450 000
借入长期借款	800 000				800 000

三、财务预算的编制

（一）资金预算的编制

资金预算是以经营预算和专门决策预算为依据编制的，专门反映预算期内预计现金收入与现金支出，以及为满足理想现金余额而进行筹资或归还借款等的预算。资金预算由可供使用现金、现金支出、现金余缺、现金筹措与运用四部分构成。齐鲁公司本年的资金预算如表3－10所示。

表3－10　　**资金预算**　　单位：元

项目	第1季度	第2季度	第3季度	第4季度	全年
期初现金余额	200 000	133 485	110 030	108 775	200 000
加：现金收入（表3－2）	948 000	1 022 000	1 176 000	1 218 000	4 364 000
可供使用现金	1 148 000	1 155 485	1286 030	1 326 775	4 564 000
减：现金支出					
直接材料（表3－4）	119 740	119 520	134 400	142 480	516 140
直接人工（表3－5）	294 000	321 300	375 900	363 300	1 354 500
制造费用（表3－6）	114 525	118 385	130 705	132 985	496 600
销售及管理费用（表3－8）	196 250	196 250	196 250	196 250	785 000
所得税费用	45 000	45 000	45 000	45 000	180 000
购买设备（表3－9）	1 000 000	200 000	250 000	0	1 450 000
股利				300 000	300 000
现金支出合计	1 769 515	1 000 455	1 132 255	1 180 015	5 082 240
现金多余或不足	－621 515	155 030	153 775	146 760	－518 240
现金筹措与运用					
借入长期借款	800 000				800 000
长期借款利息（年利率10%）	45 000	45 000	45 000	45 000	180 000
期末现金余额	133 485	110 030	108 775	101 760	101 760

表中：可供使用现金＝期初现金余额＋现金收入

可供使用现金－现金支出＝现金余缺或不足

现金余缺或不足＋现金筹措－现金运用＝期末现金余额

其中："期初现金余额"是在编制预算时预计的，下一季度的期初现金余额等于上一季度的期末现金余额，全年的期初现金余额指的是年初的现金余额，所以等于第1季度的期初现金余额，在本例中为已知条件。

"现金收入"的主要来源是销货取得的现金收入，销货取得的现金收入数据来自销售预算。

"现金支出"部分包括预算期的各项现金支出。"直接材料""直接人工""制造费用""销售及管理费用""购买设备"的数据分别来自前述有关预算。

财务管理部门应根据现金余缺与理想期末现金余额的比较，并结合固定的利息支出数额以及其他的因素，来确定预算期现金运用或筹措的数额。本例中理想的现金余额是 100 000 元，如果资金不足，可以取得短期借款，银行的要求是，借款额必须是 100 000 元的整数倍。本例中借款利息按季度支付，作资金预算时假设新增借款发生在季度的期初，归还借款发生在季度的期末。本例中，齐鲁公司上年末的长期借款余额为 1 000 000 元（见表 3—12），所以，各季度的长期借款利息均为（1 000 000＋800 000）×10%/4＝45 000（元）。

资金预算的编制，以各项经营预算和专门决策预算为基础，它反映各预算期的收入款项和支出款项，并作对比说明。其目的在于现金不足时筹措现金，现金多余时及时处理现金余额，并且提供现金收支的控制限额，发挥现金管理的作用。

（二）预计利润表的编制

预计利润表用来综合反映企业在计划期的预计经营成果，是企业最主要的财务预算表之一。通过编制预计利润表，可以了解企业预期的盈利水平。编制预计利润表的依据是各经营预算、专门决策预算和资金预算。表 3—11 是齐鲁公司本年的利润表预算，它是根据上述各有关预算编制的。

表 3—11　　**预计利润表**　　单位：元

项目	金额
销售收入（表 3—2）	4 480 000
销货成本（表 3—7）	2 547 200
毛利	1 932 800
销售费用和管理费用（表 3—8）	872 500
借款利息（表 3—10）	180 000
利润总额	880 300
所得税费用（表 3—10）	180 000
净利润	700 300

其中："销售收入"项目的数据来自销售预算；"销售成本"项目的数据来自产品成本预算；"毛利"项目的数据是前两项的差额；"销售及管理费用"项目的数据来自销售及管理费用预算；"利息"项目的数据来自资金预算。

另外，"所得税费用"项目是在利润规划时估计的，并已列入资金预算。它通常不是根据"利润总额"和所得税税率计算出来的，因为有诸多纳税调整的事项存在。

（三）预计资产负债表的编制

预计资产负债表用来反映企业在计划期末预计的财务状况。编制预计资产负债表的目的，在于判断预算反映的财务状况的稳定性和流动性。如果通过预计资产负债表的分析，发现某些财务比率不佳，必要时可修改有关预算，以改善财务状况。预计资产负债表的编制需以计划期开始日的资产负债表为基础，结合计划期间各项经营预算、专门决策预算、资金预算和预计利润表进行编制。它是编制全面预算的终点。表 3—12 是齐鲁公司本年的预计资产负债表。

表 3－12 预计资产负债表 单位：元

资产	年初余额	年末余额	负债与股东权益	年初余额	年末余额
流动资产：			流动负债：		
货币资金（表 3－10）	200 000	101 760	短期借款		
应收账款（表 3－2）	360 000	476 000	应付账款（表 3－4）	63 500	71 360
存货（表 3－4 和表 3－7）	83 700	111 600	流动负债合计	63 500	71 360
流动资产合计	643 700	689 360	非流动负债		
非流动资产：			长期借款	1 000 000	1 800 000
固定资产	1 000 000	712 500	非流动负债合计	1 000 000	1 800 000
在建工程	2 000 000	3 450 000	负债合计	1 063 500	1 871 360
非流动资产合计	3 000 000	4 162 500			
			股东权益		
			股本	1 700 000	1 700 000
			资本公积	500 000	500 000
			盈余公积	250 000	320 030
			未分配利润	130 200	460 470
			股东权益合计	2 580 200	2 980 500
资产总额	3 643 700	4 851 860	负债和股东权益总额	3 643 700	4 851 860

其中："货币资金"的数据来源于表 3－10 中"现金"的年初和年末余额。

"应收账款"的年初余额 360 000 元来自表 3－2"上年应收账款"，年末余额为 476 000 元（1 190 000×（1－60％））。

"存货"包括直接材料和产成品，直接材料年初余额＝3 000×8＝24 000（元），年末余额＝4 000×8＝32 000（元）；产成品成本年初余额＝（200＋6 400－6 450）×398＝59 700（元），年末余额＝200×398＝79 600（元）。存货年初余额＝24 000＋59 700＝83 700（元），年末余额＝32 000 ＋79 600＝111 600（元）。

"固定资产""在建工程"的年初余额来源于齐鲁公司上年末的资产负债表（略）。

"固定资产"的年末余额 712 500 元（1 000 000－287 500），其中的 287 500 元（200 000＋50 000＋37 500）指的是本年计提的折旧，数字来源于表 3－6 和表 3－8。

"在建工程"的年末余额 3 450 000 元（2 000 000＋1 450 000），本年的增加额 1 450 000 元来源于表 3－9（项目本年未完工）。

"应付账款"的年初余额 63 500 元来源于表 3－4 的"上年应付账款"，年末余额 71 360 元（142 720×（1－50％））。

"长期借款"本年的增加额 800 000 元来源于表 3－9；"长期借款"的年初余额，来源于齐鲁公司上年末的资产负债表，各项预算中都没有涉及股本和资本公积的变动，所以，股本和资本公积的余额不变。股东权益各项目的期初余额均来源于齐鲁公司上年末的资产负债表，齐鲁公司没有计提任意盈余公积，计提的法定盈余公积＝700 300（见表 3－11）×10％＝70 030（元），所以，盈余公积的年末余额＝250 000＋70 030＝320 030（元）。"未分配利润”本年的增加额 330 270＝本年的净利润 700 300 元－本年的股利 300 000 元（见表 3－10）－本年计提的法定盈余公积 70 030 元，所以未分配利润的期末余额＝130 200＋330 270＝460 470（元）。

课程素养 3－2

数据素养

数据素养是对媒介素养、信息素养等概念的一种延续和扩展，至少包括以下五个方面的维度：对数据的敏感性；数据的收集能力；数据的分析、处理能力；利用数据进行决策的能力；对数据的批判性思维。

（来源：百度百科）

项目总结

本项目共有三个任务，详细讲解了预算管理认知、预算编制的基本方法和具体应用。

任务一，主要学习预算的内涵，预算的分类，预算体系，预算管理及其原则，预算的编制程序，预算的执行和预算的分析与考核。

任务二，主要学习预算编制的基本方法，常用的预算方法主要包括增量预算法与零基预算法、固定预算法与弹性预算法、定期预算法与滚动预算法。

任务三，主要学习预算编制的应用，其基本内容有：销售预算、生产预算、直接材料预算、直接人工预算、制造费用预算、产品成本预算、销售及管理费用预算等经营预算的编制；专门决策预算的编制；资金预算、预计利润表和预计资产负债表等财务预算的编制。

职业能力训练

一、单项选择题

1. 下列预算中，属于财务预算的是（　　）。

A. 销售预算　　B. 生产预算

C. 预计利润表　　D. 产品成本预算

2. 甲公司机床维修费为半变动成本，机床运行 100 小时的维修费为 250 元，运行 150 小时的维修费为 300 元，机床运行时间为 80 小时，维修费为（　　）元。

A. 200　　B. 220　　C. 230　　D. 250

3. 下列选项中，不受会计年度制约，预算期始终保持在一定时间跨度的预算方法是（　　）。

A. 固定预算法　　B. 弹性预算法

C. 定期预算法　　D. 滚动预算法

4. 某企业制造费用中的修理费用与修理工时密切相关。经测算，公司 20×1 年修理费用中的固定修理费用为 3 000 元，单位工时的变动修理费用为 2 元，预计修理工时为 3 500

小时，于是就将20×1年修理费用预算简单地确定为10 000元（3 000＋2×3 500）。根据以上信息，该企业编制预算的方法是（　　）。

A. 零基预算法　　B. 固定预算法

C. 弹性预算法　　D. 滚动预算法

5. 年度预算的编制关键和起点是（　　）。

A. 生产预算　　B. 资金预算

C. 销售预算　　D. 直接材料预算

6. 某公司编制下一年度的生产预算，每季度末产成品存货按照下季度销量的20%予以安排，预计第二季度和第三季度销量分别为150件和200件，则第二季度的预计生产量（　　）件。

A. 140　　B. 170　　C. 190　　D. 160

7. 某企业20×1年第三、四季度分别计划生产1 500件和2 000件产品，单位产品的材料用量为5千克，第二季度末的材料库存量为800千克。假设季末材料存量按照下季度生产耗用材料的20%确定，材料采购价格为10元/千克，则该企业第三季度材料采购金额为（　　）元。

A. 78 000　　B. 75 000　　C. 87 000　　D. 67 000

8. 某公司生产甲产品，一季度至四季度的预计销售量分别是1 000件、800件、900件、850件，生产每件甲产品需要2千克A材料。公司的政策是每一季度末的产成品存货数量等于下一季度销售量的10%，每一季度末的材料存量等于下一季度生产需要量的20%。该公司第二季度的预计材料采购量为（　　）千克。

A. 1 600　　B. 1 620　　C. 1 654　　D. 1 668

9. 下列预算中，在编制时不需以生产预算为基础的是（　　）。

A. 变动制造费用预算　　B. 销售费用预算

C. 产品成本预算　　D. 直接人工预算

10. 某企业编制第四季度的直接材料消耗与采购预算，预计季初材料存量为500千克，季度生产需用量为2 500千克，预计期末存量为300千克，材料采购单价为10元，若材料采购货款有40%当季付清，另外60%在下季度付清，则该企业预计资产负债表年末“应付账款”项目为（　　）元。

A. 10 800　　B. 13 800　　C. 16 200　　D. 23 000

二、多项选择题

1. 下列预算中，通常属于短期预算的有（　　）。

A. 资产负债表预算　　B. 直接材料预算

C. 资本预算　　D. 资金预算

2. 在进行弹性预算编制时，可以采用的方法有（　　）。

A. 公式法　　B. 因素分析法

C. 销售百分比法　　D. 列表法

3. 滚动预算的编制按其滚动的时间单位不同可分为（　　）。

A. 逐月滚动　　B. 逐季滚动

C. 混合滚动　　D. 逐年滚动

4. 下列预算中，在编制时需要以生产预算为基础的有（　　）。

A. 直接材料预算　　B. 直接人工预算

C. 变动制造费用预算　　D. 销售费用及管理费用预算

5. 编制生产预算中的“预计生产量”项目时，需要考虑的因素有（　　）。

A. 预计销售量　　B. 预计期初存货

C. 预计期末存货　　D. 前期实际销量

6. 资金预算编制的依据有（　　）。

A. 制造费用预算　　B. 直接材料预算

C. 专门决策预算　　D. 销售费用预算

7. 产品成本预算，是（　　）的汇总。

A. 生产预算　　B. 直接材料预算

C. 直接人工预算　　D. 制造费用预算

8. 下列经营预算中，通常需要预计现金支出的预算有（　　）。

A. 生产预算　　B. 销售费用预算

C. 直接材料预算　　D. 制造费用预算

9. 下列各项中，属于财务预算的有（　　）。

A. 销售预算　　B. 资金预算

C. 预计利润表　　D. 预计资产负债表

10. 下列选项中，属于预计利润表编制依据的有（　　）。

A. 销售预算　　B. 资金预算

C. 产品成本预算　　D. 资产负债表预算

三、判断题

1. 生产预算是以销售预算为依据编制的。（　　）

2. 为了便于编制资金预算，还应在编制销售预算的同时，编制与营业收入有关的经营现金收入预算表。（　　）

3. 弹性预算只适用于编制利润预算。（　　）

4. 预计生产量＝预计销售量＋预计期末产成品存货量－预计期初产成品存货量。（　　）

5. 直接人工预算是以销售预算为基础编制的。（　　）

6. 生产预算是以实物量作为计量单位的预算。（　　）

7. 零基预算的编制基础与其他预算方法一致。（　　）

8. 增量预算是以零为起点编制预算，不受历史期经济活动中的不合理因素影响，能够灵活应对内外环境的变化，预算编制更贴近预算期企业经济活动需要。（　　）

9. 在预算编制过程中，企业销售预算一般应当在生产预算的基础上编制。（　　）

10. 在全面预算体系中，企业应当先编制财务预算，在此基础上编制经营预算和专门决

策预算。 ( )

四、业务题

1. 旭日公司只产销一种甲产品，甲产品只消耗乙材料。20×1 年第四季度按定期预算法编制 20×2 年的企业预算，部分预算资料如下：

资料一：乙材料 20×2 年年初的预计结存量为 2 000 千克，各季度末乙材料的预计结存量数据如表 3－13 所示：

表 3－13　　20×2 年各季度末乙材料预计结存量

季度	第一季度	第二季度	第三季度	第四季度
乙材料（千克）	1 000	1 200	1 200	1 300

每季度乙材料的购货款于当季支付 40%，剩余 60%于下一个季度支付；20×2 年年初的预计应付账款余额为 80 000 元。该公司 20×2 年度乙材料的采购预算如表 3－14 所示：

表 3－14　　乙材料采购预算表

项　目	第一季度	第二季度	第三季度	第四季度	全　年
预计生产量（件）	3 200	3 200	3 600	4 000	14 000
单位产品材料用量（千克/件）	5	*	*	*	*
生产需要量（千克）	*	16 000	*	*	70 000
加：期末结存量（千克）	*	*	*	*	*
预计需要量合计（千克）	17 000	(A)	19 200	21 300	(B)
减：期初结存量（千克）	*	1 000	(C)	*	*
预计材料采购量（千克）	(D)	*	*	20 100	(E)
材料计划单价（元/千克）	10	*	*	*	*
预计采购金额（元）	150 000	162 000	180 000	201 000	693 000

注：表内“单位产品材料用量”是指在现有生产技术条件下，生产单位产品预计所需要的材料数量；全年乙材料计划单价不变；表内的“*”为省略的数值。

要求：

(1) 确定旭日公司乙材料采购预算表中用字母表示的项目数值。

(2) 计算旭日公司第一季度预计采购现金支出和第四季度末预计应付账款金额。

2. 甲公司编制资金预算的相关资料如下：

资料一：甲公司预计 20×1 年每季度的销售收入中，有 70%在本季度收到现金，30%在下一季度收到现金，不存在坏账。20×0 年末应收账款余额为零。不考虑增值税及其他因素的影响。

资料二：甲公司 20×1 年末各季度的资金预算如表 3－15 所示：

表 3-15　　甲公司 20×1 年各季度资金预算　　单位：万元

项　目	第一季度	第二季度	第三季度	第四季度
期初现金余额	500	(B)	1 088	1 090
预计销售收入	2 000	3 000	4 000	3 500
现金收入	(A)	2 700	(C)	3 650
现金支出	1 500	*	*	1 540
现金余缺	*	−700	*	(D)
向银行借款	*	*	*	*
归还银行借款及利息	*	*	*	*
期末现金余额	1 000	*	*	*

注：表内“*”为省略的数值。

要求：

（1）计算 20×1 年末预计应收账款余额。

（2）计算表中用字母代表的数值。

项目四

成本管理

企业的最终目标是持续提高企业价值和产生利润。设定成本、调整产品线、事业撤退等商业活动中的第一步，都是从准确把握成本开始的。然而要想迈出这第一步却要比想象中难的多（见图 4—1 所示）。

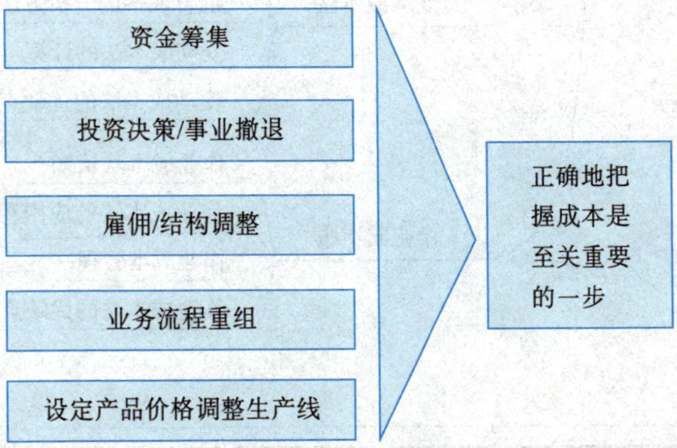

图 4—1　成本核算对经营判断至关重要

成本管理并不等于“一味削减成本”，其关键在于成本管理的质量。削减成本是一项创造性的工作，比如对工作流程进行彻底的调整以缩短必要的工作时间，实现削减成本的目标，就需要极强的创造性。简单更换价值更便宜的原材料、削减人工工资，虽然这也是方法之一，但可能会导致产品品质下降和员工工作积极性降低等更为负面的影响。

项目导航

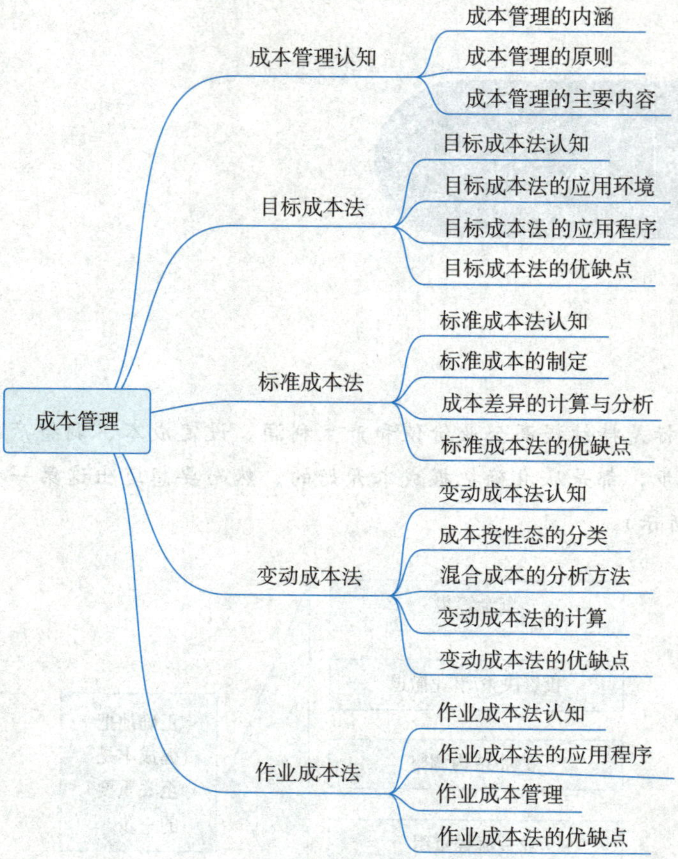

项目目标

素养目标	知识目标	能力目标
• 培养学生成本管理思维、创新思维、严谨、细致、耐心的工作态度 • 培养学生勤学苦练技能、提高工作效率的习惯和快速解决问题的能力	• 了解成本管理的内涵、原则和主要内容 • 了解各种成本方法的优缺点 • 熟悉目标成本法的应用环境和应用程序 • 掌握标准成本的制定、成本差异的计算与分析 • 掌握成本性态的分类和混合成本的分析方法 • 掌握变动成本法的计算 • 熟悉作业成本法的相关概念和作业成本管理 • 掌握作业成本法的基本程序	• 会运用目标成本法 • 会制定直接材料、直接人工、制造费用的标准成本 • 会计算成本差异并进行分析 • 会混合成本的分析 • 会变动成本法和完全成本的计算 • 会运用作业成本法进行管理

课程素养 4-1

提升企业供应链现代化水平，促进降本增效和转型发展

当前，新一轮科技革命和产业变革突飞猛进，新技术不断涌现，我国企业在供应链安全、敏捷柔性、价值创造、生态协同等方面多维推进，有力促进降本增效和转型发展，系统带动产业链上下游自主创新，不断提升供应链稳定性和竞争力。强大、可控、有韧性的供应链体系初步成形，并与产业链深度融合，有利于促进我国企业增强综合国际竞争力，推动相关产业高质量发展，进一步实现经济发展的质量变革、效率变革、动力变革。

随着大数据、人工智能、区块链、5G 等数字技术与供应链各环节融合创新，数字化智能化已成为发展供应链的基本方向，正在多维场景中不断创造新的价值增长点。一些整合协同度高的供应链平台、行业带动力强的供应链领先企业，积极融入数字化发展，面对政策、市场需求以及风险挑战，都可以稳妥有效应对，正成为提升供应链现代化水平的主力军。在参与提升供应链现代化水平与竞争力的过程中，要聚焦问题导向、目标导向，稳步积极推动供应链管理转型升级。

（来源：学习强国）

案例导入

有一位青年，在美国某石油公司工作，学历不高，也不是什么特别的工作，他的工作，连小孩都能胜任，那就是巡视并确认石油罐盖有没有焊接好。不几天，他便对这项工作厌烦了，很想改行，但又找不到其他工作。他想，要使这项工作有所突破，就必须自己找些事做，因此，他留神观察，发现罐子旋转一次，焊接剂滴落 39 滴。他努力思考：在这一连串的工作中，有没有什么可以改善的地方。一次，他突然想到：如果能将焊接剂减少一两滴，是否能够节省成本？

他经过一番研究，研制出“37 型滴剂”焊接机，经试用后并不实用。他不灰心，又研制出“38 型滴型”焊接机。这次的发明非常完美，虽然节省的只是一滴焊接剂，但那“一滴”却替公司增加了每年 5 万美元的新利润。

这个青年，就是后来掌握全美制油业 95%实权的石油大王——洛克菲勒。

思考：成本管理能够给企业带来什么？

任务一 成本管理认知

一、成本管理的内涵

成本管理，是指企业在营运过程中实施成本预测、成本决策、成本计划、成本控制、成本核算、成本分析和成本考核等一系列管理活动的总称。成本管理领域应用的管理会计工具方法，一般包括目标成本法、标准成本法、变动成本法、作业成本法等。

企业应结合自身的成本管理目标和实际情况，在保证产品的功能和质量的前提下，选择应用适合企业的成本管理工具方法或综合应用不同成本管理工具方法，以更好地实现成本管理的目标。综合应用不同成本管理工具方法时，应以各成本管理工具方法具体目标的兼容性、资源的共享性、适用对象的差异性、方法的协调性和互补性为前提，通过综合运用成本管理的工具方法实现最大效益。

二、成本管理的原则

企业进行成本管理，一般应遵循以下原则：

1. 融合性原则。成本管理应以企业业务模式为基础，将成本管理嵌入业务的各领域、各层次、各环节，实现成本管理责任到人、控制到位、考核严格、目标落实。

2. 适应性原则。成本管理应与企业生产经营特点和目标相适应，尤其要与企业发展战略或竞争战略相适应。

3. 成本效益原则。成本管理应用相关工具方法时，应权衡其为企业带来的收益和付出的成本，避免获得的收益小于其投入的成本。

4. 重要性原则。成本管理应重点关注对成本具有重大影响的项目，对于不具有重要性的项目可以适当简化处理。

三、成本管理的主要内容

企业应用成本管理工具方法，一般按照事前管理、事中管理、事后管理等程序进行。

1. 事前成本管理阶段，主要是对未来的成本水平及其发展趋势所进行的预测与规划，一般包括成本预测、成本决策和成本计划等步骤；

2. 事中成本管理阶段，主要是对营运过程中发生的成本进行监督和控制，并根据实际情况对成本预算进行必要的修正，即成本控制步骤；

3. 事后成本管理阶段，主要是在成本发生之后进行的核算、分析和考核，一般包括成本核算、成本分析和成本考核等步骤。具体如表 4—1 所示。

表 4—1　　成本管理的七步骤

步骤	内容
成本预测	以现有条件为前提，在历史成本资料的基础上，根据未来可能发生的变化，利用科学的方法，对未来的成本水平及其发展趋势进行描述和判断的成本管理活动。
成本决策	在成本预测及有关成本资料的基础上，综合经济效益、质量、效率和规模等指标，运用定性和定量的方法对各个成本方案进行分析并选择最优方案的成本管理活动。
成本计划	以营运计划和有关成本数据、资料为基础，根据成本决策所确定的目标，通过一定的程序，运用一定的方法，针对计划期企业的生产耗费和成本水平进行的具有约束力的成本筹划管理活动。
成本控制	成本管理者根据预定的目标，对成本发生和形成过程以及影响成本的各种因素条件施加主动的影响或干预，把实际成本控制在预期目标内的成本管理活动。

续表

步骤	内容
成本核算	根据成本核算对象，按照国家统一的会计制度和企业管理要求，对营运过程中实际发生的各种耗费按照规定的成本项目进行归集、分配和结转，取得不同成本核算对象的总成本和单位成本，向有关使用者提供成本信息的成本管理活动。
成本分析	利用成本核算提供的成本信息及其他有关资料，分析成本水平与构成的变动情况，查明影响成本变动的各种因素和产生的原因，并采取有效措施控制成本的成本管理活动。
成本考核	对成本计划及其有关指标实际完成情况进行定期总结和评价，并根据考核结果和责任制的落实情况，进行相应奖励和惩罚，以监督和促进企业加强成本管理责任制，提高成本管理水平的成本管理活动。

任务二　目标成本法

一、目标成本法认知

目标成本法，是指企业以市场为导向，以目标售价和目标利润为基础确定产品的目标成本，从产品设计阶段开始，通过各部门、各环节乃至与供应商的通力合作，共同实现目标成本的成本管理方法。

二、目标成本法的应用环境

目标成本法一般适用于制造业企业成本管理，也可在物流、建筑、服务等行业应用。企业应用目标成本法，一般应满足以下环境要求。

1. 企业应用目标成本法，要求处于比较成熟的买方市场环境，且产品的设计、性能、质量、价值等呈现出较为明显的多样化特征。

2. 企业应以创造和提升客户价值为前提，以成本降低或成本优化为主要手段，谋求竞争中的成本优势，保证目标利润的实现。

3. 企业应成立由研究与开发、工程、供应、生产、营销、财务、信息等有关部门组成的跨部门团队，负责目标成本的制定、计划、分解、下达与考核，并建立相应的工作机制，有效协调有关部门之间的分工与合作。

4. 企业能及时、准确取得目标成本计算所需的产品售价、成本、利润以及性能、质量、工艺、流程、技术等方面各类财务和非财务信息。

应用目标成本法一般需经过目标成本的设定、分解、达成到再设定、再分解、再达成多重循环，以持续改进产品方案。

三、目标成本法的应用程序

企业应用目标成本法，一般按照确定应用对象、成立跨部门团队、收集相关信息、计算市场容许成本、设定目标成本、分解可实现目标成本、落实目标成本责任、考核成本管理业绩以及持续改善等程序进行。

1. 确定应用对象。企业应根据目标成本法的应用目标及其应用环境和条件，综合考虑产品的产销量和盈利能力等因素，确定应用对象。企业一般应将拟开发的新产品作为目标成本法的应用对象，或选择那些功能与设计存在较大的弹性空间、产销量较大且处于亏损状态或盈利水平较低、对企业经营业绩具有重大影响的老产品作为目标成本法的应用对象。

2. 成立跨部门团队。企业负责目标成本管理的跨部门团队之下，可以建立成本规划、成本设计、成本确认、成本实施等小组，各小组根据管理层授权协同合作完成相关工作。

成本规划小组由业务及财务人员组成，负责设定目标利润，制定新产品开发或老产品改进方针，考虑目标成本等。该小组的职责主要是收集相关信息、计算市场驱动产品成本等。

成本设计小组由技术及财务人员组成，负责确定产品的技术性能、规格，负责对比各种成本因素，考虑价值工程，进行设计图上成本降低或成本优化的预演等。该小组的职责主要是可实现目标成本的设定和分解等。

成本确认小组由有关部门负责人、技术及财务人员组成，负责分析设计方案或试制品评价的结果，确认目标成本，进行生产准备、设备投资等。该小组的职责主要是可实现目标成本设定与分解的评价和确认等。

成本实施小组由有关部门负责人及财务人员组成，负责确认实现成本策划的各种措施，分析成本控制中出现的差异，并提出对策，对整个生产过程进行分析、评价等。该小组的职责主要是落实目标成本责任、考核成本管理业绩等。

3. 收集相关信息。目标成本法的应用需要企业研究与开发、工程、供应、生产、营销、财务和信息等部门收集与应用对象相关的信息，这些信息一般包括：

（1）产品成本构成及料、工、费等财务和非财务信息；

（2）产品功能及其设计、生产流程与工艺等技术信息；

（3）材料的主要供应商、供求状况、市场价格及其变动趋势等信息；

（4）产品的主要消费者群体、分销方式和渠道、市场价格及其变动趋势等信息；

（5）本企业及同行业标杆企业产品盈利水平等信息；

（6）其他相关信息。

4. 计算市场容许成本。市场容许成本，是指目标售价减去目标利润之后的余额。企业一般采取价值工程、拆装分析、流程再造、全面质量管理、供应链全程成本管理等措施和手段，寻求消除当前成本或设计成本偏离容许成本差异的措施，使容许成本转化为可实现的目标成本。

5. 设定目标成本。目标售价的设定应综合考虑客户感知的产品价值、竞争产品的预期相对功能和售价，以及企业针对该产品的战略目标等因素。目标利润的设定应综合考虑利润预期、历史数据、竞争地位分析等因素。企业应将容许成本与新产品设计成本或老产品当前成本进行比较，确定差异及成因，设定可实现的目标成本。

6. 分解可实现目标成本。企业应按主要功能对可实现的目标成本进行分解，确定产品所包含的每一零部件的目标成本。在分解时，首先应确定主要功能的目标成本，然后寻求实现这种功能的方法，并把主要功能和主要功能级的目标成本分配给零部件，形成零部件级目标成本。同时，企业应将零部件级目标成本转化为供应商的目标售价。

7. 落实目标成本责任。企业应将设定的可实现目标成本、功能级目标成本、零部件级目标成本和供应商目标售价进一步量化为可控制的财务和非财务指标，落实到各责任中心，形成各责任中心的责任成本和成本控制标准，并辅之以相应的权限，将达成的可实现目标成本落到实处。

8. 考核成本管理业绩。企业应依据各责任中心的责任成本和成本控制标准，按照业绩考核制度和办法，定期进行成本管理业绩的考核与评价，为各责任中心和人员的激励奠定基础。

9. 持续改善。企业应定期将产品实际成本与设定的可实现目标成本进行对比，确定其差异及其性质，分析差异的成因，提出消除各种重要不利差异的可行途径和措施，进行可实现目标成本的重新设定、再达成，推动成本管理的持续优化。

四、目标成本法的优缺点

目标成本法的主要优点：（1）突出从原材料到产品出货全过程成本管理，有助于提高成本管理的效率和效果；（2）强调产品寿命周期成本的全过程和全员管理，有助于提高客户价值和产品市场竞争力；（3）谋求成本规划与利润规划活动的有机统一，有助于提升产品的综合竞争力。

目标成本法的主要缺点：其应用不仅要求企业具有各类所需要的人才，更需要各有关部门和人员的通力合作，管理水平要求较高。

任务三　标准成本法

一、标准成本法认知

标准成本法，是指企业以预先制定的标准成本为基础，通过比较标准成本与实际成本，计算和分析成本差异、揭示成本差异动因，进而实施成本控制、评价经营业绩的一种成本管理方法。

标准成本（Standard Cost），是指在正常的生产技术水平和有效的经营管理条件下，企业经过努力应达到的产品成本水平。

企业应用标准成本法的主要目标，是通过标准成本与实际成本的比较，揭示与分析标准成本与实际成本之间的差异，并按照例外管理的原则，对不利差异予以纠正，以提高工作效率，不断改善产品成本。

标准成本控制与分析，又称标准成本管理，是以标准成本为基础，将实际成本与标准成本进行对比，揭示成本差异形成的原因和责任，协商采取措施，对成本进行有效控制的管理方法。标准成本法的流程一般应包括如下五个步骤：**确定应用对象、制定标准成本、实施过程控制、成本差异计算与动因分析，以及标准成本的修订与改进。**标准成本控制与分析流程如图4－2所示。

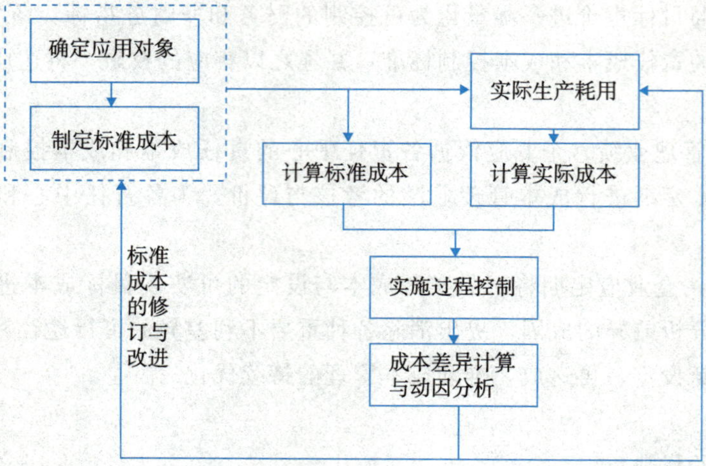

图 4－2 标准成本控制与分析流程

二、标准成本的制定

制定标准成本时，企业需要设立由采购、生产、技术、营销、财务、人事、信息等有关部门组成的跨部门临时性组织，采用“自上而下，自下而上”的模式，经由企业管理层审批后，制定出产品的标准成本。在制定标准成本时，企业一般应结合经验数据、行业标杆或实地测算的结果，运用统计分析、工程试验等方法。首先，就不同的成本或费用项目，分别确定消耗量标准和价格标准；其次，确定每一成本或费用项目的标准成本；最后，汇总不同成本项目的标准成本，确定产品的标准成本。

产品标准成本通常由直接材料标准成本、直接人工标准成本和制造费用标准成本构成。每一成本项目的标准成本应分为用量标准（包括单位产品消耗量、单位产品人工小时等）和价格标准（包括原材料单价、小时工资率、小时制造费用分配率等）。

$$产品的标准成本=直接材料标准成本+直接人工标准成本+制造费用标准成本$$

（一）直接材料标准成本的制定

直接材料标准成本，是指直接用于产品生产的材料成本标准，包括标准单价和标准用量两方面。直接材料的标准单价，一般由采购部门负责，会同财务、生产、信息等部门，在考虑市场环境及其变化趋势、订货价格以及最佳采购批量等因素的基础上综合确定。直接材料的标准用量，一般由生产部门负责，会同技术、财务、信息等部门，按照以下步骤进行：

首先，根据产品的图纸等技术文件进行产品研究，列出所需的各种材料以及可能的替代材料，并说明这些材料的种类、质量以及库存情况；然后，通过对过去用料的经验记录进行分析，采用过去用料的平均值，最高与最低值的平均数，或最节省数量，或实际测定数据或技术分析数据等，科学地制定标准用量。将单位产品的标准用量与材料的标准单价汇总得出直接材料标准成本。其计算公式是：

$$直接材料标准成本=\sum(单位产品的标准用量\times材料的标准单价)$$

【任务 4－1】假定某企业 A 产品耗用甲、乙、丙三种直接材料，其直接材料标准成本的计算如表 4－2 所示。

表 4－2 **A 产品直接材料标准成本**

项 目	标 准		
	甲材料	乙材料	丙材料
标准单价①	15 元/千克	12 元/千克	9 元/千克
标准用量②	1 千克/件	2 千克/件	3 千克/件
标准成本③＝②×①	15 元/件	24 元/件	27 元/件件
单位产品直接材料标准成本 ④ ＝ $\sum$③	66 元		

（二）直接人工标准成本的制定

直接人工标准成本，是指直接用于产品生产的人工标准成本，包括标准工时和标准工资率。制定直接人工的标准工时，一般由生产部门负责，会同技术、财务、信息等部门，在对产品生产所需作业、工序、流程、工时进行技术测定的基础上，考虑正常的工作间隙，并适当考虑生产条件的变化，生产工序、操作技术的改善，以及相关工作人员主观能动性的充分发挥等因素，合理确定单位产品的工时标准。

在制定直接人工的标准工资率时，一般由人力资源部门负责，根据企业薪酬制度以及国家有关职工薪酬制度改革的相关规定等制定。直接人工标准成本的计算公式如下：

$$小时标准工资率=\frac{标准工资总额}{标准总工时}$$

直接人工标准成本＝单位产品的标准工时×小时标准工资率

【任务 4－2】沿用【任务 4－1】中的资料，A 产品直接人工标准成本的计算如表 4－3 所示。

表 4－3 **A 产品直接人工标准成本**

项 目	标 准
月标准总工时①	1 000 小时
月标准工资②	80 000 元
小时标准工资率③＝②÷①	80 元/小时
单位产品工时用量标准④	0.5 小时/件
直接人工标准成本⑤＝④×③	40 元/件

（三）制造费用标准成本的制定

制造费用的用量标准，即工时用量标准，其含义与直接人工用量标准相同。制造费用价格标准，即制造费用的分配率标准。其计算公式为：

$$标准制造费用分配率=\frac{标准制造费用总额}{标准总工时}$$

因此，制造费用标准成本＝工时用量标准×标准制造费用分配率

成本按照其性态分为变动成本和固定成本。前者随着产量的变动而变动；后者相对固定，不随产量波动。所以，企业在制定制造费用标准时，也分为变动制造费用和固定制造费用的标准成本。

变动制造费用，是指通常随产量变化而成正比例变化的制造费用。变动制造费用项目的标准成本包括标准用量和标准价格。变动制造费用的标准用量可以是单位产量的燃料、动力、辅助材料等标准用量，也可以是产品的直接人工标准工时，或者是单位产品的标准机器工时。标准用量的选择需要考虑用量与成本的相关性，制定方法与直接材料的标准用量以及直接人工的标准工时类似。

变动制造费用的标准价格可以是燃料、动力、辅助材料等标准价格，也可以是小时标准工资率等。制定方法与直接材料的价格标准以及直接人工的标准工资率类似。变动制造费用的计算公式如下：

变动制造费用项目标准成本＝变动制造费用项目的标准用量×变动制造费用项目的标准价格

固定制造费用，是指在一定产量范围内，其费用总额不会随产量变化而变化，始终保持固定不变的制造费用。固定制造费用一般按照费用的构成项目实行总量控制；也可以根据需要，通过计算标准分配率，将固定制造费用分配至单位产品，形成固定制造费用的标准成本。在制定固定费用标准时，一般由财务部门负责，会同采购、生产、技术、营销、财务、人事、信息等有关部门，按照以下步骤进行：

1. 依据固定制造费用不同构成项目的特性，会充分考虑产品的现有生产能力、管理部门的决策以及费用预算等，测算确定各固定制造费用构成项目的标准成本；

2. 通过汇总各固定制造费用项目的标准成本，得到固定制造费用的标准总成本；

3. 确定固定制造费用的标准分配率，标准分配率可根据固定制造费用标准总成本与预算总工时的比率进行确定。

其中，预算总工时，是指由预算产量和单位工时标准确定的总工时，可以依据相关性原则在直接人工工时或者机器工时之间作出选择。固定制造费用项目标准成本的计算顺序及公式如下：

固定制造费用项目标准成本＝固定制造费用项目预算

固定制造费用总成本＝$\sum$固定制造费用项目标准成本

固定制造费用标准分配率＝固定制造费用标准总成本÷预算总工时

固定制造费用标准成本＝单位产品标准工时×固定制造费用标准分配率

【任务 4－3】 沿用【任务 4－2】中的资料，A 产品制造费用的标准成本计算如表 4－4 所示。

表 4－4　　A 产品制造费用标准成本

项目		标准
工时	月标准总工时①	1 000 小时
	单位产品工时标准②	0.5 小时/件
变动制造费用	标准变动制造费用总额③	20 000 元
	标准变动制造费用分配率④＝③÷①	20 元/小时
	变动制造费用标准成本⑤＝②×④	10 元/件

续表

项　目		标　准
固定制造费用	标准固定制造费用总额⑥	50 000 元
	标准固定制造费用分配率⑦=⑥÷①	50 元/件
	固定制造费用标准成本⑧=②×⑦	25 元/件
单位产品制造费用标准成本⑨=⑤+⑧		35 元

三、成本差异的计算与分析

成本差异，是指实际成本与相应标准成本之间的差额。当实际成本高于标准成本时，形成超支差异；当实际成本低于标准成本时，形成节约差异。企业应定期将实际成本与标准成本进行比较和分析，确定差异数额及性质，揭示差异形成的动因，落实责任中心，寻求可行的改进途径和措施。

从标准成本的制定过程可以看出，任何一项费用的标准成本都是由用量标准和价格标准两个因素决定的。因此，差异分析就应该从这两个方面进行。差异的计算公式为：

总差异=实际产量下实际成本－实际产量下标准成本

=实际用量×实际价格－实际产量下标准用量×标准价格

=（实际用量－实际产量下标准用量）×标准价格+实际用量×（实际价格－标准价格）

=用量差异+价格差异

用量差异=（实际用量－实际产量下标准用量）×标准价格

价格差异=实际用量×（实际价格－标准价格）

【小贴士】 对于变动成本的差异分析可以借鉴因素分析法在两因素分析中的应用，因素是由“数量×价格”两个因素引起的。顺次用两因素的实际值替代标准值，据以测定数量和价格对成本差异的影响。

标准成本=标准用量×标准价格

实际成本=实际用量×实际价格

总差异=实际成本－标准成本=实际用量×实际价格－标准用量×标准价格

顺次替换

数量（效率）差异=（实际用量－标准用量）×标准价格

价格（工资率、耗费）差异=实际用量×（实际价格－标准价格）

（一）直接材料成本差异的计算分析

直接材料成本差异，是指直接材料实际成本与标准成本之间的差额，该项差异可分解为直接材料价格差异和直接材料数量差异。直接材料价格差异，是指在采购过程中，直接材料实际价格脱离标准价格所形成的差异；直接材料数量差异，是指在产品生产过程中，直接材料实际消耗量脱离标准消耗量所形成的差异。有关计算公式如下：

直接材料成本差异=实际成本－标准成本

=实际用量×实际单价－标准用量×标准单价

=直接材料数量差异+直接材料价格差异

直接材料数量差异=（实际用量-标准用量）×标准单价

直接材料价格差异=实际用量×（实际单价-标准单价）

直接材料的耗用量差异形成的原因是多方面的，有生产部门原因，也有非生产部门原因。如产品设计结构、原料质量、工人的技术熟练程度、废品率的高低等，都会导致材料耗用量的差异。材料耗用量差异的责任需要通过具体分析才能确定，但主要应由生产部门承担。

材料价格差异的形成受各种主客观因素的影响，较为复杂，如市场价格、供货厂商、运输方式、采购批量等的变动，都可能导致材料的价格差异。但由于它与采购部门的关系更为密切，所以其差异应主要由采购部门承担责任。

【任务4-4】沿用【任务4-1】中的资料，A产品甲材料的标准价格是15元/千克，用量标准是1千克/件。假定企业本月投产A产品2 000件，领用甲材料2 400千克，其实际价格为16元/千克。其直接材料成本差异计算如下：

直接材料成本差异=2 400×16-2 000×1×15=8 400（元）（超支）

其中：材料耗用量差异=（2 400-2 000×1）×15=6 000（元）（超支）

材料价格差异=2 400×（16-15）=2 400（元）（超支）

通过以上计算可以看出，A产品本月耗用甲材料发生8 400元超支差异。由于生产部门耗用材料超过标准，导致超支6 000元，应该查明材料用量超标的具体原因，以便改进工作，节约材料。从材料价格而言，由于材料价格增加超支了2 400元，应查明材料价格上涨的原因，做好预测。

（二）直接人工成本差异的计算分析

直接人工成本差异，是指直接人工实际成本与标准成本之间的差额，该差异可分解为工资率差异和人工效率差异。

工资率差异，是指实际工资率脱离标准工资率形成的差异，计算时按实际工时计算确定；人工效率差异，是指实际工时脱离标准工时形成的差异，计算时按标准工资率计算确定。有关计算公式如下：

直接人工成本差异=实际成本-标准成本

=实际工时×实际工资率-标准工时×标准工资率

=直接人工效率差异+直接人工工资率差异

直接人工效率差异=（实际工时-标准工时）×标准工资率

直接人工工资率差异=实际工时×（实际工资率-标准工资率）

直接人工效率差异是用量差异，其形成原因也是多方面的，工人技术状况、工作环境和设备条件的好坏等，都会影响效率的高低，但其主要责任还是在生产部门。

直接人工工资率差异是价格差异，其形成原因比较复杂，工资制度的变动、工人的升降级、加班或临时工的增减等都将导致工资率差异。一般地，这种差异的责任不在生产部门，劳动人事部门更应对其承担责任。

【任务4-5】沿用【任务4-2】中的资料，A产品标准工资率为80元/小时，工时标准为 0.5 小时/件，工资标准为 40 元/件。假定企业本月实际生产 A 产品 2 000 件，用工 950 小时，实际应付直接人工工资 75 000 元。其直接人工差异计算如下：

直接人工成本差异＝75 000－2 000×40＝－5 000（元）（节约）

其中：直接人工效率差异＝（950－2 000×0.5）×80＝－4 000（元）（节约）

直接人工工资率差异＝950×（75 000/950－80）＝－1 000（元）（节约）

通过以上计算可以看出，该产品的直接人工成本总体上节约 5 000 元。其中人工效率差异节约 4 000 元，直接人工工资率差异节约 1 000 元。

（三）变动制造费用成本差异的计算分析

变动制造费用项目的差异，是指变动制造费用项目的实际发生额与变动制造费用项目的标准成本之间的差额，该差异可分解为变动制造费用项目的价格差异和数量差异。

变动制造费用项目的价格差异，是指燃料、动力、辅助材料等变动制造费用项目的实际价格偏离标准价格的差异，又称“耗费差异”；变动制造费用项目的数量差异，是指燃料、动力、辅助材料等变动制造费用项目的实际消耗量偏离标准用量的差异，又称“效率差异”。变动制造费用项目成本差异的计算和分析原理与直接材料和直接人工成本差异的计算和分析相同。

变动制造费用成本差异是指实际发生的变动制造费用总额与实际产量下标准变动费用总额之间的差异。它可以分解为耗费差异和效率差异两部分。其计算公式如下：

变动制造费用成本差异＝总变动制造费用－标准变动制造费用
＝实际工时×实际变动制造费用分配率－标准工时×标准变动制造费用分配率
＝变动制造费用效率差异＋变动制造费用耗费差异

变动制造费用效率差异＝（实际工时－标准工时）×变动制造费用标准分配率

变动制造费用耗费差异＝实际工时×（变动制造费用实际分配率－变动制造费用标准分配率）

【任务 4－6】沿用【任务 4－3】中的资料，A 产品标准变动制造费用分配率为 20 元/小时，标准工时为 0.5 小时/件。假定企业本月实际生产 A 产品 2 000 件，用工 950 小时，实际发生变动制造费用 24 000 元。其变动制造费用成本差异计算如下：

变动制造费用成本差异＝24 000－2 000×0.5×20＝4 000（元）（超支）

其中：变动制造费用数量（效率）差异＝（950－2 000×0.5）×20＝－1 000（元）（节约）

变动制造费用价格（耗费）差异＝950×（24 000÷950－20）＝5 000（元）（超支）

通过以上计算可以看出，A 产品变动制造费用超支 4 000 元，这是由于使用数量减少（效率提高），工时由 1 000（2000×0.5）小时下降为 950 小时的结果和费用分配率由 20 元上升到 25.26（24 000÷950）元，共同作用的结果。

（四）固定制造费用成本差异的计算分析

固定制造费用项目成本差异，是指固定制造费用项目实际成本与其标准成本之间的差额。其计算公式为：

固定制造费用项目成本差异＝固定制造费用项目实际成本－固定制造费用项目标准

成本（预算）

＝实际工时×实际分配率－标准工时×标准分配率

标准分配率＝固定制造费用标准成本总额（预算总额）÷预算总工时

由于固定制造费用相对固定，实际产量与预算产量的差异会对单位产品所应承担的固定制造费用产生影响，所以，固定制造费用成本差异的分析有其特殊性，分为两差异分析法和三差异分析法。

1. 两差异分析法。两差异分析法是指将总差异分为耗费差异和能量差异两部分。其中，耗费差异是指实际固定制造费用与预算产量下标准固定制造费用之间的差额；而能量差异则是指预算产量下标准固定制造费用与实际产量下标准固定制造费用之间的差额。计算公式如下：

耗费差异＝实际固定制造费用－预算产量下标准固定制造费用

＝实际固定制造费用－标准工时×预算产量×标准分配率

＝实际固定制造费用－预算产量下标准工时×标准分配率

能量差异＝预算产量下标准固定制造费用－实际产量下标准固定制造费用

＝预算产量下标准工时×标准分配率－实际产量下标准工时×标准分配率

＝（预算产量下标准工时－实际产量下标准工时）×标准分配率

【任务 4－7】沿用【任务 4－3】中的资料，A 产品固定制造费用标准分配率为 50 元/小时，标准工时为 0.5 小时/件。假定企业 A 产品预算产量为 2 100 件，实际生产 A 产品 2 000 件，用工 950 小时，实际发生固定制造费用 48 000 元。其固定制造费用的成本差异计算如下：

固定制造费用成本差异＝48 000－2000×0.5×50＝－2 000（元）（节约）

其中：耗费差异＝48 000－2 100×0.5×50＝－4 500（元）（节约）

能量差异＝（2 100×0.5－2 000×0.5）×50＝2 500（元）（超支）

通过以上计算可以看出，该企业 A 产品固定制造费用节约－2 000 元，主要是由于实际固定制造费用节约引起的，实际固定制造费用小于预算产量下标准固定制造费用所致。

2. 三差异分析法。三差异分析法是将两差异分析法下的能量差异进一步分解为产量差异和效率差异，即将固定制造费用成本差异分为耗费差异、产量差异和效率差异三个部分。其中耗费差异的概念和计算与两差异法下一致。相关计算公式为：

耗费差异＝实际固定制造费用－预算产量下标准固定制造费用

＝实际固定制造费用－预算产量×标准工时×标准分配率

＝实际固定制造费用－预算产量下标准工时×标准分配率

产量差异＝（预算产量下标准工时－实际产量下实际工时）×标准分配率

效率差异＝（实际产量下实际工时－实际产量下标准工时）×标准分配率

【任务 4－8】沿用【任务 4－7】中的资料，计算其固定制造费用的成本差异如下：

固定制造费用成本差异＝48 000－2000×0.5×50＝－2 000（元）（节约）

其中：耗费差异＝48 000－2 100×0.5×50＝－4 500（元）（节约）

产量差异＝（2 100×0.5－950）×50＝5 000（元）（超支）

效率差异＝（950－2000×0.5）×50＝－2 500（元）（节约）

通过上述计算可以看出，采用三差异分析法，能够更好地说明生产能力利用程度和生产效率高低所导致的成本差异情况，便于分清责任。

3. 固定制造费用成本差异分析比较。固定制造费用成本差异二因素分析法和三因素分析法比较如图 4—3 所示。

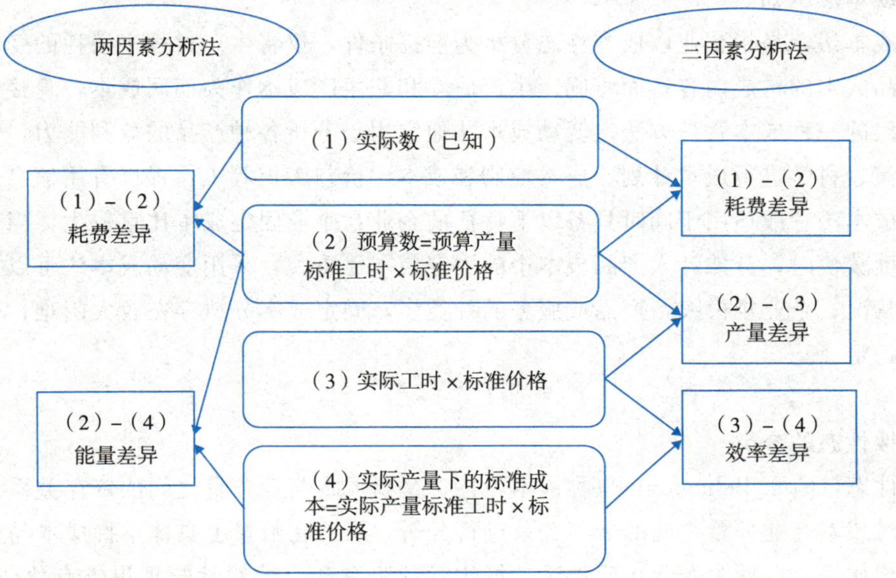

图 4—3　固定制造费用因素分析法比较

（五）分析结果的反馈

标准成本差异分析是企业规划与控制的重要手段。通过差异分析，企业管理人员可以进一步揭示实际执行结果与标准不同的深层次原因。差异分析的结果可以更好地凸显实际生产经营活动中存在的不足或在必要时修改成本标准，这对企业成本的持续降低、责任的明确划分以及经营效率的提高具有十分重要的意义。

四、标准成本法的优缺点

标准成本法的主要优点：(1) 能及时反馈各成本项目不同性质的差异，有利于考核相关部门及人员的业绩；(2) 标准成本的制定及其差异和动因的信息可以使企业预算的编制更为科学和可行，有助于企业的经营决策。

标准成本法的主要缺点：(1) 要求企业产品的成本标准比较准确、稳定，在使用条件上存在一定的局限性；(2) 对标准管理水平较高，系统维护成本较高；(3) 标准成本需要根据市场价格波动频繁更新，导致成本差异可能缺乏可靠性，降低成本控制效果。

任务四 变动成本法

一、变动成本法认知

变动成本法，是指企业以成本性态分析为前提条件，仅将生产过程中消耗的变动生产成本作为产品成本的构成内容，而将固定生产成本和非生产成本作为期间成本，直接由当期收益予以补偿的一种成本管理方法。变动成本法通常用于分析各种产品的盈利能力，为正确制定经营决策、科学进行成本计划、成本控制和成本评价与考核等工作提供有用信息。

变动成本法一般适用于同时具备以下特征的企业：企业固定成本比重较大，当产品更新换代的速度较快时，分摊计入产品成本中的固定成本比重大，采用变动成本法可以正确反映产品盈利状况；企业规模大，产品或服务的种类多，固定成本分摊存在较大困难；企业作业保持相对稳定。

二、成本按性态的分类

成本性态（Cost Behavior）也称成本习性，是指成本与业务量之间的依存关系。成本性态分析是对成本与业务量之间的依存关系进行分析，从而在数量上具体掌握成本与业务量之间关系的规律性，以便为企业正确地进行最优管理决策和改善经营管理提供有价值的资料。成本性态分析对短期经营决策、长期投资决策、预算编制、业绩考评以及成本控制等，具有重要意义。按照成本性态不同，通常可以把成本区分为固定成本、变动成本和混合成本三类，具体如表 4—5 所示。

表 4—5　变动成本、固定成本、混合成本的特征表

分类	特征
固定成本	在一定范围内，其总额不随业务量变动而增减变动，但单位成本随业务量增加而相对减少的成本
变动成本	在一定范围内，其总额随业务量变动发生相应的正比例变动，而单位成本保持不变的成本
混合成本	总额随业务量变动但不成正比例变动的成本

（一）固定成本

1. 基本特征。固定成本，是指在相关范围内，成本总额不受业务量变动的影响而保持不变的成本。其特点是在相关范围内，成本总额不受业务量变动的影响，但从单位产品分摊的固定成本看，却是随着业务量的增加而减少的，如固定资产折旧费、房屋租金、行政管理人员工资、财产保险费、职工培训费、产品研究与开发费用等。固定成本习性的模型如图 4—4 所示。

2. 分类。固定成本按支出额是否可以在一定期间内改变而分为约束性固定成本和酌量性固定成本。约束性固定成本是指管理当局的短期经营决策行动不能改变其具体数额的固定成本。例如：保险费、房屋租金、设备折旧管理人员的基本工资等。酌量性固定成本是指管理当局的短期经营决策行动能改变其数额的固定成本，如广告费、职工培训费、新产品研究

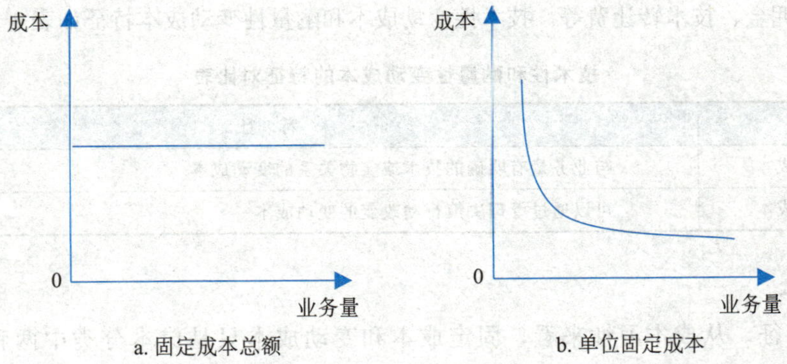

图 4－4 固定成本习性模型

开发费等。约束性固定成本和酌量性固定成本特征对比，如表 4－6 所示。

表 4－6 约束性和酌量性固定成本的特征对比表

分 类	特 征
约束性固定成本	1. 不能通过当前的管理决策行动加以改变的固定成本，给企业带来的是持续一定时间的生产经营能力。 2. 约束性固定成本属于企业“经营能力”成本，是企业为了维持一定的业务量所必须负担的最低成本。 3. 要想降低约束性固定成本，只能从合理利用经营能力，降低单位固定成本入手。
酌量性固定成本	1. 可以通过管理决策行动改变其数额的固定成本。 2. 酌量性固定成本关系到企业的竞争能力，也是一种提供生产“经营能力”的成本。

（二）变动成本

1. 基本特征。变动成本，是指在特定的业务量范围内，其总额会随业务量的变动而成正比例变动的成本。如直接材料、直接人工、按销售量支付的推销员佣金、装运费、包装费，以及按产品计提的固定资产折旧等都是和单位产品的生产直接联系的，其总额会随着产量的增减成正比例的增减。其基本特征是：变动成本总额因业务量的变动成正比例变动，但单位变动成本（单位业务量负担的变动成本）不变。变动成本习性模型如图 4－5 所示。

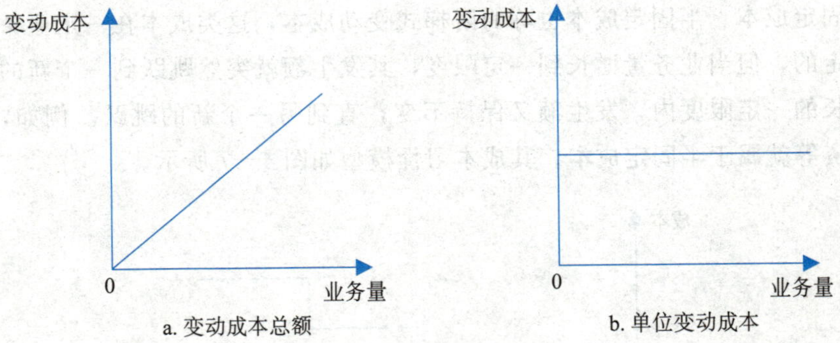

图 4－5 变动成本习性模型

2. 分类。变动成本可以分为技术性变动成本和酌量性变动成本。

技术性变动成本是指与产量有明确的技术或实物关系的变动成本。如生产一台汽车需要耗用一台引擎、一个底盘和若干轮胎等，这种成本只要生产就会发生，若不生产，其技术变动成本便为零。酌量性变动成本是指通过管理当局的决策行动可以改变的变动成本，如按销售收入的百分比提取的销售佣金、技术转让费等。技术性变动成本和酌量性变动成本特征如表 4—7 所示。

表 4—7　　技术性和酌量性变动成本的特征对比表

分　类	特　征
技术性变动成本	与业务量有明确的技术或实物关系的变动成本
酌量性变动成本	可以通过管理决策行动改变的变动成本

（三）混合成本

1. 基本特征。从成本习性来看，固定成本和变动成本只是成本分类中两种及其特殊的类型。在现实生活中，多数成本与业务量之间的关系处于两者中间，它们要随业务量的变化而变化，但这种变化又不能与业务量的变化保持完全的正比例关系，混合了固定成本和变动成本两种不同性质的成本，故称为混合成本。

2. 分类。混合成本兼有固定和变动两种性质，可进一步细分为半变动成本、半固定成本、延期变动成本和曲线变动成本。

（1）半变动成本。半变动成本是指在有一定初始量的基础上，随着产量的变化而成正比例变化的成本。如，固定电话座机费、水费、煤气费等均属于半变动成本。其成本习性模型如图 4—6 所示。

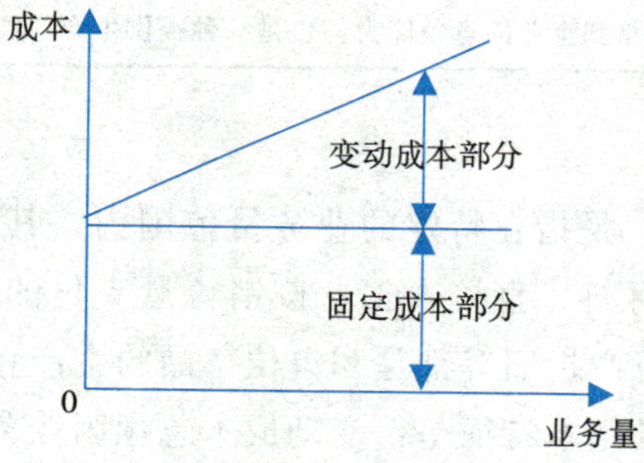

图 4—6　半变动成本习性模型

（2）半固定成本。半固定成本也称为阶梯式变动成本，这类成本在一定业务量范围内的发生额是固定的，但当业务量增长到一定限度，其发生额就突然跳跃到一个新的水平，然后在业务量增长的一定限度内，发生额又保持不变，直到另一个新的跳跃。例如，管理人员、检验员的工资等就属于半固定成本。其成本习性模型如图 4—7 所示。

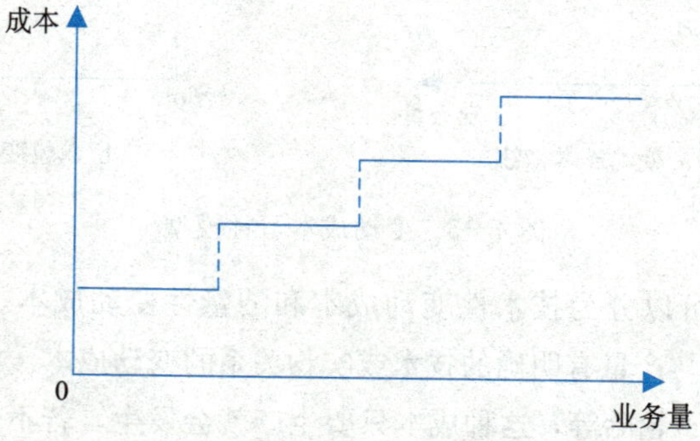

图 4—7　半固定成本习性模型

（3）延期变动成本。延期变动成本在一定的业务量范围内有一个固定不变的基数，当业务量增长超出这个范围，它就随业务量的增长成正比例变动。例如，职工的基本工资，在正常工作时间是不变的，当工作时间超出正常标准，则需按加班时间的长短成比例地支付加班薪金。其成本习性模型如图4－8所示。

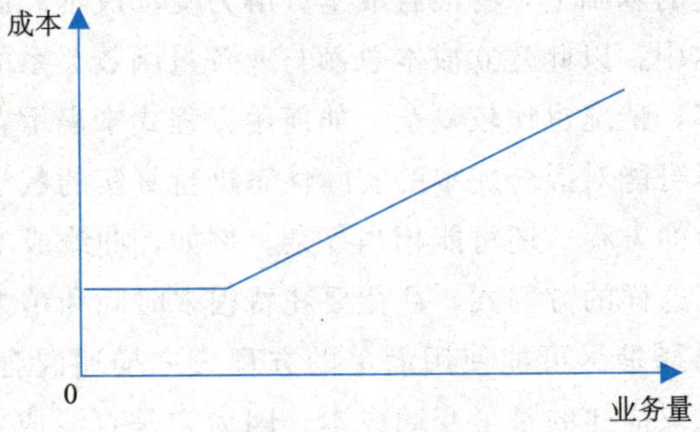

图4－8　延期变动成本习性模型

（4）曲线变动成本。曲线变动成本通常有一个不变的初始量，相当于固定成本，在这个初始量的基础上，随着业务量的增加，成本也逐步变化，但它与业务量的关系是非线性的。这种曲线成本又可以分为以下两种类型：（a）递增曲线成本，如累进计件工资、违约金等，随着业务量的增加，成本逐步增加，并且增加幅度是递增的，其成本习性模型如图4－9（a）所示；（b）递减曲线成本，如有价格折扣或优惠条件下的水、电消费成本，用量越大则总成本越高，但增长越来越慢，变化率是递减的，其成本习性模型如图4－9（b）所示。

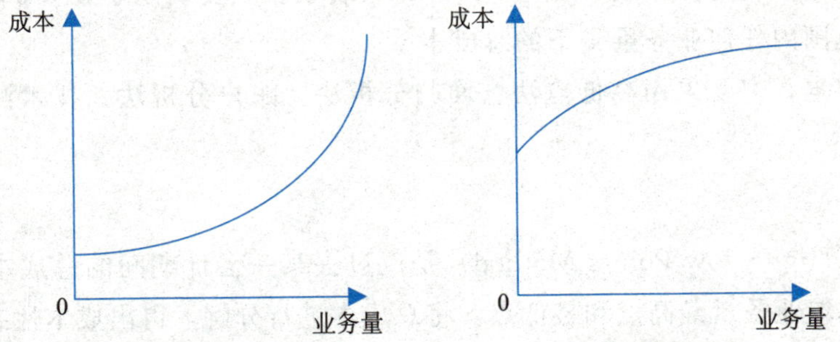

图4－9　曲线变动成本习性模型

各种混合成本的特征对比，如表4－8所示。

表4－8　　**混合成本的特征对比表**

分　类	特　征
半变动成本	在初始基数的基础上随产量成正比例增长
半固定成本	成本总额随产量呈阶梯式增长
延期变动成本	在一定产量范围内总额保持稳定，超过特定产量则开始随产量比例增长
曲线变动成本	通常有一个不变的初始量，相当于固定成本，在此初始量的基础上，随业务量的增加，成本也逐步变化，但它与业务量的关系是非线性的

三、混合成本的分析方法

在实际工作中，大部分的成本都是以“混合成本”的形式存在的，为了便于管理分析，进行成本预测和成本控制，需采用专门的方法将其分解为固定成本和变动成本。成本性态分析，就是在成本性态分类的基础上，将混合成本分解为变动成本和固定成本两部分后，分别纳入变动成本和固定成本中，以此建立成本总额与业务量函数关系的过程。

混合成本的类型很多，情况也比较复杂。如何用方程式来表示它们与业务量的关系，有两种选择：一种选择是尽可能对混合成本的实际性态进行真实的数学描述，这样得出的方程式不仅种类繁多，而且有的方程式还可能相当复杂。例如，曲线成本要使用二次方程或高次方程来描述。建立和使用这样的方程式，往往要花费很多时间和精力，有时甚至超过它们可能带来的好处。另一种选择是尽可能使用简单的方程式来描述混合成本。在各类混合成本中，最容易用简单方程式来描述的是半变动成本，因为它是直线成本，可以用 $y=a+bx$ 来表达。可以设想，把所有的混合成本都近似地看成是半变动成本，都用 $y=a+bx$ 来表达。

混合成本分解，一般是根据大量的历史成本资料或成本发生的具体过程，进行分析计算，寻找混合成本与业务量之间的规律性的数量关系，最终确定固定成本和变动成本的历史平均值或标准值，它们代表正常的成本水平。

为确定固定成本和变动成本的历史平均值或标准值，而进行混合成本分解，目的是建立总成本的直线方程，以便在决策和计划中使用。由于一定期间的固定成本的发生额是稳定的，它可以用 $y=a$ 来表示；变动成本的发生额因业务量而变，它可以用 $y=bx$ 来表示；如果只有这两类成本，则总成本可以用 $y=a+bx$ 来表示。只要确定了 a 和 b，便可以方便地计算出在相关范围内任何业务量 x 下的总成本 y。

分解混合成本，主要采用高低点法、回归分析法、账户分析法、技术测定法和合同确认法。

（一）高低点法

高低点法（High－low Points Method）是以过去某一会计期间的总成本和业务量资料为依据，从中选取业务量最高点和最低点，将总成本进行分解，得出成本性态模型的一种方法。计算公式为：

单位变动成本＝(最高点业务量成本－最低点业务量成本)／(最高点业务量－最低点业务量)

固定成本总额＝最高点业务量成本－单位变动成本×最高点业务量
＝最低点业务量成本－单位变动成本×最低点业务量

【小贴士】公式中高低点的选择必须以一定时期内业务量的高低来确定，而不是成本的高低。

【任务4－9】凯华公司生产的甲产品7—12月份的产量及成本资料如表4－9所示：

表 4-9 混合成本与业务量资料

月份	7 月份	8 月份	9 月份	10 月份	11 月份	12 月份
产量（件）	40	42	45	43	46	50
总成本（元）	8 800	9 100	9 600	9 300	9 800	10 500

要求：采用高低点法进行成本估计。

解：首先找出最高点和最低点，具体见表 4-10。

表 4-10 最高点和最低点数据表

	产量（件）X	总成本（元）Y
最高点	50	10 500
最低点	40	8 800

其次，计算 $y=a+bx$ 中的 a、b 值：

$b=(10\,500-8\,800)/(50-40)=170$(元)

$a=10\,500-170\times 50=2\,000$（元）

或：$a=8\,800-170\times 40=2\,000$（元）

再次将 a、b 值代入 $y=a+bx$ 中，则成本性态模型为：

$y=2\,000+170x$

这个模型说明单位变动成本为 170 元，固定成本总额为 2 000 元。

采用高低点法计算简单，但它只采用了历史成本资料中的高点和低点两组数据，故代表性较差，这种方法只适用于各期成本变动趋势比较稳定的情况。

（二）回归分析法

回归分析法也称为最小二乘法或最小平方法，是依据过去一定期间的业务量和混合成本的历史资料，根据直线方程 $y=a+bx$，应用最小二乘法原理，来确定一条误差最小的，能正确反映变量 x 和因变量 y 之间关系的直线，计算固定成本（a）和单位变动成本（b）的一种成本性态分析方法。

根据直线方程 $y=a+bx$，建立方程组

$$\begin{cases}\sum y = na + b\sum x \\ \sum xy = a\sum x + b\sum x^2\end{cases}$$

a 和 b 的计算公式为：

$$b=\frac{n\sum xy-\sum x\sum y}{n\sum x^2-(\sum x)^2}$$

$$a=\frac{\sum y-b\sum x}{n}$$

【任务 4-10】同样的条件见【任务 4-9】，要求用回归分析法进行成本分解。

应用最小平方法原理，求解 $y=a+bx$ 中 a、b 两个待定参数。

列表计算 $\sum x$、$\sum y$、$\sum xy$、$\sum x^2$，其结果如表 4-11 所示。

表 4－11 回归分析法数据表

月份	产量 x	混合成本 y	xy	x^2
7	40	8 800	352 000	1 600
8	42	9 100	382 200	1 764
9	45	9 600	432 000	2 025
10	43	9 300	399 900	1 849
11	46	9 800	450 800	2 116
12	50	10 500	525 000	2 500
$n=6$	$\sum x=266$	$\sum y=57\ 100$	$\sum xy=2\ 541\ 900$	$\sum x^2=11\ 854$

将上表中的有关数据代入公式计算 a、b：

a＝1 951.08（元）

b＝170.65（元）

则成本性态模型为：

$y=1\ 951.08+170.65x$

回归分析法利用了微分极值原理，计算出最能代表业务量（x）和成本（y）的回归直线，是使误差最小的成本趋势直线。因此，计算结果较为准确，但计算量大，公式比较复杂，该方法适用于采用计算机管理的企业。

（三）账户分析法

账户分析法又称会计分析法，企业根据有关成本账户及其明细账的内容，结合其与产量的依存关系，判断其比较接近的成本类别，则将其视为这一类成本。该方法简便易行，但比较粗糙且带有主观判断。

（四）技术测定法

企业根据生产过程中各种材料和人工成本消耗量的技术测定来划分固定成本和变动成本。技术测定法仅适用于投入成本和产出数量之间有规律性联系的成本分解。该方法分析结果比较准确，有较强的说服力，但操作较为复杂。

（五）合同确认法

合同确认法是根据企业订立的经济合同或协议中关于支付费用的规定，来确认并估算哪些项目属于变动成本，哪些项目属于固定成本的方法。合同确认法要配合账户分析法使用。

上述各种混合成本分解的方法，不是完全孤立的，不能指望使用一种方法解决全部混合成本分解问题，往往需要互相补充和印证。技术测定法是相对比较完备的方法，可以用于研究各种成本性态，但也不是完全孤立的，在进入细节之后还要使用其他技术方法作为工具。账户分析法是一种比较粗略的分析方法，在判定某项成本的性态时还要借助技术测定法或回归分析法等。高低点法和回归分析法，都属于历史成本分析的方法，它们仅限于有历史成本资料数据的情况，而新产品并不具有足够的历史数据。

总之，应当把这些方法看成一个总体，根据不同对象选择适用的方法，并尽可能用其他方法进行印证。如果不同方法得出的结果有较大差距，则需要判断哪种方法更适合该对象。

混合成本分解，不仅是对成本性态的一种计算，更是对成本性态进行的一项深入研究。

四、变动成本法的计算

在变动成本法下，为加强短期经营决策，按照成本性态，企业的生产成本分为变动生产成本和固定生产成本，非生产成本分为变动非生产成本和固定非生产成本。其中，只有变动生产成本才构成产品成本，其随产品实体的流动而流动，随产量变动而变动。

在变动成本法下，利润的计算通常采用贡献式损益表。该表一般应包括营业收入、变动成本、边际贡献、固定成本、利润等项目。其中，变动成本包括变动生产成本和变动非生产成本两部分，固定成本包括固定生产成本和固定非生产成本两部分。贡献式损益表中损益计算包括以下两个步骤：

（一）计算边际贡献总额

边际贡献总额＝营业收入总额－变动成本总额
＝销售单价×销售量－单位变动成本×销售量
＝（销售单价－单位变动成本）×销售量
＝单位边际贡献×销售量

其中：变动成本总额＝变动生产成本＋变动非生产成本

（二）计算当期利润

利润＝边际贡献总额－固定成本总额

固定成本总额＝固定生产成本＋固定非生产成本

【任务 4－11】假设兴鲁公司只生产销售一种产品。有关资料如下：

（1）本年产量为 10 000 件，销售量 8 000 件，年初无存货，年末存货量为 2 000 件。

（2）已知销售单价为 150 元。

（3）直接材料为 45 元/件，直接人工为 30 元/件，变动制造费用为 15 元/件，固定制造费用为 100 000 元，变动销售费用为 3 元/件，固定销售费用为 6 000 元/年，固定管理费用为 3 000 元/年。分别用变动成本法计算企业的变动成本总额、固定成本总额、边际贡献总额和利润。

变动成本总额＝（45＋30＋15＋3）×10 000＝930 000（元）

固定成本总额＝100 000＋6 000＋3 000＝109 000（元）

边际贡献总额＝150×8 000－（45＋30＋15＋3）×8 000＝456 000（元）

利润＝456 000－109 000＝347 000（元）

（三）变动成本法与完全成本法利润计算的比较

会计中计算产品成本的主要方法是完全成本法（制造成本法），它是在计算产品成本时，将产品的全部生产成本，即直接材料、直接人工和全部制造费用都包括在内的一种成本计算方法。

在完全成本法下，利润按下列步骤计算：

1. 计算营业毛利

营业毛利＝营业收入－营业成本

营业成本＝按完全成本法计算的本期销售成本

＝直接材料成本＋直接人工成本＋全部制造费用

本期销售成本＝期初存货成本＋本期生产成本－期末存货成本

2. 确定营业利润

营业利润＝营业毛利－非生产成本

非生产成本＝销售费用＋管理费用＋财务费用

【任务 4－12】 根据【任务 4－11】的资料，采用完全成本法计算企业的单位产品成本、产品总成本、非生产成本、营业毛利、营业利润。

单位产品成本＝45＋30＋15＋（100 000÷10 000）＝100（元）

营业成本＝100×10 000＝1 000 000（元）

非生产成本＝3×8 000＋6 000＋3 000＝33 000（元）

营业毛利＝150×8 000－100×8 000＝400 000（元）

营业利润＝400 000－（3×8 000＋6 000＋3 000）＝36 7000（元）

通过分析比较两种成本法的损益确定程序可知，影响营业利润的因素主要是营业收入、期间成本、变动生产成本、固定生产成本。对于营业收入，其由销售单价和销售量决定，故在两种成本法中完全相同，不会导致营业利润产生差额。对于期间成本，在变动成本法下从营业收入中先被扣除变动期间成本，再被扣除固定期间成本，而在完全成本法下被一次性地从营业收入中扣除，故在两种成本法下均全部被扣除，不会导致营业利润产生差额。对于变动生产成本，在两种成本法下均包含在营业成本中被等额扣除，故也不会导致营业利润产生差额。所以，造成两种成本法下营业利润出现差额的因素只剩下固定生产成本，即两种成本法下营业利润产生差额的根本原因是在当期损益中扣除的固定生产成本数额不同，变动成本法扣除了全部的固定生产成本，完全成本法扣除了销售部分的固定生产成本，具体见表 4－12。

表 4－12　　变动成本法与完全成本法区别

区别标志	变动成本法	完全成本法
成本划分标准	按成本性态划分	按经济职能划分
成本划分类别	变动成本｛变动生成成本｛直接材料、直接人工、变动制造费用｝；变动销售费用；变动管理费用；变动财务费用｝ 固定成本｛固定制造费用；固定销售费用；固定管理费用｝ 期间成本｛变动销售费用、变动管理费用、变动财务费用、固定制造费用、固定销售费用、固定管理费用｝	生产成本｛直接材料、直接人工、全部制造费用｝ 期间成本（非生产成本）｛销售费用、管理费用、财务费用｝
产品成本包含内容	变动生产成本｛直接材料、直接人工、变动制造费用｝	完全生产成本｛直接材料、直接人工、全部制造费用｝
边际贡献总额	＝营业收入－变动成本总额 ＝营业收入－变动（生产成本＋非生产成本）（销售部分*）	＝营业收入－营业成本 ＝营业收入－（变动生产成本＋固定生产成本）（销售部分）

续表

区别标志	变动成本法	完全成本法
当期利润	＝边际贡献总额－固定成本总额 ＝边际贡献总额－固定（生产成本＋非生产成本）（全部）	＝边际贡献总额－非生产成本 ＝边际贡献总额－变动非生产成本（销售部分）－固定非生产成本（全部）
差别	扣除了生产过程中全部的固定生产成本	当期只扣除了销售部分承担的固定生产成本；期末存货吸收了相应部分的固定生产成本（制造费用）

* 销售部分成本＝期初存货成本＋本期生产成本－期末存货成本

五、变动成本法的优缺点

变动成本法的主要优点：（1）区分固定成本与变动成本，有利于明确企业产品盈利能力和划分成本责任；（2）保持利润与销售量增减相一致，促进以销定产；（3）揭示了销售量、成本和利润之间的依存关系，使当期利润真正反映企业经营状况，有利于企业经营预测和决策。

变动成本法的主要缺点：（1）计算的单位成本并不是完全成本，不能反映产品生产过程中发生的全部耗费；（2）不能适应长期决策的需要。

任务五　作业成本法

随着企业经营环境的变化，产品和劳务的成本结构在发生着重大的变化，表现为直接人工成本的比重大幅下降，制造费用的比例大大提高。制造费用的分配科学与否很大程度上决定了产品成本计算的准确性和成本控制的有效性，作业成本法应运而生。

一、作业成本法认知

作业成本法，是指以“作业消耗资源、产出消耗作业”为原则，按照资源动因将资源费用追溯或分配至各项作业，计算出作业成本，然后再根据作业动因，将作业成本追溯或分配至各成本对象，最终完成成本计算的成本管理方法。企业每完成一项作业活动，就有一定的资源被消耗，同时通过一定量的产出转移到下一作业，如此逐一进行，直至最终形成产品。因此，作业成本法基于资源耗用的因果关系进行成本分配：根据作业活动耗用资源的情况，将资源耗费分配给作业；再依照成本对象消耗作业的情况，把作业成本分配给成本对象。

在作业成本法下，成本分配时，首先根据作业中心的资源耗费情况，将资源耗费的成本分配到作业中心去，然后再将分配到作业中心的成本，依据作业活动的数量分配到各成本对象上去。要正确理解作业成本法，需要明确以下几个概念。

（一）资源费用

资源费用，是指企业在一定期间内开展经济活动所发生的各项资源耗费。资源费用既包括房屋及建筑物、设备、材料、商品等有形资源的耗费，也包括信息、知识产权、土地使用权等各种无形资源的耗费，还包括人力资源耗费以及其他各种税费支出等。

（二）作业

作业，是指企业基于特定目的重复执行的任务或活动，是连接资源和成本对象的桥梁。一项作业既可以是一项非常具体的任务或活动，也可以泛指一类任务或活动。例如签订材料采购合同、将材料运达仓库、对材料进行质量检验、办理入库手续、登记材料明细账等。作业贯穿产品生产的全过程，从产品设计、原料采购、生产加工、到产品销售的每个环节、每道工序都可以视为一个作业。按消耗对象不同，作业可分为主要作业和次要作业。主要作业是被产品、服务或客户等最终成本对象消耗的作业。次要作业是被原材料、主要作业等介于中间地位的成本对象消耗的作业。

（三）成本对象

成本对象，是指企业追溯或分配资源费用、计算成本的对象物。成本对象可以是工艺、流程、零部件、产品、服务、分销渠道、客户、作业、作业链等需要计量和分配成本的项目。

（四）成本动因

成本动因，是指诱导成本发生的原因，是成本对象与其直接关联的作业和最终关联的资源之间的中介。按其在资源流动中所处的位置和作用，成本动因可分为资源动因和作业动因。资源动因是引起作业成本变动的驱动因素，用来衡量一项作业的资源消耗量。资源动因被用来计量各项作业对资源的耗用，根据资源动因可以将资源成本分配给各有关作业。按照作业成本计算法，作业量的多少决定着资源的耗用量，但资源耗用量的高低与最终的产品数量没有直接关系。

作业动因是引起产品成本变动的驱动因素，反映产品产量与作业成本之间的因果关系。作业动因计量各种产品对作业耗用的情况，并被用来作为作业成本的分配基础，是沟通资源消耗与最终产出的中介。例如，材料搬运作业的衡量标准是搬运的零件数量，生产调度作业的衡量标准是生产订单数量，加工作业的衡量标准是直接人工工时，自动化设备作业的衡量标准是机器作业小时数等。

（五）作业中心

作业中心（Activity Center）又称成本库，是指构成一个业务过程的相互联系的作业集合，用来汇集业务过程及其产出的成本。按照统一的作业动因，将各种资源耗费项目归结在一起，便形成了作业中心。作业中心有助于企业更明晰地分析一组相关的作业，以便进行作业管理以及企业组织机构和责任中心的设计与考核。

作业成本法与传统成本法下，直接材料成本与直接人工成本都可以直接归集到成本对象，两者的区别集中在对间接费用的分配上，主要是制造费用的分配，具体如图 4－10 所示。传统成本法下，制造费用以直接人工工时或机器工时为分配依据。当企业生产多种产品时，生产量小、技术要求高的产品成本分配偏低，而生产量大、技术要求低的产品成本分配偏高。在作业成本计算法下，首先确认发生制造费用的一个或多个作业环节，如维修机器作业、搬运作业、质量检验作业等；然后根据作业量的大小，将制造费用成本分配到各作业中心；最后依据相应的成本动因，如维修工时、搬运数量、检查次数等将各作业中心的成本分配到成本对象。采用作业成本法，制造费用按照成本对应直接分配，避免了传统成本计算的缺点。

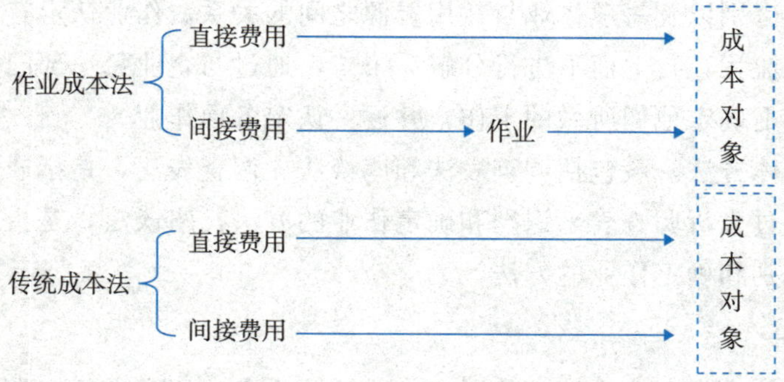

图 4－10　作业成本法与传统成本法

作业成本法建立在“作业消耗资源，产品消耗作业”的基本假设之下，产品计算可以分为两个过程：第一个过程，识别作业，根据作业消耗资源的方式，将作业执行中耗费的资源分配到作业，计算作业的成本；第二个过程，根据产品所消耗的成本动因，将第一阶段计算的作业成本分配到各有关成本对象。

传统成本法下，成本中心按部门建立。先把直接成本分配到产品，同时把不同性质的各种费用按照部门归集在一起；再根据产量，把间接费用分配到各产品。传统成本法下，间接成本的分配路径是“资源－部门－产品”。作业成本法下，同样将直接成本分配到产品，同时还将各间接费用分配到各有关作业，并把作业看成是按照产品生产需求组合的“资源”；再按照作业消耗与产品之间不同的因果关系，将作业成本分配到产品，作业成本法下间接成本的分配路径是“资源－作业－产品”。

二、作业成本法的应用程序

(一) 资源识别及资源费用的确认与计量

资源识别及资源费用的确认与计量，是指识别出由企业拥有或控制的所有资源，遵循相关会计制度的规定，合理选择会计政策，确认和计量全部资源费用，编制资源费用清单，为资源费用的追溯或分配奠定基础。

资源识别及资源费用的确认与计量应由企业的财务部门负责，在基础设施管理、人力资源管理、研究与开发、采购、生产、技术、营销、服务、信息等部门的配合下完成，并编制资源费用清单。

(二) 成本对象选择

在作业成本法下，企业应将当期所有的资源费用，遵循因果关系和受益原则，根据资源动因和作业动因，分项目经由作业追溯或分配至相关的成本对象，确定成本对象的成本。企业应根据财务会计制度的相关规定并考虑预算控制、成本管理、营运管理、业绩评价以及经济决策等方面的要求确定成本对象。

（三）作业认定

作业认定，是指企业识别由间接或辅助资源执行的作业集，确认每一项作业完成的工作以及执行该作业所耗费的资源费用，并据以编制作业清单的过程。作业认定的内容主要包括对企业每项消耗资源的作业进行识别、定义和划分，确定每项作业在生产经营活动中的作用、同其他作业的区别以及每项作业与耗用资源之间的关系。作业认定有以下两种形式：第一，根据企业生产流程，自上而下进行分解；第二，通过与企业每一部门负责人和一般员工进行交流，自下而上确定他们所做的工作，并逐一认定各项作业。

作业认定的具体方法一般包括调查表法和座谈法。调查表法，是指通过向企业全体员工发放调查表，并通过分析调查表来识别和确定作业的方法；座谈法，是指通过与企业员工的面对面交谈，来识别和确定作业的方法。

（四）作业中心设计

作业中心设计，是指企业将认定的所有作业按照一定的标准进行分类，形成不同的作业中心，作为资源费用的追溯或分配的对象的过程。作业中心可以是某一项具体的作业，也可以是由若干个相互联系的能够实现某种特定功能的作业的集合。企业可按照受益对象、层次和重要性，将作业分为以下五类，并分别设计相应的作业中心。

（1）产量级作业，是指明确地为个别产品（或服务）实施的、使单个产品（或服务）受益的作业。该类作业的数量与产品（或服务）的数量呈正比例变动。包括产品加工、检验等。

（2）批别级作业，是指为一组（或一批）产品（或服务）实施的、使该组（该批）产品（或服务）受益的作业。该类作业的发生是由生产的批量数而不是单个产品（或服务）引起的，其数量与产品（或服务）的批量数呈正比例变动。包括设备调试、生产准备等。

（3）品种级作业，是指为生产和销售某种产品（或服务）实施的、使该种产品（或服务）的每个单位都受益的作业。该类作业用于产品（或服务）的生产或销售，但独立于实际产量或批量，其数量与品种的多少呈正比例变动。包括新产品设计、现有产品质量与功能改进、生产流程监控、工艺变换需要的流程设计、产品广告等。

（4）顾客级作业，是指为服务特定客户所实施的作业。该类作业保证企业将产品（或服务）销售给个别客户，但作业本身与产品（或服务）数量独立。包括向个别客户提供的技术支持活动、咨询活动、独特包装等。

（5）设施级作业，是指为提供生产产品（或服务）的基本能力而实施的作业。该类作业是开展业务的基本条件，其使所有产品（或服务）都受益，但与产量或销量无关。包括管理作业、针对企业整体的广告活动等。

（五）资源动因选择与计量

资源动因是引起资源耗用的成本动因，它反映了资源耗用与作业量之间的因果关系。资源动因选择与计量为将各项资源费用归集到作业中心提供了依据。首先，企业应根据不同的资源，选择合适的资源动因。如电力资源可以选择“消耗的电力度数”作为资源动因。然后，根据各项作业所消耗的资源动因数，将各资源库的价值分配到各作业中心。如“产品质量检验”作业消耗了1 000度电，而每度电的成本为0.55元。那么，“产品质量检验”作业中所含的“电力成本”为550元。当然，该项作业还会消耗其他资源，将该作业所消耗的所有资源的价值，按照相应的资源动因，分别分配到该作业中心，汇总后就会得到该作业的作业成本。如果某项作业所消耗的资源具有专属性，那么该作业所消耗的资源部分的价值可直接计入该作业的作业中心。如“产品质量检验”作业中检验人员的工资、专用设备的折旧费等成本，一般可以直接归属于检验作业。

(六) 作业成本汇集

作业成本归集，是指企业根据资源耗用与作业之间的因果关系，将所有的资源成本直接追溯或按资源动因分配至各作业中心，计算各作业总成本的过程。作业成本汇集应遵循以下基本原则：(1) 对于为执行某种作业直接消耗的资源，应直接追溯至该作业中心；(2) 对于为执行两种或两种以上作业共同消耗的资源，应按照各种作业中心的资源动因量比例分配至各作业中心。

(七) 作业动因选择与计量

作业动因是引起作业耗用的成本动因，它反映了作业耗用与最终产出的因果关系，是将作业成本分配到流程、产品、分销渠道、客户等成本对象的依据。当作业中心仅包含一种作业的情况下，所选择的作业动因应该是引起该作业耗用的成本动因；当作业中心由若干个作业集合而成的情况下，企业可采用回归分析法或分析判断法，分析比较各具体作业动因与该作业中心成本之间的相关性，选择相关性最大的作业动因，即代表性作业动因，作为作业成本分配的基础。

作业动因需要在交易动因、持续时间动因和强度动因间进行选择。其中，交易动因，是指用执行频率或次数计量的成本动因，包括接受或发出订单数、处理收据数等；持续时间动因，是指用执行时间计量的成本动因，包括产品安装时间、检查小时等；强度动因，是指不易按照频率、次数或执行时间进行分配而需要直接衡量每次执行所需资源的成本动因，包括特别复杂产品的安装、质量检验等。企业如果每次执行所需要的资源数量相同或接近，应选择交易动因；如果每次执行所需要的时间存在显著的不同，应选择持续时间动因；如果作业的执行比较特殊或复杂，应选择强度动因。对于选择的作业动因，企业应采用相应的方法和手段进行计量，以取得作业动因量的可靠数据。

(八) 作业成本分配

作业成本分配，是指企业将各作业中心的作业成本按作业动因分配至产品等成本对象，并结合直接追溯的资源费用，计算出各成本对象的总成本和单位成本的过程。主要作业是指被产品、服务或顾客等最终成本对象消耗的作业。次要作业是被原材料、主要作业等介于中间地位的成本对象消耗的作业。

作业成本分配一般按照以下两个步骤进行：

(1) 分配次要作业成本至主要作业，计算主要作业的总成本和单位成本。企业应按照各主要作业耗用每一次要作业的作业动因量，将次要作业的总成本分配至各主要作业，并结合直接追溯至主要作业的资源费用，计算各主要作业的总成本和单位成本。有关计算公式如下：

次要作业成本分配率＝次要作业总成本÷该作业动因总量

某主要作业分配的次要作业成本＝该主要作业耗用的次要作业动因量×该次要作业成本分配率

主要作业总成本＝直接追溯至该作业的资源费用＋分配至该主要作业的次要作业成本之和主要作业单位成本＝主要作业总成本÷该主要作业动因总量

（2）分配主要作业成本至成本对象，计算各成本对象的总成本和单位成本。企业应按照各成本对象耗用每一主要作业的作业动因量，将主要作业成本分配至各成本对象，并结合直接追溯至成本对象的单位水平资源费用，计算各成本对象的总成本和单位成本。

有关计算公式如下：

某成本对象分配的主要作业成本＝该成本对象耗用的主要作业成本动因量×主要作业单位成本

某成本对象总成本＝直接追溯至该成本对象的资源费用＋分配至该成本对象的主要作业成本之和

某成本对象单位成本＝该成本对象总成本÷该成本对象的产出量

【任务 4－13】甲生产车间设备维修作业当月共计发生人工费用、动力费用、消耗性材料等 80 000 元，本月实际提供设备维修工时 800 小时，则设备维修作业成本分配率为：

设备维修作业成本分配率＝80 000÷800＝100（元/小时）

【任务 4－14】A 企业生产甲、乙两种产品，其中甲产品 1 000 件，乙产品 500 件，其作业情况数据如表 4－13 所示。

表 4－13　　产品成本作业资料

作业名称	作业成本（元）	成本动因	作业动因数		
			甲产品	乙产品	合　计
材料处理	9 000	移动次数	200	100	300
材料采购	50 000	订单件数	700	300	1 000
使用机器	20 000	机器小时	600	400	1 000
设备维修	22 000	维修小时	700	400	1 100
质量控制	20 000	质检次数	350	150	500
产品运输	10 000	运输次数	70	30	100
合计	131 000				

按作业成本法计算甲、乙两种产品的成本，结果如表 4－14 所示。

表 4－14　　甲、乙产品作业成本法计算的制造费用　　单位：元

作业名称	作业成本（元）	作业动因数	分配率	分配的制造费用	
				甲产品	乙产品
材料处理	9 000	300	30	6 000	3 000
材料采购	50 000	1 000	50	35 000	15 000

续表

作业名称	作业成本（元）	作业动因数	分配率	分配的制造费用	
				甲产品	乙产品
使用机器	20 000	1 000	20	12 000	8 000
设备维修	22 000	1 100	20	14 000	8 000
质量控制	20 000	500	40	14 000	6 000
产品运输	10 000	100	100	7 000	3 000
合计总成本	131 000			88 000	43 000
单位成本				88	86

【任务 4—15】齐鲁公司生产甲、乙两种产品，有关资料如下：

（1）甲、乙两种产品 20×1 年 1 月基本资料如表 4—15 所示：

表 4—15　　甲、乙产品基本资料

产品名称	产量（件）	直接材料单位产品成本	直接人工单位产品成本
甲	100	50	40
乙	200	80	30

（2）月初甲产品在产品制造费用（作业成本）为 3 600 元，乙产品在产品制造费用（作业成本）为 4 600 元；月末在产品数量，甲为 40 件，乙为 60 件，总体完工率均为 50%；按照约当产量法在完工产品和在产品之间分配制造费用（作业成本），本月发生的制造费用（作业成本）总额为 50 000 元，相关的作业有 4 个，有关资料如表 4—16 所示。

表 4—16　　甲、乙产品作业成本资料

作业名称	成本动因	作业成本（元）	作业动因数	
			甲产品	乙产品
质量检验	检验次数	4 000	5	15
订单处理	生产订单份数	4 000	30	10
机器运行	机器小时数	40 000	200	800
设备调整准备	调整准备次数	2 000	6	4

要求：

（1）用作业成本法计算甲、乙两种产品的单位成本。

（2）以机器小时作为制造费用的分配标准，采用传统成本计算法计算甲、乙两种产品的单位成本。

（3）若决策者计划单位售价高于单位成本 10 元，根据第（2）问的结果确定甲和乙的销售单价，试分析可能造成的损失。

解：

（1）作业成本法。

质量检验作业成本分配率＝4 000/(5＋15)＝200（元/次）

订单处理作业成本分配率＝4 000/(30＋10)＝100（元/份）

机器运行作业成本分配率＝40 000/(200＋800)＝40（元/小时）

调整准备作业成本分配率＝2 000/(6＋4)＝200（元/次）

甲产品分配的本月发生的作业成本＝200×5＋100×30＋40×200＋200×6＝13 200（元）

单位作业成本＝(13 200＋3 600)/(100＋40×50%)＝140（元/件）

单位成本＝50＋40＋140＝230（元/件）

乙产品分配的本月发生的作业成本＝200×15＋100×10＋40×800＋200×4＝36 800（元）

单位作业成本＝(36 800＋4 600)/(200＋60×50%)＝180（元/件）

单位成本＝80＋30＋180＝290（元/件）

(2) 传统成本计算方法。

本月发生制造费用分配率＝50 000/（200＋800）＝50（元/小时）

甲产品分配的本月发生的制造费用＝50×200＝10 000（元）

甲产品单位制造费用＝(10 000＋3 600)/(100＋40×50%)＝113.33（元/件）

甲产品单位成本＝50＋40＋113.33＝203.33（元/件）

乙产品分配的本月发生的制造费用＝50×800＝40 000（元）

乙产品单位制造费用＝(40 000＋4 600)/(200＋60×50%)＝193.91(元/件)

乙产品单位成本＝80＋30＋193.91＝303.91（元/件）

(3) 与传统成本计算方法相比，作业成本法能够提供更加真实、准确的成本信息。因此，本题中甲产品的真实单位成本应该是 230 元，而决策者制定的单位售价为 203.33＋10＝213.33（元），如果与传统之单位成本（203.33 元）比较，好像有利可图，实际上每销售一件产品，就要亏损 230－213.33＝16.67（元），如果按照作业成本法计算，则会避免这个决策失误；对于乙产品而言，真实单位成本应该是 290 元，显然 303.91＋10＝313.91（元）的定价偏高，会对销量产生负面影响，给企业造成损失。而如果按照作业成本法计算，把单位售价降低一些，则会避免这个损失的发生。

从【任务 4－15】可以发现，产量低、生产过程复杂的产品（如甲产品）在传统成本计算法下的单位成本显著低于作业成本法下的单位成本，而高产量、生产过程简单的产品（如乙产品）的单位成本恰恰相反。两种不同成本计算方式下成本差异的原因，表面上看是由于制造费用总额按直接人工工时分配与制造费用分成各部分后按作业动因分配而导致的，实质上反映了两种计算方式所提供的成本信息的不同质量。在作业成本计算法下，由于将制造费用按作业动因分为几个不同部分，每部分按不同的分配标准分配，与传统的按单一分配标准进行分配的方式比较，其准确性要高，科学性要强。大量的经验调查表明，生产量大而技术复杂程度低的产品，在传统成本计算方式下，由于其消耗的人工工时比重大，分摊的制造费用数额较大，而在作业成本计算方式下，这类产品由于技术复杂程度低，其消耗的作业动因量相对较少，分摊的制造费用会相对降低。生产量小而技术复杂程度高的产品则刚好与上述情形相反。简言之，传统的成本计算方式低估了生产量小而技术复杂程度高的产品的成本，高估了生产量大而技术复杂程度低的产品成本。

三、作业成本管理

作业成本管理，是以提高客户价值、增加企业利润为目的，基于作业成本法的新型集中化管理方法。它通过对作业及作业成本的确认、计量，最终计算产品成本同时将成本计算深入到作业层次，对企业所有作业活动进行追踪并动态反映。此外，还要进行成本链分析，包括动因分析、作业分析等，从而为企业决策提供准确的信息，指导企业有效地执行必要的作业，消除和精简不能创造价值的作业，以达到降低成本、提高效率的目的。作业成本管理是一种符合战略管理思想要求的现代成本计算和管理模式。它既是精确的成本计算系统，也是改进业绩的工具。

（一）成本动因分析

要进行作业成本管理，必须找出导致作业成本发生的原因。每项作业都有投入和产出。作业投入是为取得产出而由作业消耗的资源，而作业产出则是一项作业的结果或产品。比如说，原料搬运，搬运到指定地点的材料数量，则是该“搬运”作业的产出量，也可以称为作业动因。然而，产出量指标不一定是作业成本发生的根本原因，必须进一步进行动因分析，找出形成作业成本的根本原因。例如，搬材料的根本原因，可能是车间布局不合理。一旦得知了根本原因，就可以采取相应的措施改善作业，如改善车间布局，减少搬运成本。

（二）作业分析

作业分析（Activity Analysis）的主要目标是认识企业的作业过程，以便从中发现持续改善的机会及途径。分析和评价作业、改进作业和消除非增值作业构成了流程价值分析与管理的基本内容。按照对顾客价值的贡献，作业可以分为增值作业和非增值作业。改进流程首先需要将每一项作业分为增值作业或非增值作业，明确增值成本和非增值成本，然后再进一步确定如何将非增值成本减至最小。

所谓增值作业（Value—added Activity），就是那些顾客认为可以增加其购买的产品或服务的有用性，有必要保留在企业中的作业。一项作业必须同时满足下列三个条件才可断定为增值作业：（1）该作业导致了状态的改变；（2）该状态的变化不能由其他作业来完成；（3）该作业使其他作业得以进行。

例如，印刷厂的最后装订工序是先裁边再装订，那么裁边作业使所有纸张整齐划一，从而改变了原来的状态。这种状态之前的印刷或其他作业均不能实现该目的，而且只有裁边以后，才能进行后续的装订作业。裁边作业符合上述全部条件，为增值作业。增值作业又可分为高效作业和低效作业。增值成本即是那些以完美效率执行增值作业所发生的成本，或者说，是高效增值作业产生的成本。而那些增值作业中因为低效率所发生的成本则属于非增值成本。

非增值作业（Non—value Added Activity），是指即使消除也不会影响产品对顾客服务的潜能，不必要的或可消除的作业。如果一项作业不能同时满足增值作业的三个条件，就可断定其为非增值作业。例如，检验作业，只能说明产品是否符合标准，而不能改变其形态，不符合第一个条件；次品返工作业是重复作业，在其之前的加工作业本就应提供符合标准的产品。因此，也属于非增值作业。执行非增值作业发生的成本全部是非增值成本。持续改进和流程再造的目标是寻找非增值作业，将非增值成本降至最低，最大化利用增值作业，减少不必要的耗费，提升经营效率。作业成本管理中进行成本节约的途径，主要有以下四种形式：

（1）作业消除。作业消除是指消除非增值作业或不必要的作业，降低非增值成本。如将原材料从集中保管的仓库搬运到生产部门，将某部门生产的零件搬运到下一个生产部门都是非增值作业。如果条件许可，将原料供应商的交货方式改变为直接送达原料使用部门，将功能性的工厂布局转变为单元制造式布局，就可以缩短运输距离，削减甚至消除非增值作业。

（2）作业选择。作业选择是指对所有能够达到同样目的的不同作业，选取其中最佳的方案。不同的策略经常产生不同的作业，如不同的产品销售策略会产生不同的销售作业，而作业引发成本。因此，不同的产品销售策略引发不同的作业成本。在其他条件不变的情况下，选择作业成本最低的销售策略，可以降低成本。

（3）作业减少。作业减少是指以不断改进的方式降低作业消耗的资源或时间，如减少整备次数，就可以改善整备作业及其成本。

（4）作业共享。作业共享是指利用规模经济来提高增值作业的效率。如新产品在设计时，若考虑到充分利用现有其他产品可用的零件，可以免除新产品零件的设计作业，从而降低新产品的生产成本。作业分析是流程价值分析的核心，通过对作业的分析研究，进而采取措施，消除非增值作业，改善低效作业，优化作业链，对于削减成本、提高效益具有非常重要的意义。

（三）作业业绩考核

实施作业成本管理，其目的在于找出并消除所有非增值作业，提高增值作业的效率，削减非增值成本。当利用作业成本计算系统识别出流程中的非增值作业及其成本动因后，就为业绩改善指明了方向。若要评价作业和流程的执行情况，必须建立业绩指标，可以是财务指标，也可以是非财务指标，以此来评价是否改善了流程。财务指标主要集中在增值成本和非增值成本上，可以提供增值与非增值报告，以及作业成本趋势报告。而非财务指标主要体现在效率、质量和时间三个方面，如投入产出比、次品率、生产周期等。

四、作业成本法的优缺点

作业成本法的主要优点：（1）能够提供更加准确的各维度成本信息，有助于企业提高产品定价、作业与流程改进、客户服务等决策的准确性；（2）改善和强化成本控制，促进绩效管理的改进和完善；（3）推进作业基础预算，提高作业、流程、作业链（或价值链）管理的能力。

作业成本法的主要缺点：部分作业的识别、划分、合并与认定，成本动因的选择以及成本动因计量方法的选择等均存在较大的主观性，操作较为复杂，开发和维护费用较高。

课程素养 4－2

宝钢的精益成本管理

宝钢是我国钢铁行业中现代化的钢铁联合企业，经过多年的发展，宝钢不仅在国内有着不可替代的竞争优势，成为国内钢铁行业的龙头企业，并且作为中国唯一一家钢铁企业跻身于世界五百强。宝钢之所以能有如此大的成绩，与其采取的以钢铁为主体，以智慧制造和欧冶云商平台化服务为两翼的“一体两翼”战略有着密切关系。宝钢坚持集中力量发展钢铁，通过成本变革、技术领先、服务先行、智慧制造、城市钢厂五大核心能力增强企业综合竞争力。

宝钢的成本管理经历了综合消耗管理—责任成本管理—标准成本管理—精益成本管理四个阶段，目前企业在精益成本管理模式的探索中不断优化创新。精益成本管理是2000年以后，宝钢在融合国际现代化先进成本管理经验的基础上，率先创建的以“6δ”为特征的成本管理模式，并将精益生产、敏捷制造、质量管控、信息化和供应链管理思想巧妙地融入成本管理中。实现精益化成本管理是企业现代化成本管理的必然要求，是我国钢铁行业积极响应国家供给侧改革，适应经济发展新常态的必然选择。只有实现成本管理的精益化，才能真正实现钢铁行业的“去产能、降库存、补短板”。钢铁行业需要立足于供应链视角，通过信息化管理，逐步形成以消除一切浪费、最大化客户价值、增强企业竞争力为目的，系统化、多维度的精益成本管理体系。

（来源：商业会计）

项目总结

本项目共有五个任务，详细讲解了成本管理的相关内容。

任务一，主要学习成本管理的内涵、原则和主要内容。

任务二，主要学习目标成本法的应用环境、应用程序和目标成本法的优缺点。

任务三，主要学习标准成本的制定、成本差异的计算和分析及标准成本法的优缺点。

任务四，主要学习变动成本法的成本按性态的分类、混合成本的分析方法、变动成本法的计算和变动成本法的优缺点。

任务五，主要学习作业成本法的相关概念，作用成本核算的基本程序、作业成本管理的相关内容和作业成本法的优缺点。

职业能力训练

一、单项选择题

1. 与预算成本不同，标准成本是一种（　　）。

A. 总额的概念　　　　B. 单位成本的概念

C. 历史成本　　　　D. 实际成本

2. 无论哪个成本项目，在制定标准成本时，都需要分别确定两个标准，两者相乘即为一个成本项目的标准成本，这两个标准是（　　）。

A. 价格标准和用量标准　　　　B. 价格标准和质量标准

C. 历史标准和用量标准　　　　D. 历史标准和质量标准

3. 本月生产甲产品1 000件，实际耗用A材料2 000公斤，其实际价格为每公斤20元。该产品A材料的用量标准为2.5公斤，标准价格为每公斤18元，其直接材料耗用量差异为

（　　）元。

A. −9 000　　B. −10 000　　C. 90 000　　D. 10 000

4. 下列因素中，一般不会导致直接人工工资率差异的是（　　）。

A. 工资制度的变动　　B. 工作环境的好坏

C. 工资级别的升降　　D. 加班或临时工的增减

5. 在两差异法下，固定制造费用的差异可以分解为（　　）。

A. 价格差异和产量差异　　B. 耗费差异和效率差异

C. 能量差异和效率差异　　D. 耗费差异和能量差异

6. 某企业甲产品消耗直接材料，其中 A 材料价格标准为 3 元/千克，数量标准为 5 元/千克，B 材料价格标准为 4 元/千克，数量标准为 10 元/件，则甲产品消耗直接材料的标准成本为（　　）元。

A. 15　　B. 40　　C. 55　　D. 65

7. 在标准成本控制系统中，成本差异是指在一定时期内生产一定数量的产品所发生的（　　）。

A. 实际成本与标准成本之差　　B. 实际成本与计划成本之差

C. 预算成本与标准成本之差　　D. 预算成本与实际成本之差

8. 下列成本差异中，应该由劳动人事部门承担责任的是（　　）。

A. 直接材料价格差异　　B. 直接人工工资率差异

C. 直接人工效率差异　　D. 变动制造费用效率差异

9. 下列关于酌量性固定成本的说法中，正确的是（　　）。

A. 厉行节约、精打细算，可以降低酌量性固定成本

B. 合理利用企业现有的生产能力，降低酌量性固定成本

C. 对企业来说，酌量性固定成本可有可无

D. 房屋租金属于酌量性固定成本

10. 乙保险公司的推销员若销售 100 件商品，每月固定工资 1 800 元，在此基础上，若推销员的业绩超出规定业务量，推销员还可按照超出的数额按比例获得奖金，那么推销员的工资费用是（　　）。

A. 半变动成本　　B. 半固定成本

C. 延期变动成本　　D. 曲线变动成本

11. 混合成本分解的下列方法中，较为精确的方法是（　　）。

A. 账户分析法　　B. 合同确认法

C. 回归分析法　　D. 高低点法

12. 甲公司的推销人员若销售 100 件商品，每月固定工资 2 000 元，在此基础上，若推销员的业绩超出规定业务量，推销员每超过 10 件，工资就增加 500 元。那么推销员的工资费用是（　　）。

A. 半固定成本　　B. 半变动成本

C. 延期变动成本　　D. 曲线变动成本

13. 在混合成本分解的方法中，（　　）简便易行，但比较粗糙且带有主观判断。

A. 合同确认法　　B. 技术测定法

C. 账户分析法　　D. 高低点法

14. 约束性固定成本不受管理当局短期经营决策行动的影响。下列各项中，不属于企业约束性固定成本的是（　　）。

A. 管理人员的基本工资　　B. 房屋租金支出

C. 职工培训费　　D. 不动产财产保险费

15. 企业为维持一定经营能力所必须负担的最低成本是（　　）。

A. 约束性固定成本　　B. 酌量性变动成本

C. 混合成本　　D. 酌量性固定成本

16. 下列各项中，能构成变动成本法产品成本内容的是（　　）。

A. 变动成本　　B. 固定成本

C. 生产成本　　D. 变动生产成本

17. 如果某期按变动成本法计算的营业利润为 5 000 元，该期产量为 2 000 件，销售量为 1 000 件，期初存货为零，固定性制造费用总额为 2 000 元，则按完全成本法计算的营业利润为（　　）。

A. 0 元　　B. 1 000 元

C. 5 000 元　　D. 6 000 元

18. 下列项目中，不能列入变动成本法下的产品成本的是（　　）。

A. 直接材料　　B. 直接人工

C. 固定性制造费用　　D. 变动制造费用

19. 在变动成本法下，固定性制造费用最终应当在损益表中列作（　　）。

A. 非生产成本　　B. 期间成本

C. 产品成本　　D. 直接成本

20. 作业成本法适用于具有以下特征的企业（　　）。

A. 产品品种较少　　B. 作业环节较少

C. 生产准备成本较高　　D. 间接生产费用比重较小

21. 作业成本法的缺陷有（　　）。

A. 实施成本较高　　B. 实施效果较差

C. 成本决策相关性较弱　　D. 间接费用的分配与产出量相关性较弱

22. 作业成本法所采用的成本动因（　　）。

A. 不考虑辅助作业　　B. 只考虑某些生产作业

C. 将作业与产品直接联系在一起　　D. 将作业与产品间接联系在一起

23. 华宇公司本期制造费用共计 480 000 元，采用传统成本法核算，它拥有 5 个为辅助生产部门和 5 个生产部门，生产 25 种产品。其制造费用中应有（　　）分配至产品层次。

A. 0 元　　B. 1920 元

C. 48 000 元　　D. 480 000 元

24. 与数量相关的动因不包括（　　）。

A. 产量　　B. 机器工时

C. 生产工人人数　　D. 直接人工工时

25. 在作业成本法下通常难以找到合适的成本动因来将（　　）作业所消耗的资源分配至产品。

A. 车间管理　　B. 直接人工

C. 质量检验　　D. 机器调试

二、多项选择题

1. 原材料质量低劣，会造成（　　）向不利方向转化

A. 直接材料数量差异　　B. 直接材料价格差异

C. 直接人工效率差异　　D. 变动制造费用效率差异

2. 直接材料标准成本，是指直接用于产品生产的材料标准成本，包括（　　）。

A. 标准单价　　B. 标准工时

C. 标准用量　　D. 以上都正确

3. 在下列各项中，能造成变动制造费用差异的是（　　）。

A. 直接材料质量低劣　　B. 直接人工工资调整

C. 间接材料价格变化　　D. 间接人工工资调整

4. 按三差异分析法，可将固定性制造费用成本差异分解为以下内容，包括（　　）。

A. 耗费差异　　B. 产量差异　　C. 预算差异　　D. 效率差异

5. 在标准成本系统中，可将变动性制造费用成本差异分解为以下内容，包括（　　）。

A. 耗费差异　　B. 预算差异　　C. 开支差异　　D. 效率差异

6. 某企业生产 A 产品，月标准总工时为 14 400 小时，单位产品工时标准为 1.2 小时/件，标准变动制造费用总额为 21 600 元，标准固定制造费用总额为 187 200 元，下列相关计算中，正确的有（　　）。

A. 变动制造费用标准分配率为 1.5 元/小时

B. 变动制造费用标准成本为 1.8 元/件

C. 固定制造费用标准分配率为 13 元/小时

D. 固定制造费用标准成本 14.4 元/件

7. 下列各项中，能够导致出现材料价格差异的原因有（　　）。

A. 材料质量差，废料过多　　B. 材料采购计划编制不准确

C. 材料调拨价格或市场价格的变动　　D. 因临时紧急进货，使买价和运输费上升

8. 人工工时耗用量标准即直接生产工人生产单位产品所需要的标准工时，主要内容包括（　　）。

A. 对产品的直接加工工时　　B. 必要的间歇和停工工时

C. 不可避免的废品耗用工时　　D. 生产中的材料必要损耗

9. 下列标准成本差异中，通常不由生产部门承担主要责任的有（　　）。

A. 直接材料价格差异　　B. 直接人工工资率差异

C. 直接人工效率差异　　D. 变动制造费用效率差异

10. 下列变动成本差异中，可以从生产过程分析中找出产生原因的有（　　）。

A. 直接人工效率差异　　B. 变动制造费用耗费差异

C. 变动制造费用效率差异　　D. 直接材料价格差异

11. 下列各项中，属于约束性固定成本的有（　　）。

A. 保险费　　B. 房屋租金

C. 折旧费　　D. 财产保险费

12. 下列各项中，属于变动成本项目的有（　　）。

A. 采用工作量法计提的折旧费　　B. 不动产财产保险费

C. 直接人工费　　D. 写字楼租金

13. 下列选项中，属于酌量性变动成本的有（　　）。

A. 按销售百分比支付的销量佣金　　B. 按销售百分比支付的技术转让费

C. 直接材料　　D. 广告费

14. 下列属于混合成本的分解——高低点法的特点的有（　　）。

A. 计算简单　　B. 代表性差

C. 计算繁琐　　D. 代表性好

15. 下列各项属于混合成本分解方法的有（　　）。

A. 高低点法　　B. 账户分析法

C. 技术测定法　　D. 目标利润法

16. 按照成本性态，通常把成本区分为（　　）。

A. 固定成本　　B. 变动成本

C. 混合成本　　D. 半变动成本

17. 混合成本兼有固定与变动两种性质，可进一步对其进行分类，下列选项中，属于混合成本的有（　　）。

A. 变动成本　　B. 固定成本

C. 半变动成本　　D. 半固定成本

18. 下列各项中，属于酌量性固定成本的有（　　）。

A. 广告费　　B. 职工培训费

C. 新产品研究开发费用　　D. 按直线法计提的折旧费用

19. 变动成本法下，产品成本包括（　　）。

A. 变动销售费用　　B. 变动制造费用

C. 直接材料　　D. 直接人工

20. 下列项目中，不会导致完全成本法和变动成本法确定的分期损益不同的是（　　）。

A. 直接材料　　B. 管理费用

C. 财务费用　　D. 销售费用

21. 下列各项中，属变动成本特征的有（　　）。

A. 在相关范围内，其成本总额不受产量增减变动的影响

B. 在相关范围内，其成本总额随着产量的增减成比例变动

C. 在相关范围内，其单位产品成本不受产量变动的影响而保持不变

D. 成本总额的变动与产量的变动不保持严格的比例

22. 按照变动成本法的观点，在特定条件下，产品成本总额应当随着产品的产量成正比例变动，这些特定条件包括（　　）。

A. 生产工艺没有发生实质性变化　　B. 单位变动生产成本不变

C. 产量为零　　D. 固定生产成本总额不变

23. 在完全成本法下，期间成本应当包括（　　）。

A. 变动性制造费用　　B. 固定性制造费用

C. 销售费用　　D. 管理费用

24. 在变动成本下，期间成本通常包括（　　）。

A. 间接材料费　　B. 固定性制造费用

C. 管理费用　　D. 销售费用

25. 作业成本法适用于具有以下特征的企业（　　）。

A. 生产准备成本较高　　B. 作业环节多且易辨认

C. 间接生产费用比重较大　　D. 企业规模大、产品品种多

26. 成本动因的选择应遵循以下原则（　　）。

A. 合理性　　B. 受益性　　C. 全面性　　D. 因果关系

27. 下列各项中，属于直接成本的是（　　）。

A. 车间照明用电费　　B. 车间管理人员工资

C. 车间生产工人工资　　D. 构成产品实体的原材料

28. 决定企业采用成本计算方法的影响因素有（　　）。

A. 企业生产组织特点　　B. 成本会计人员的素质

C. 企业生产工艺过程特点　　D. 企业对成本管理的要求

三、判断题

1. 单位产品任何一项成本的标准成本都应等于该项目的价格标准与标准用量的乘积。（　　）

2. 直接材料的耗用量差异是生产部门原因形成的。（　　）

3. 直接人工价格标准，即工资率标准。采用计件工资制时，它是指单位产品支付的计件单价。（　　）

4. 对于直接材料、直接人工和变动制造费用而言，成本差异分为价格差异和数量差异两个部分。（　　）

5. 直接材料成本总额超过预算就是不利差异。（　　）

6. 固定成本是指在特定的产量范围内受产量变动的影响，在一定期间内总额保持固定不变的成本。（　　）

7. 固定成本分为技术性固定成本和酌量性固定成本。（　　）

8. 在分解混合成本时，采用合同确认法要配合账户分析法使用。（　　）

9. 回归分析法在变动成本计算、本量利分析、正确制定经营决策和评价各部门工作业绩等方面具有不可或缺的重要作用。（　　）

10. 在分解混合成本时，技术测定法只适用于投入成本与产出数量之间有规律性联系的

成本分解。 ( )

11. 固定成本在任何条件下，其总额均不随业务量的增减变动发生变化。 ( )

12. 变动成本法既有利于短期决策，也有利于长期决策。 ( )

13. 变动成本法的理论前提是产品成本只包括变动生产成本，固定生产成本作为期间成本处理。 ( )

14. 固定成本是指其总额在一定期间内不受业务量的影响而保持固定不变的成本。 ( )

15. 成本动因是驱动或产生成本、费用的各种因素，它通常可分为两种：资源动因和作业动因。 ( )

16. 作业动因是将作业中心的成本分配到产品或劳务的标准，它反映了作业中心对资源的耗用情况。 ( )

17. 作业成本法是传统成本计算方法的一种，其主要特点是先按资源动因分配费用，计算各作业中心成本，再按作业动因分配作业成本，计算产品成本。 ( )

18. 在作业成本法下，制造费用的分配主要以与产出量相关的因素为分配基础。( )

19. 在作业成本法下，辅助生产部门的成本在分派到具体的产品或劳务之前也是先分配至生产部门的。 ( )

20. 预期的机器工时可以作为分配机器维护成本的合理动因。 ( )

21. 作业成本法以成本动因作为分配成本的基础，因此它能提供比传统成本法更为精确的成本信息。 ( )

22. 作业成本管理涉及的仅仅是生产成本而不包括期间费用。 ( )

四、业务题

1. 甲公司生产和销售E产品，每年产销平衡。为了加强产品成本管理，合理确定下年度经营计划和产品销售价格，该公司专门召开总经理办公会进行讨论。20×1年E产品实际产销量为3 680件，生产实际用工为7 000小时，实际人工成本为16元/小时。标准成本资料如表4—17所示。

表4—17 标准成本资料表

项目	直接材料	直接人工	制造费用
价格标准	35元/千克	15元/小时	10元/小时
用量标准	2千克/件	2小时/件	2小时/件

要求：根据资料计算20×1年E产品的下列指标：

(1) 单位标准成本；

(2) 直接人工成本差异；

(3) 直接人工效率差异；

(4) 直接人工工资率差异。

2. 乙公司生产M产品，采用标准成本法进行成本管理。月标准总工时为23 400小时，月标准变动制造费用总额为84 240元。工时标准为2.2小时/件。假定乙公司本月实际生产

M产品 7 500 件，实际耗用总工时 15 000 小时，实际发生变动制造费用 57 000 元。

要求：

（1）计算 M 产品的变动制造费用标准分配率；

（2）计算 M 产品的变动制造费用实际分配率；

（3）计算 M 产品的变动制造费用成本差异；

（4）计算 M 产品的变动制造费用效率差异；

（5）计算 M 产品的变动制造费用耗费差异。

3. 齐鲁公司根据历史资料统计的产量与实际总成本的有关情况如表 4－18 所示。

表 4－18　　产量与实际总成本情况表

项目	20×1 年	20×2 年	20×3 年
产量（万件）	16	19	24
实际总成本（万元）	150	168	176

已知该公司 20×4 年预计的产量为 35 万件。

要求：

（1）采用高低点法预测该公司 20×4 年的总成本；

（2）假设固定成本为 56 万元，采用回归分析法预测该公司 20×4 年的总成本；

（3）假设单位变动成本为 5 元/件，采用回归分析法预测该公司 20×4 年度总成本。

4. 假定某企业只产销一种产品，其有关资料如下：生产量 2 000 件，销售量 1 800 件，期初存货 0 件，边际贡献率 60%，原材料 6 000 元，计件工资 4 000 元，其他变动性制造费用每件 0.4 元，固定性制造费用总额 2 000 元，变动性销售与管理费用每件 0.2 元，固定性销售与管理费用总额为 300 元。要求：

（1）根据给定的边际贡献率确定售价；

（2）用两种方法计算单位产品成本。

5. A 制造企业采用作业成本法核算产品成本。该企业某月发生直接材料成本 16 000 元，其中甲产品耗用 9 000 元，乙产品耗用 7 000 元；直接人工成本 9 500 元，其中甲产品应负担 5 500 元，乙产品应负担 4 000 元；制造费用 28 000 元，经分析该企业的作业情况如表 4－19所示。

表 4－19　　甲、乙产品的作业成本资料　　单位：元

作业中心	资源分配	成本动因	动因量	
			甲产品	乙产品
材料整理	7 000	处理材料批数	20	60
质量检验	5 000	检验次数	20	30
机器调试	10 000	调试次数	160	240
使用机器	6 000	机器小时数	40	160

要求：（1）根据上述资料，完成表 4－20。

表 4－20 成本动因率计算表用

作业名称	资源分配	成本动因	动因量			动因率
			甲产品	乙产品	合计	
材料整理	7 000	处理材料批数	20	60		
质量检验	5 000	检验次数	20	30		
机器调试	10 000	调试次数	160	240		
使用机器	6 000	机器小时数	40	160		

（2）假定该企业的当月产量为甲产品 500 件，乙产品 500 件，期初期末在产品为零，完成表 4－21 和表 4－22。

表 4－21 作业成本法制造费用分配表

作业名称	动因量		动因率	制造费用分配	
	甲产品	乙产品		甲产品	乙产品
材料整理	20	60			
质量检验	20	30			
机器调试	160	240			
使用机器	40	160			
合计	——	——	——		

表 4－22 完工产品单位成本计算表

	甲产品	乙产品
直接材料		
直接人工		
制造费用		
完工产品总成本		
完工产品产量	500	500
完工产品单位成本		

6. 甲公司采用作业成本法计算分配间接费用，20×1 年 5 月份，该企业有关资料如表 4－23 所示。

表 4－23 甲公司作业成本资料

作业名称	成本动因	成本（元）	作业动因数	
			A 产品	B 产品
生产准备	准备次数	10 000	30	20
材料管理	零件数	20 000	15	25
包装与运输	运输数量	5 000	50	50
间接费用合计		35 000		

要求：

（1）用作业成本法计算分配每种产品的间接费用总额，完成表 4－24。

表 4－24　作业成本法制造费用分配表

作业名称	资源分配	成本动因	动因量			动因率	制造费用分配	
			A 产品	B 产品	合计		A 产品	B 产品
生产准备	10 000	准备次数	30	20				
材料管理	20 000	零件数	15	25				
包装与运输	5 000	运输数量	50	50				
合计	35 000	——	——	——	——	——		

（2）以人工工时作为分配基础计算分配各产品的间接费用总额。假定装配每件 A 产品的小时数是 1 小时，装配每件 B 产品的小时数是 2 小时。A 产品的生产量为 1 000 只，B 产品为 2 000 只，完成表 4－25。

表 4－25　以人工工时为基础的产品间接费用分配表

	产量	单位产量所用工时	总工时	总费用	分配率	成本分配
A 产品	1 000	1		——	——	
B 产品	2 000	2		——	——	
合计	——	——		35 000		

项目五

营运管理

在商业活动之中，有一个表示盈利与亏损的点。这个点被称为盈亏平衡点（Break Even Point，BEP）。计算盈亏平衡点，不管是根据“固定费用/变动费用”计算成本时，还是在做出决定和进行管理时都是非常重要的。

盈亏平衡点分析是非常简单易懂的方法，不仅能够对整个公司进行分析，还可以用在事业部和产品分析上，甚至还可以对损益结构进行分析，设定销售目标、对业绩进行评价。

盈亏平衡点是由销售额和费用的平衡决定的。盈亏平衡点的应用需要关注以下几个方面：

第一，对销售额、费用、利润的计算，简单讲就是“要想避免亏损，最少要卖出多少产品”或者“想要取得这些利润，最少要卖出多少产品”。

第二，经营上的行动是指雇佣员工、增加办公室、商品降价等行动，搞清楚这些行动会使收益结构发生怎样的变化非常重要。

第三，把握商业模式的特性，指的是理解“自身的商业模式是固定费用型商业模式还是变动费用型商业模式”这一特性。这两种商业模式各有所长，孰优孰劣不能一概而论。但如果不了解自身商业模式的特性，在设定关键绩效指标（KPI）时可能会出现错误，所以必须注意才行。

降低“盈亏平衡点”，越低越有利润。降低“盈亏平衡点”的五个方法有：①削减固定费用；②提高边际收益率＝降低变动费用比率；③削减变动费用；④提高售价；⑤增加销售数量。

项目导航

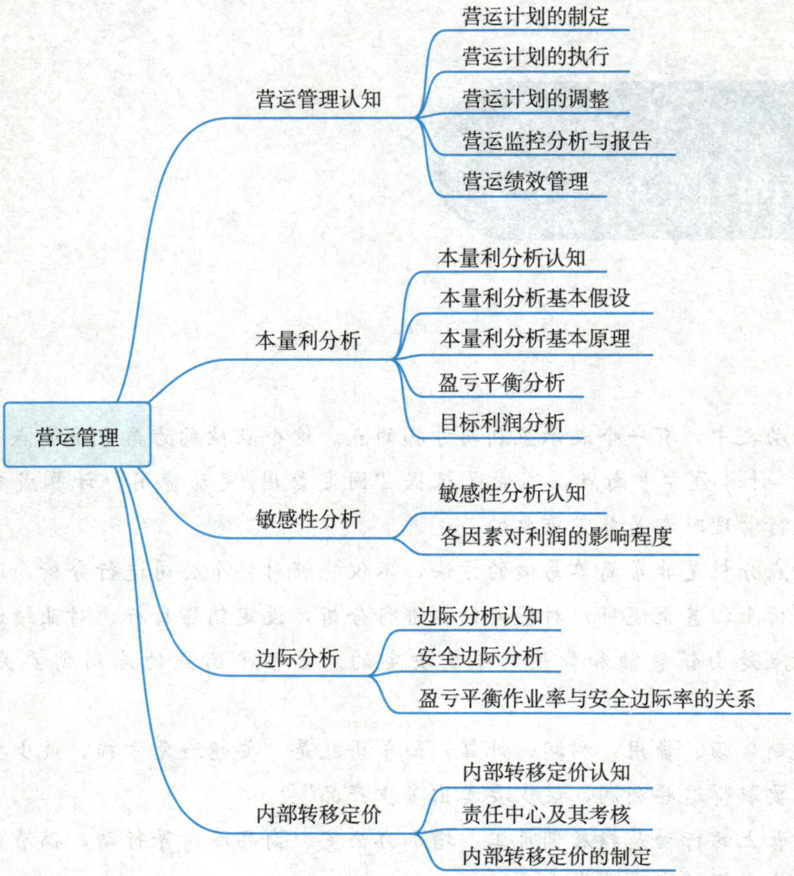

项目目标

素养目标	知识目标	能力目标
• 培养学生本量利管理的思维，数据分析思维，团结合作，不断创新，谦虚、谨慎、认真的工作态度 • 培养学生的责任意识、团队合作精神和协作处理复杂问题的能力	• 了解营运计划的制定、执行、调整，营运监控分析与报告，营运绩效管理 • 熟悉本量利基本假设和基本原理 • 掌握盈亏平衡分析和目标利润分析 • 掌握敏感性分析 • 掌握安全边际分析 • 熟悉责任中心的考核和内部转移定价	• 会盈亏平衡分析 • 会目标利润分析 • 会敏感性分析 • 会安全边际分析 • 会责任中心考核

课程素养 5-1

智能制造企业营运管理创新

制造业是我国立国之本，为了加快我国基本实现工业化的进程，迈入制造强国的队伍，需大力推进智能制造。企业管理的重要一环——营运管理，将与其同步改革创新，与智能制造进行良好融合，有助于企业实现价值增值。“互联网+”、大数据时代下新工具和新技术的出现，加速了智能制造时代的到来。企业更加重视绿色环保、质量管理，为客户提供个性化服务。营运管理是企业管理的重要组成部分，对推动企业实现价值增值具有重要作用，各企业可根据自身组织架构与发展现状，推动阿米巴经营模式中国式落地，激励员工为企业创造更高的价值。同时，重视创新设计，将生产环节与销售环节紧密连接，提高企业的附加值，助力我国成为引领世界制造业发展的制造强国。

（来源：农业经济管理）

案例导入

在一个小镇中有一个加油站，油站内设有一所卖报纸和杂货的商店，该商店在本地社区的销售每周达到 36 000 元。除此之外，来买汽油的顾客也会光顾该商店。

经理估计，平均每花费 100 元在汽油上的车主会另花费 20 元在商店的货品上。在汽油销售量波动时，这比率仍维持不变。本地社区的销售与汽油的销售是独立的。

汽油的边际贡献率是 18%，而货品的边际贡献率是 25%。现行的汽油售价是每升 6.6 元，而每周的销售量为 16 000 升。场地每周的固定成本是 9 000 元，而每周工人薪金是固定的 5 200 元。经理非常关心将来的生意额。因为一个近期的公路发展计划将会夺去油站的生意，而汽油销售量是利润最敏感的因素。

要求：根据以上信息，提出在价格、销售量、成本等方面可以提高加油站盈利水平的措施，并结合具体数据说明理由。

任务一 营运管理认知

营运管理，是指为了实现企业战略和营运目标，各级管理者通过计划、组织、指挥、协调、控制、激励等活动，实现对企业生产经营过程中的物料供应、产品生产和销售等环节的价值增值管理。

企业进行营运管理，按照 PDCA 管理原则，分计划（Plan）、实施（Do）、检查（Check）、处理（Act）四个阶段，形成闭环管理，使营运管理工作更加条理化、系统化、科学化。营运管理应用的管理会计工具方法包括本量利分析、敏感性分析、边际分析等。企业可以根据自身业务特点和管理需要等，选择单独或综合运用营运管理工具方法，以更好地实现营运管理目标。

企业应用营运管理工具方法，一般按照营运计划的制定、营运计划的执行、营运计划的调整、营运监控分析与报告、营运绩效管理等程序进行。

一、营运计划的制定

营运计划，是指企业根据战略决策和营运目标的要求，从时间和空间上对营运过程中各种资源所做出的统筹安排，主要作用是分解营运目标，分配企业资源，安排营运过程中的各项活动。

（一）营运计划的分类

1. 营运计划按计划的时间可分为长期营运计划、中期营运计划和短期营运计划。

2. 按计划的内容可分为销售、生产、供应、财务、人力资源、产品开发、技术改造和设备投资等营运计划。

（二）制定营运计划应当遵循以下原则

1. 系统性原则。企业在制定计划时不仅应考虑营运的各个环节，还要从整个系统的角度出发，既要考虑大系统的利益，也要兼顾各个环节的利益。

2. 平衡性原则。企业应考虑内外部环境之间的矛盾，有效平衡可能对营运过程中的研发、生产、供应、销售等存在影响的各个方面，使其保持合理的比例关系。

3. 灵活性原则。企业应当充分考虑未来的不确定性，在制定计划时保持一定的灵活性和弹性。

（三）制定营运计划的相关要求

1. 企业在制定营运计划时，应以战略目标和年度营运目标为指引，充分分析宏观经济形势、行业发展规律以及竞争对手情况等内外部环境变化，同时还应评估企业自身研发、生产、供应、销售等环节的营运能力，客观评估自身的优势和劣势以及面临的风险和机会等。

2. 企业在制定营运计划时，应开展营运预测，将其作为营运计划制定的基础和依据。营运预测，是指通过收集整理历史信息和实时信息，恰当运用科学预测方法，对未来经济活动可能产生的经济效益和发展趋势做出科学合理的预计和推测的过程。

3. 企业应用多种工具方法制定营运计划的，应根据自身实际情况，选择单独或综合应用预算管理领域、平衡计分卡、标杆管理等管理会计工具方法；同时，应充分应用本量利分析、敏感性分析、边际分析等管理会计工具方法，为营运计划的制定提供具体量化的数据分析，有效支持决策。

4. 企业应当科学合理地制定营运计划，充分考虑各层次营运目标、业务计划、管理指标等方面的内在逻辑联系，形成涵盖各价值链的、不同层次和不同领域的、业务与财务相结合的、短期与长期相结合的目标体系和行动计划。

5. 企业应采取自上而下、自下而上或上下结合的方式制定营运计划，充分调动全员积极性，通过沟通、讨论达成共识。

6. 企业应根据营运管理流程，对营运计划进行逐级审批。企业各部门应在已经审批通过的营运计划基础上，进一步制定各自的业务计划，并按流程履行审批程序。

7. 企业应对未来的不确定性进行充分的预估，在科学营运预测的基础上，制定多方案的备选营运计划，以应对未来不确定性带来的风险与挑战。

二、营运计划的执行

经审批的营运计划应以正式文件的形式下达执行。企业应逐级分解营运计划，按照横向到边、纵向到底的要求分解落实到各所属企业、部门、岗位或员工，确保营运计划得到充分落实。

经审批的营运计划应分解到季度、月度，形成月度的营运计划，逐月下达、执行。各企业应根据月度的营运计划组织开展各项营运活动。企业应在月度营运计划的基础上，开展月度、季度滚动预测，及时反映滚动营运计划所对应的实际营运状况，为企业资源配置的决策提供有效支持。

企业应建立配套的监督控制机制，及时记录营运计划执行情况，进行差异分析与纠偏，持续优化业务流程，确保营运计划有效执行。

三、营运计划的调整

营运计划一旦批准下达，一般不予调整。宏观经济形势、市场竞争形势等发生重大变化，导致企业营运状况与预期出现较大偏差的，企业可以适时对营运计划做出调整，使营运目标更加切合实际。

企业在营运计划执行过程中，应关注和识别存在的各种不确定因素，分析和评估其对企业营运的影响，适时启动调整原计划的有关工作，确保企业营运目标更加切合实际，更合理地进行资源配置。

企业在做出营运计划调整决策时，应分析和评估营运计划调整方案对企业营运的影响，包括对短期的资源配置、营运成本、营运效益等的影响以及对长期战略的影响。

企业应建立营运计划调整的流程和机制，规范营运计划的调整。营运计划的调整应由具体执行的所属企业或部门提出调整申请，经批准后下达正式文件。

四、营运监控分析与报告

（一）营运监控

为了强化营运监控，确保企业营运目标的顺利完成，企业应结合自身实际情况，按照日、周、月、季、年等频率建立营运监控体系；并按照 PDCA 管理原则，不断优化营运监控体系的各项机制，做好营运监控分析工作。

营运管理监控的基本任务是发现偏差、分析偏差和纠正偏差。

1. 发现偏差。企业通过各类手段和方法，分析营运计划的执行情况，发现计划执行中的问题。

2. 分析偏差。企业对营运计划执行过程中出现的问题和偏差原因进行研究，采取针对性的措施。

3. 纠正偏差。企业根据偏差产生的原因采取针对性的纠偏对策，使企业营运过程中的活动按既定的营运计划进行，或者由具体执行的所属企业或者部门提出调整申请，经批准后进行必要的调整。

企业应建立预警、督办、跟踪等营运监控机制，及时对营运监控过程中发现的异常情况进行通报、预警，按照 PDCA 管理原则督促相关责任人将工作举措落实到位。

（二）营运监控分析

企业的营运监控分析，是指以本期财务和管理指标为起点，通过指标分析查找异常，并进一步揭示差异所反映的营运缺陷，追踪缺陷成因，提出并落实改进措施，不断提高企业营运管理水平。

企业营运监控分析应至少包括发展能力、盈利能力、偿债能力等方面的财务指标，以及生产能力、管理能力等方面的非财务内容，并根据所处行业的营运特点，通过趋势分析、对标分析等工具方法，建立完善营运监控分析指标体系。

企业营运分析的一般步骤包括：

1. 明确营运目的，确定有关营运活动的范围；
2. 全面收集有关营运活动的资料，进行分类整理；
3. 分析营运计划与执行的差异，追溯原因；
4. 根据差异分析采取恰当的措施，并进行分析和报告。

企业应将营运监控分析的对象、目的、程序、评价及改进建议形成书面分析报告。分析报告按照分析的范围及内容可以分为综合分析报告、专题分析报告和简要分析报告；按照分析的时间分为定期分析报告和不定期分析报告。

企业可以建立信息报送、收集、整理、分析、报告等日常管理机制，保证信息传递的及时性和可靠性；建立营运监控管理信息系统、营运监控信息报告体系等，保证营运监控分析工作的顺利开展。

五、营运绩效管理

企业可以建立营运绩效管理委员会、营运绩效管理办公室等不同层级的绩效管理组织，明确绩效管理流程和审批权限，制定绩效管理制度。企业可以以营运计划为基础，制定绩效管理指标体系，明确绩效指标的定义、计算口径、统计范围、绩效目标、评价标准、评价周期、评价流程等内容，确保绩效指标具体、可衡量、可实现、相关以及具有明确期限。企业可以开展营运绩效管理，激励员工为实现营运管理目标做出贡献。

任务二　本量利分析

一、本量利分析认知

本量利分析（Cost－Volume－Profit Analysis，CVP 分析），是指以成本性态分析和变动成本法为基础，运用数学模型和图式，对成本、利润、业务量与单价等因素之间的依存关系进行分析，发现变动的规律性，为企业进行预测、决策、计划和控制等活动提供支持的一种方法。其中，“本”是指成本，包括固定成本和变动成本；“量”是指业务量，一般指销售量；“利”一般指营业利润。本量利分析方法通常包括盈亏平衡分析、目标利润分析、敏感性分析、边际分析等。

本量利分析法起源于20世纪初的美国，到了20世纪50年代已经非常完善，并在西方会计实践中得到了广泛应用。时至今日，该方法在世界范围内得到了广泛的应用，对企业预测、决策、计划和控制等经营活动的有效进行提供良好保证。

二、本量利分析基本假设

本量利分析方法通常以下述假设为前提。

（一）成本按性态分类的假设

假设企业的全部成本都可以正确地划分为固定成本和变动成本。在现实中，有些成本既不属于固定成本，也不属于变动成本，在使用本量利分析时，要求首先将其进行分解，测算出单位变动成本与固定成本。

（二）相关范围和线性相关的假设

当销售量在相关范围内变化时，产品的单价不会发生变化。现实中，销售收入是随着销售量的增长而增长的，但是随着销售量的进一步增长，销售收入的增长速度会放慢。这主要是因为扩大销售量，通常需要通过降价才能实现。

（三）产销平衡和品种结构稳定假设

假设每期所生产出来的产品总是在当期全部销售出去。这一假设使得在进行本量利分析中将“产量”与“销量”合二为一，简化了决策分析过程，且多品种下各种产品结构不变。即多种产品的企业，以价值形式表现的产品的产销总量发生变化时，原来各产品的产销额在全部产品的产销额中所占的比重不会发生变化。这是因为在产销多种产品的情况，盈亏平衡点会受到多种产品贡献和产销结构的影响，只有在产销结构不变的基础上进行的盈亏平衡分析才是有效的。

三、本量利分析的基本原理

本量利分析所考虑的相关因素主要包括销售量、单价、销售收入、单位变动成本、固定成本、营业利润等。本量利分析是依据下列关系式进行的：

利润＝营业收入－总成本

＝营业收入－（变动成本＋固定成本）

＝销售量×单价－销售量×单位变动成本－固定成本

＝销售量×（单价－单位变动成本）－固定成本

如果用符号表示则：p代表销售单价，x代表销售量，a代表固定成本总额，b代表单位变动成本，P代表利润，则上述公式可表示为：

$$P=px-(a+bx)=(p-b)x-a$$

这个公式是明确表达本量利之间数量关系的基本关系式，该式含有相互联系的5个变量，给定其中任意4个变量，就可求出另外一个变量的值。本量利分析的基本原理就是在假设单价、单位变动成本和固定成本为常量以及产销一致的基础上，将利润、产销量分别作为因变量与自变量，给定产销量，便可以求出其利润，或者给定目标利润，计算出目标产量。

四、盈亏平衡分析

盈亏平衡分析（也称保本分析），是指分析、测定盈亏平衡点，以及有关因素变动对盈亏平衡点的影响等，是本量利分析的核心内容。盈亏平衡分析的原理是，通过计算企业在利润为零时处于盈亏平衡的业务量，分析项目对市场需求变化的适应能力等。盈亏平衡分析包括单一产品的盈亏平衡分析和产品组合的盈亏平衡分析。

（一）单一产品的盈亏平衡分析

1. 盈亏平衡点。盈亏平衡分析的关键是盈亏平衡点的确定。盈亏平衡点（又称保本点），是指企业达到盈亏平衡状态的业务量或销售额，即企业一定时期的总收入等于总成本、利润为零时的业务量或销售额。

单一产品的盈亏平衡点有两种表现形式：一种是以实物量来表现，称为盈亏平衡点的业务量（也称保本销售量）；另一种是以货币单位表示，称为盈亏平衡点的销售额（也称保本销售额）。根据本量利分析基本关系式：

利润＝销售量×单价－销售量×单位变动成本－固定成本

当利润为零时，求出的销售量就是盈亏平衡点的业务量，即：

$$\text{盈亏平衡点的业务量}=\frac{\text{固定成本}}{\text{单价}-\text{单位变动成本}}=\frac{\text{固定成本}}{\text{单位边际贡献}}$$

若用销售额来表示，则盈亏平衡点的销售额计算公式为：

盈亏平衡点的销售额＝盈亏平衡点的业务量×单价

$$\text{盈亏平衡点的销售额}=\frac{\text{固定成本}}{1-\text{变动成本率}}=\frac{\text{固定成本}}{\text{边际贡献率}}$$

盈亏平衡分析的主要作用在于使企业管理者在经营活动发生之前，对该项经营活动的盈亏临界情况做到心中有数。企业经营管理者总是希望企业的盈亏平衡点越低越好，盈亏平衡点越低，企业的经营风险就越小。从盈亏平衡点的计算公式可以看出，降低盈亏平衡点的途径主要有以下三个：

一是降低固定成本总额。在其他因素不变时，盈亏平衡点的降低幅度与固定成本的降低幅度相同。

二是降低单位变动成本。在其他因素不变时，可以通过降低单位变动成本来降低盈亏平衡点，但两者降低的幅度并不一致。

三是提高销售单价。在其他因素不变时，可以通过提高单价来降低盈亏平衡点，同降低单位变动成本一样，销售单价与盈亏平衡点的变动幅度也不一致。

【任务5－1】某企业销售甲产品，单价为50元/件，单位变动成本为30元，固定成本为20 000元，要求计算甲产品的边际贡献率、盈亏平衡点的业务量及盈亏平衡点的销售额。

边际贡献率＝单位边际贡献÷单价×100％＝（50－30）÷50×100％＝40％

盈亏平衡点的业务量＝固定成本÷（单价－单位变动成本）＝20 000÷（50－30）＝1 000（件）

盈亏平衡点的销售额＝固定成本÷边际贡献率＝20 000÷40％＝50 000（元）

或：盈亏平衡点的销售额＝盈亏平衡点的业务量×单价＝1 000×50＝50 000（元）

2. 盈亏平衡作业率。以盈亏平衡点为基础，还可以得到另一个辅助性指标，即盈亏平衡作业率，或称为保本作业率。盈亏平衡作业率是指盈亏平衡点的业务量（或销售额）占正常经营情况下的业务量（或销售额）的百分比，或者是盈亏平衡点的业务量（或销售额）占实际或预计业务量（或销售额）的百分比。其计算公式为：

$$\text{盈亏平衡作业率}=\frac{\text{盈亏平衡点的业务量}}{\text{正常经营业务量（实际业务量或预计业务量）}}\times 100\%$$

$$=\frac{\text{盈亏平衡点的销售额}}{\text{正常经营销售额（实际销售额或预计销售额）}}\times 100\%$$

由于企业通常应该按照正常的销售量来安排产品的生产，在合理库存的条件下，产品生产量与正常的销售量应该大体相同。所以，该指标也可以提供企业在盈亏平衡状态下对生产能力利用程度的要求。

【任务 5－2】沿用【任务 5－1】的资料及有关计算结果，并假定该企业正常经营条件下的销售量为 5 000 件。要求：计算该企业的盈亏平衡作业率。

盈亏平衡作业率＝1 000÷5 000＝20％

或：盈亏平衡作业率＝50 000÷（5 000×50）×100％＝20％

计算结果表明，该企业盈亏平衡作业率为 20％，即正常销售量的 20％用于盈亏平衡，也即企业的生产能力利用程度必须达到 20％，方可达到盈亏平衡。

3. 本量利关系图。在进行本量利分析时，既可以通过数据计算出达到盈亏平衡状态时的销售量与销售额，还可以通过绘制本量利关系图的方法进行分析。在本量利关系图上，可以描绘出影响利润的因素：单价、销售量、单位变动成本、固定成本。因此，借助本量利关系图不仅可以得出达到盈亏平衡状态的销售量和销售额，还可以一目了然地观察到相关因素变动对利润的影响，从而有助于管理者进行各种短期经营决策。根据数据信息的差异和分析目的不同，本量利关系图有多种表现形式，按照数据的特征和目的可以分为传统式、边际贡献式和利量式三种图形。

(1) 传统式本量利关系图。传统式本量利关系图是最基本、最常见的本量利关系图形。在直角坐标系中，以横轴表示销售量，以纵轴表示销售收入或成本，在纵轴上找出固定成本数值，即以（0，固定成本数值）为起点，绘制一条与横轴平行的固定成本线，以（0，固定成本数值）为起点，以单位变动成本为斜率，绘制总成本线；总成本线和销售收入线的交点就是盈亏平衡点，如图 5－1 所示。

传统式本量利关系图表达的意义有：

第一，固定成本与横轴之间的区域为固定成本值，它不因产量增减而变动，总成本线与固定成本线之间的区域为变动成本，与产量呈正比例变化。

第二，销售收入线与总成本线的交点是盈亏平衡点，通过图 5－1 可以直观地看出盈亏平衡点的业务量和盈亏平衡点的销售额（如【任务 5－1】中甲产品的盈亏平衡点的业务量为 1 000 件，盈亏平衡点的销售额为 50 000 元）。

第三，在盈亏平衡点以上的销售收入线与总成本线相夹的区域为盈利区，盈亏平衡点以下的销售收入线与总成本线相夹的区域为亏损区。因此，只要知道销售数量或销售金额信

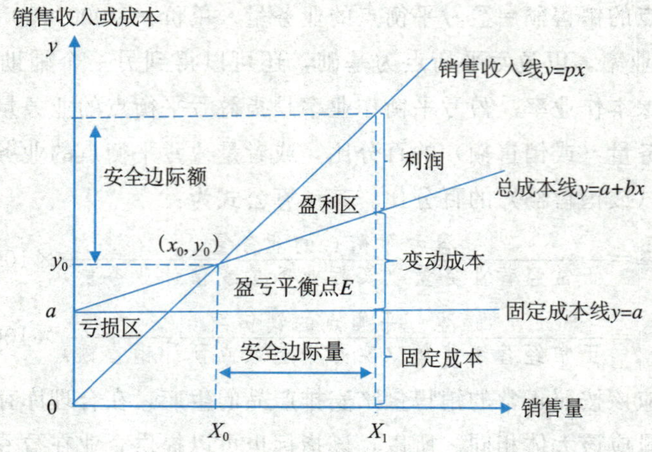

图 5－1　传统式本量利关系图

息，就可以在图 5－1 上判明该销售状态下的结果是亏损还是盈利，直观方便，易于理解。

（2）边际贡献式本量利关系图。图 5－2 主要反映销售收入减去变动成本后形成的边际贡献，而边际贡献在弥补固定成本后形成利润。此图的主要优点是可以表示边际贡献的数值。边际贡献随销量增加而扩大，当其达到固定成本值时（即在盈亏平衡点），企业处于盈亏平衡状态，当边际贡献超过固定成本后企业进入盈利状态。

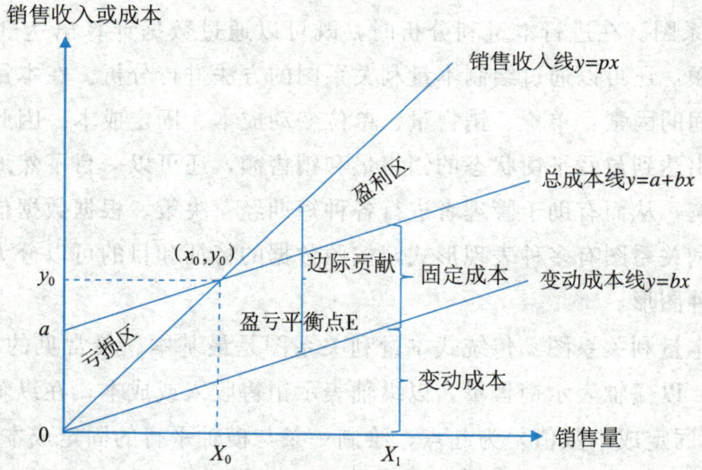

图 5－2　边际贡献式本量利关系图

（3）利量式本量利关系图。图 5－3 是反映利润与销售量之间依存关系的图形。在直角坐标系中，以横轴代表销售量，以纵轴代表利润（或亏损）。在纵轴原点以下部分找到与固定成本总额相等的点（0，－固定成本数值），该点表示销售量等于零时，亏损额等于固定成本；从点（0，－固定成本数值）出发画出利润线，该线的斜率是单位边际贡献；利润线与横轴的交点即为盈亏平衡点的业务量。

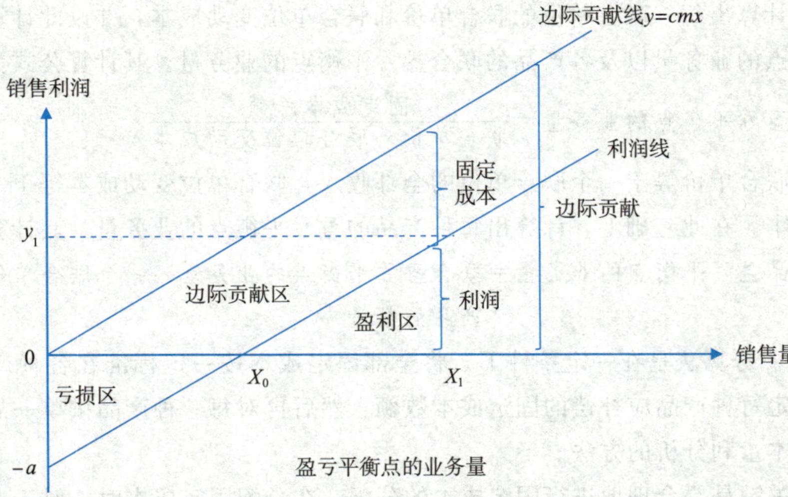

图 5－3　利量式本量利关系图

(二) 产品组合盈亏平衡分析

在市场经济环境下，企业可能有多种产品，大多数企业都同时进行着多种产品的生产和经营。由于各种产品的销售单价、单位变动成本、固定成本不一样，从而造成各种产品的边际贡献或边际贡献率不一致。因此，对多种产品进行盈亏平衡分析，在遵循单一产品的盈亏平衡分析的基础上，应根据不同情况采用相应的具体方法来确定。目前，进行多种产品盈亏平衡分析的方法包括加权平均法、联合单位法、分算法、顺序法、主要产品法等。

1. 加权平均法。加权平均法是指在掌握每种单一产品的边际贡献率的基础上，按各种产品销售额的比重进行加权平均，据以计算综合边际贡献率，从而确定多产品组合的盈亏平衡点。

采用加权平均法计算多种产品盈亏平衡点的销售额的关键，是根据各种产品的销售单价、单位变动成本和销售数量计算出一个加权平均的边际贡献率，然后根据固定成本总额和加权平均的边际贡献率计算出盈亏平衡点的销售额。其计算公式如下：

某种产品的销售额权重＝该产品的销售额÷各种产品的销售额合计

综合边际贡献率＝1－综合变动成本率

盈亏平衡点的销售额＝固定成本÷（1－综合变动成本率）＝固定成本÷综合边际贡献率

企业销售额高于盈亏平衡点时，企业处于盈利状态；企业销售额低于盈亏平衡点时，企业处于亏损状态。企业通常运用产品组合的盈亏平衡点分析优化产品组合，提高获利水平。

2. 联合单位法。联合单位法是指在事先确定各种产品间产销实物量比例的基础上，将各种产品产销实物量的最小比例作为一个联合单位，确定每一联合单位的单价、单位变动成本，进行本量利分析的一种分析方法。

所谓联合单位，是指固定实物比例构成的一组产品。例如，企业同时生产甲、乙、丙三种产品，且三种产品之间的产销量长期保持固定的比例关系，产销量比为 1：2：3。那么，1 件甲产品、2 件乙产品和 3 件丙产品就构成一组产品，简称联合单位。该方法将多种产品盈亏平衡点的计算问题转换为单一产品盈亏平衡点的计算问题。根据存在稳定比例关系的产销量比，可以计算出每一联合单位的联合单价和联合单位变动成本，并以此计算整个企业的联合盈亏平衡点的业务量以及各产品的联合盈亏平衡点的业务量。其计算公式为：

$$联合盈亏平衡点的业务量=\frac{固定成本总额}{联合单价-联合单位变动成本}$$

上式中，联合单价等于一个联合单位的全部收入，联合单位变动成本等于一个联合单位的全部变动成本。在此基础上，计算出每种产品的盈亏平衡点的业务量。其计算公式如下：

某产品盈亏平衡点的业务量＝联合盈亏平衡点的业务量×一个联合单位中包含的该产品的数量

3. 分算法。分算法是在一定条件下，将全部固定成本按一定标准在各种产品之间进行合理分配，确定每种产品应补偿的固定成本数额，然后再对每一种产品按单一品种条件下的情况分别进行本量利分析的方法。

该方法的关键是要合理地进行固定成本的分配。在分配固定成本时，对于专属于某种产品的固定成本应直接计入该产品的固定成本；对于应由多种产品共同负担的公共性固定成本，则应选择适当的分配标准（如销售额、边际贡献、工时、产品重量、长度、体积等）在各产品之间进行分配。鉴于固定成本需要由边际贡献来补偿，故按照各种产品的边际贡献比重分配固定成本的方法最为常见。

由于分算法可以提供各种产品计划与控制所需要的详细资料，故受到基层管理部门的重视与欢迎。但在选择分配固定成本的标准时容易出现问题，尤其在品种较多时较为繁琐。

4. 顺序法。顺序法是指按照事先确定的各品种产品销售顺序，依次用各种产品的边际贡献补偿整个企业的全部固定成本，直至全部由产品的边际贡献补偿完为止，从而完成本量利分析的一种方法。

该方法通常以事先掌握的各种产品的边际贡献和销售收入计划数为前提，并按照各种产品边际贡献率的高低来确定各种产品的销售顺序。由于人们对风险的偏好不同，在确定补偿顺序时会导致两种截然不同的结果：一种是乐观的排列，即按照各种产品的边际贡献率由高到低排列，边际贡献率高的产品先销售、先补偿，边际贡献率低的产品后出售、后补偿；另一种是悲观的排列，即假定各品种销售顺序与乐观排列相反。此外，产品的销售顺序也可按照市场实际销路是否顺畅来确定，但这种顺序的确定缺乏统一的标准，存在一定的主观性。

5. 主要产品法。在企业产品品种较多的情况下，如果存在一种产品是主要产品，它提供的边际贡献占企业边际贡献总额的比重较大，代表了企业产品的主导方向，则可以按该主要品种的有关资料进行本量利分析，视同于单一品种。确定主要品种应以边际贡献为标志，并只能选择一种主要产品。

主要产品法的依据是：主要产品是企业营运的重点，因此，固定成本应主要由该产品负担。这样分析的结果往往存在一些误差，但只要在合理的范围内就不会影响决策的正确性。主要产品法计算方法与单一品种的本量利分析相同。

【任务 5－3】 A 公司生产销售甲、乙、丙三种产品，销售单价分别为 10 元、15 元、20 元；预计销售量分别为 15 000 件、10 000 件、10 000 件；预计各产品的单位变动成本分别为 6 元、12 元、14 元；预计固定成本总额为 30 000 元。要求按加权平均法、联合单位法、分算法、顺序法等分析方法进行多种产品的本量利分析。

表 5－1　　　　　　　　　　　　　　产品数据资料

项目	销售量（件）①	单价（元）②	单位变动成本（元）③	销售收入（元）④＝①×②	各产品的销售比重（%）⑤＝④÷Σ④	边际贡献（元）⑥＝①×（②－③）	边际贡献率（%）⑦＝⑥÷④
甲产品	15 000	10	6	150 000	30.00%	60 000	40%
乙产品	10 000	15	12	150 000	30.00%	30 000	20%
丙产品	10 000	20	14	200 000	40.00%	60 000	30%
合计				500 000	100%	150 000	30%

（1）加权平均法。

从表 5－1 中第⑤栏可知，甲、乙、丙三种产品销售比重分别为 30%、30%和 40%。

从表 5－1 中第⑦栏可知，甲、乙、丙三种产品边际贡献率分别为 40%、20%和 30%。

综合边际贡献率＝30%×40%＋30%×20%＋40%×30%＝30%

综合盈亏平衡点的销售额＝30 000÷30%＝100 000（元）

甲产品盈亏平衡点的销售额＝100 000×30%＝30 000（元）

乙产品盈亏平衡点的销售额＝100 000×30%＝30 000（元）

丙产品盈亏平衡点的销售额＝100 000×40%＝40 000（元）

用每种产品的盈亏平衡点的销售额分别除以该产品的单价，就可以求出它们盈亏平衡点的业务量：

甲产品盈亏平衡点的业务量＝30 000÷10＝3 000（件）

乙产品盈亏平衡点的业务量＝30 000÷15＝2 000（件）

丙产品盈亏平衡点的业务量＝40 000÷20＝2 000（件）

（2）联合单位法。

产品销量比＝甲：乙：丙＝15 000：10 000：10 000＝3：2：2

联合单价＝10×3＋15×2＋20×2＝100（元）

联合单位变动成本＝6×3＋12×2＋14×2＝70（元）

联合盈亏平衡点的业务量＝30 000÷（100－70）＝1 000（联合单位）

各种产品盈亏平衡点的业务量计算：

甲产品盈亏平衡点的业务量＝1 000×3＝3 000（件）

乙产品盈亏平衡点的业务量＝1 000×2＝2 000（件）

丙产品盈亏平衡点的业务量＝1 000×2＝2 000（件）

各种产品盈亏平衡点的销售额计算：

甲产品盈亏平衡点的销售额＝3 000×10＝30 000（元）

乙产品盈亏平衡点的销售额＝2 000×15＝30 000（元）

丙产品盈亏平衡点的销售额＝2 000×20＝40 000（元）

（3）分算法。

假设固定成本按边际贡献的比重分配：

固定成本分配率＝30 000÷150 000＝20%

分配给甲产品的固定成本＝60 000×20%＝12 000（元）

分配给乙产品的固定成本＝30 000×20％＝6 000（元）

分配给丙产品的固定成本＝60 000×20％＝12 000（元）

甲产品的盈亏平衡点的业务量＝12 000÷（10－6）＝3 000（件）

甲产品的盈亏平衡点的销售额＝3 000×10＝30 000（元）

同理，乙产品和丙产品的盈亏平衡点的业务量分别为2 000件、2 000件，它们的盈亏平衡点的销售额分别为30 000元、40 000元。

（4）顺序法。

① 按边际贡献率由高到低的顺序计算。根据已知数据资料编制顺序分析表，如表5－2所示。

表5－2　　产品顺序分析（降序）

顺序	产品	边际贡献率（％）	销售收入（元）	累计销售收入（元）	边际贡献（元）	累计边际贡献（元）	固定资产补偿额（元）	累计固定成本补偿额（元）	累计损益（元）
1	甲	40％	150 000	150 000	60 000	60 000	30 000	30 000	30 000
2	丙	30％	200 000	350 000	60 000	120 000	0	30 000	90 000
3	乙	20％	150 000	500 000	30 000	150 000	0	30 000	120 000

由表5－2可以看出，固定成本全部由甲产品来补偿，那么企业要想达到盈亏平衡状态，甲产品的销售额（量）需达到：

销售额＝30 000÷40％＝75 000（元）

销售量＝75 000÷10＝7 500（件）

当甲产品销售额达到75 000元，即销售7 500件时，企业盈亏平衡。企业的盈亏平衡状态与乙产品和丙产品无关。

②按边际贡献率由低到高的顺序计算。根据已知数据资料编制顺序分析表，如表5－3所示。

表5－3　　产品顺序分析（升序）

顺序	产品	边际贡献率（％）	销售收入（元）	累计销售收入（元）	边际贡献（元）	累计边际贡献（元）	固定资产补偿额（元）	累计固定成本补偿额（元）	累计损益（元）
1	乙	20％	150 000	150 000	30 000	30 000	30 000	30 000	0
2	丙	30％	200 000	350 000	60 000	90 000	0	30 000	60 000
3	甲	40％	150 000	500 000	60 000	150 000	0	30 000	120 000

由表5－3可以看出，固定成本全部由乙产品来补偿，那么企业要想达到盈亏平衡状态，乙产品的销售额（量）需达到：

销售额＝30 000÷20％＝150 000（元）

销售量＝150 000÷15＝10 000（件）

当乙产品销售额达到150 000元，即销售10 000件，企业盈亏平衡。企业的盈亏平衡状态与甲产品和丙产品无关。

五、目标利润分析

盈亏平衡分析是假定企业在盈亏平衡、利润为零的状态下进行的本量利分析。在竞争的市场经济中，企业经营目的是追求利润最大化，在不断盈利中扩大自身规模，求生存空间、求发展机会。因此，企业不会满足于利润为零的盈亏平衡分析，更加注重于盈利条件下的本量利分析。

(一) 目标利润分析基本原理

目标利润分析是，在本量利分析方法的基础上，计算为达到目标利润所需达到的业务量、收入和成本的一种利润规划方法，该方法应反映市场的变化趋势、企业战略规划目标以及管理层需求等。如果企业在经营活动开始之前，根据有关收支状况确定了目标利润，就可以计算为实现目标利润而必须达到的销售数量和销售金额。计算公式为：

目标利润＝销售量×（单价－单位变动成本）－固定成本

实现目标利润销售量＝（固定成本＋目标利润）÷（单价－单位变动成本）

实现目标利润销售额＝（固定成本＋目标利润）÷边际贡献率

＝实现目标利润销售量×单价

【任务5－4】某企业生产和销售单一产品，产品的单价为100元，单位变动成本为60元，固定成本为40 000元。如果将目标利润定为50 000元，则有：

实现目标利润的销售量＝（40 000＋50 000）÷（100－60）＝2 250（件）

实现目标利润的销售额＝2 250×100＝225 000（元）

应该注意的是，目标利润销售量公式只能用于单种产品的目标利润管理；而目标利润销售额既可用于单种产品的目标利润管理，又可用于多种产品的目标利润管理。产品组合的目标利润分析通常采用以下方法。

在单一产品的目标利润分析基础上，依据分析结果进行优化调整，寻找最优的产品组合。基本分析公式如下：

实现目标利润的销售额＝（综合目标利润＋固定成本）÷（1－综合变动成本率）

实现目标利润率的销售额＝固定成本÷（1－综合变动成本率－综合目标利润率）

企业在应用该工具方法进行优化产品产量结构的策略分析时，在既定的生产能力基础上，可以提高具有较高边际贡献率的产品的产量。

还应注意的是，上述公式中的目标利润一般是指息税前利润。其实，从税后利润来进行目标利润的规划和分析，更符合企业营运的需要。如果企业预测的目标利润是税后利润，则上述公式应作如下调整。

由于：税后利润＝（息税前利润－利息）×（1－所得税税率）

$$\text{因此，实现目标利润的销售量}=\frac{\text{固定成本}+\dfrac{\text{税后目标利润}}{1-\text{所得税税率}}+\text{利息}}{\text{单位边际贡献}}$$

$$\text{实现目标利润的销售额}=\frac{\text{固定成本}+\dfrac{\text{税后目标利润}}{1-\text{所得税税率}}+\text{利息}}{\text{边际贡献率}}$$

（二）实现目标利润的措施

目标利润是本量利分析的核心要素，它既是企业经营的动力和目标，也是本量利分析的中心。如果企业在经营中根据实际情况规划了目标利润，那么为了保证目标利润的实现，需要对其他因素作出相应调整。通常情况下企业要实现目标利润，在其他因素不变时，销售数量或销售价格应当提高，而固定成本或单位变动成本则应下降。

【任务 5－5】 沿用【任务 5－4】的资料，现在假定该公司将目标利润定为 80 000 元，问：从单个因素来看，影响目标利润的四个基本要素该做怎样的调整？

调整措施可选择如下方案中的任意一种：

（1）实现目标利润的销售量＝（固定成本＋目标利润）÷（单价－单位变动成本）

＝（40 000＋80 000）÷（100－60）

＝3 000（件）

（2）实现目标利润的单位变动成本＝单价－（固定成本＋目标利润）÷销售量

＝100－（40 000＋80 000）÷2 250

＝46.67（元）

（3）实现目标利润的固定成本＝边际贡献－目标利润

＝（100－60）×2 250－80 000＝10 000（元）

（4）实现目标利润的单价＝单位变动成本＋（固定成本＋目标利润）÷销售量

＝60＋（40 000＋80 000）÷2 250＝113.33（元）

计算结果表明，该公司目标利润定为 80 000 元，比原来的目标利润增加 30 000 元。为确保目标利润的实现，从单个因素来看：销售数量应上升到 3 000 件，比原来的销售数量增加 750 件；或单位变动成本下降到 46.67 元，比原来的单位变动成本降低 13.33 元；或固定成本应下降到 10 000 元，比原来的固定成本降低 30 000 元；或销售单价上升为 113.33 元，比原来的售价增加 13.33 元。

任务三　敏感性分析

一、敏感性分析认知

所谓利润敏感性分析，就是研究本量利分析中影响利润的诸因素发生微小变化时，对利润的影响方向和程度。本量利分析的基本内容是确定企业的盈亏平衡点，并规划目标利润。因此，基于本量利分析的利润敏感性分析主要应解决两个问题：一是各因素的变化对最终利润变化的影响程度；二是当目标利润要求变化时允许各因素的升降幅度。

二、各因素对利润的影响程度

各相关因素变化都会引起利润的变化，但其影响程度各不相同。如有些因素虽然只发生了较小的变动，却导致利润很大的变动，利润对这些因素的变化十分敏感，称这些因素为敏感因素。与此相反，有些因素虽然变动幅度很大，却有可能只对利润产生较小的影响，称之为不敏感因素。反映各因素对利润敏感程度的指标为利润的敏感系数，其计算公式为：

敏感系数＝利润变动百分比÷因素变动百分比

【任务 5－6】某企业生产和销售单一产品，计划年度内有关数据预测如下：销售量 20 000 件，单价 20 元，单位变动成本为 12 元，固定成本为 50 000 元。假设销售量、单价、单位变动成本和固定成本均分别增长了 10％，要求计算各因素的敏感系数。

预计的目标利润＝（20－12）×20 000－50 000＝110 000（元）

(1) 销售量的敏感程度。

销售量＝20 000×（1＋10％）＝22 000（件）

利润＝（20－12）×22 000－50 000＝ 126 000（元）

利润变动百分比＝（126 000－110 000）÷110 000×100％＝14.55％

销售量的敏感系数＝14.55％÷10％＝1.46

可见，销售量变动 10％，利润就会变动 14.55％，当销售量增长时，利润会以更大的幅度增长，这是由于企业固定成本的存在而导致的。对销售量进行敏感性分析，实质上就是分析经营杠杆现象，利润对销售量的敏感系数其实就是经营杠杆系数。

(2) 销售单价的敏感程度。

单价＝20×（1＋10％）＝22（元）

利润＝（22－12）×20 000－50 000＝150 000（元）

利润变化的百分比＝（150 000－110 000）÷110 000×100％＝36.36％

单价的敏感系数＝36.36％÷10％＝3.64

可见，单价对利润的影响很大，从百分比来看，利润以 3.64 倍的速率随单价变化。涨价是提高盈利的有效手段，反之，价格下跌也将对企业构成很大威胁。经营者根据敏感系数分析可知，每降价 1％，企业将失去 3.64％的利润，必须格外予以关注。

(3) 单位变动成本的敏感程度。

单位变动成本＝12×（1＋10％）＝13.2（元）

利润＝（20－13.2）×20 000－50 000＝ 86 000（元）

利润变化的百分比＝（86 000－110 000）÷110 000×100％＝ －21.82％

单位变动成本的敏感系数＝－21.82％÷10％＝－2.18

由此可见，单位变动成本对利润的影响比单价小，单位变动成本每上升 1％，利润将减少 2.18％。但是，敏感系数绝对值大于 1，说明单位变动成本的变化会造成利润更大的变化，仍属于敏感因素。

(4) 固定成本的敏感程度。

固定成本＝50 000×（1＋10％）＝55 000（元）

利润＝（20－12）×20 000 －55 000＝105 000（元）

利润变化的百分比＝（105 000－110 000）÷110 000×100％＝－4.55％

固定成本的敏感系数＝－4.55％÷10％＝－0.46

这说明固定成本每上升 1％，利润将减少 0.46％。

由上例可以看出，将四个因素按敏感系数的绝对值排列，其顺序依次是单价、单位变动成本、销售量、固定成本。上述各因素敏感系数的排序是在任务所设定的条件下得到的，如果条件发生变化，各因素敏感系数的排序也可能发生变化。

【小贴士】当目标利润有所变化时，只有通过调整各因素现有水平才能达到日标利润变动的要求。因此，对各因素允许升降幅度的分析，实质上是各因素对利润影响程度分析的反向推算，在计算上表现为敏感系数的倒数。

任务四　边际分析

一、边际分析认知

边际贡献，又称为边际利润、贡献毛益等。边际分析，是指通过分析销售收入减去变动成本总额之后的差额，衡量产品为企业贡献利润的能力。边际分析主要包括边际贡献和边际贡献率两个指标。边际贡献总额是产品的销售收入扣除变动成本总额后给企业带来的贡献，扣除企业的固定成本总额后，剩余部分就是企业的利润，相关计算公式如下：

边际贡献总额＝销售收入－变动成本总额
＝销售量×单位边际贡献
＝销售收入×边际贡献率

单位边际贡献＝单价－单位变动成本
＝单价×边际贡献率

边际贡献率，是指边际贡献在销售收入中所占的百分比，表示每1元销售收入中边际贡献所占的比重。

边际贡献率＝边际贡献总额÷销售收入×100％＝单位边际贡献÷单价×100％

变动成本率＝变动成本总额÷销售收入×100％＝单位变动成本÷单价×100％

边际贡献率＋变动成本率＝1

根据本量利基本关系，利润、边际贡献及固定成本之间的关系可以表示为：

利润＝边际贡献－固定成本
＝销售量×单位边际贡献－固定成本
＝销售收入×边际贡献率－固定成本

从上述公式可以看出，企业的边际贡献与营业利润有着密切的关系：边际贡献首先用于补偿企业的固定成本，只有当边际贡献大于固定成本时才能为企业提供利润，否则企业将亏损。

【任务5－7】某企业生产甲产品，售价为20元/件，单位变动成本12元，固定成本总额50 000元，当年产销量20 000件。试计算单位边际贡献、边际贡献总额、边际贡献率及利润。

单位边际贡献＝单价－单位变动成本＝20－12＝8（元）

边际贡献总额＝产销量×单位边际贡献＝20 000×8＝160 000（元）

边际贡献率＝8÷20×100％＝40％

或：边际贡献率＝160 000÷（20 000×20）×100％＝40％

利润＝160 000－50 000＝110 000（元）

二、安全边际分析

盈亏平衡点是企业经营成果允许下降的下限，作为经营者，总是希望企业在盈亏平衡的基础上获取更多利润。在企业经营活动开始前，根据企业的具体条件，通过分析制订出实现目标利润的销售量（销售额），形成安全边际。安全边际，是指实际销售量（销售额）或预期销售量（销售额）超过盈亏平衡点销售量（销售额）的差额，体现企业营运的安全程度。它表明销售量、销售额下降多少，企业仍不至于亏损。

安全边际分析，是指通过分析正常销售量（销售额）超过盈亏平衡点销售量（销售额）的差额，衡量企业在盈亏平衡的前提下，能够承受因销售量（销售额）下降带来的不利影响的程度和企业抵御营运风险的能力。安全边际分析主要包括安全边际和安全边际率两个指标。有关公式如下：

安全边际＝实际销售量（销售额）或预期销售量（销售额）－盈亏平衡点的销售量（销售额）

安全边际率，是指安全边际与实际销售量（销售额）或预期销售量（销售额）的比值，公式如下：

$$安全边际率=\frac{安全边际}{实际销售量（销售额）或预期销售量（销售额）}\times 100\%$$

安全边际主要用于衡量企业承受营运风险的能力，尤其是销售量（销售额）下降时承受风险的能力，也可以用于盈利预测。一般来讲，安全边际体现了企业在营运中的风险程度大小。由于盈亏平衡点是下限，所以，预期销售量（销售额）或实际销售量（销售额）与盈亏平衡点的销售量（销售额）差距越大，安全边际或安全边际率的数值越大，企业发生亏损的可能性越小，抵御营运风险的能力越强，盈利能力越大；反之则相反。

通常采用安全边际率这一指标来评价企业经营是否安全。表5－4为安全边际率与评价企业经营安全程度的一般性标准，该标准可以作为企业评价经营安全与否的参考。

表5－4　企业经营安全性检验标准

安全边际率	10％以下	10％～20％	20％～30％	30％～40％	40％以上
安全程度	危险	值得注意	比较安全	安全	很安全

【任务5－8】 沿用【任务5－7】的资料，计算甲产品的盈亏平衡点的销售量、盈亏平衡点的销售额、安全边际量、安全边际额及安全边际率。

盈亏平衡点销售量＝固定成本÷（单价－单位变动成本）＝50 000÷（20－12）＝6 250（件）

盈亏平衡点销售额＝6 250×20＝125 000（元）

安全边际量＝实际销售量－盈亏平衡点的销售量＝20 000－6 250＝13 750（件）

安全边际额＝实际销售额－盈亏平衡点的销售额＝20 000×20－125 000＝275 000（元）

安全边际率＝安全边际量÷实际或预期销售量×100％＝13 750÷20 000×100％

＝68.75％

或：安全边际率＝安全边际额÷实际或预期销售额×100％

＝275 000÷（20 000×20）×100％＝68.75％

三、盈亏平衡作业率与安全边际率的关系

盈亏平衡作业率与安全边际率的关系可用图 5－4 表示。

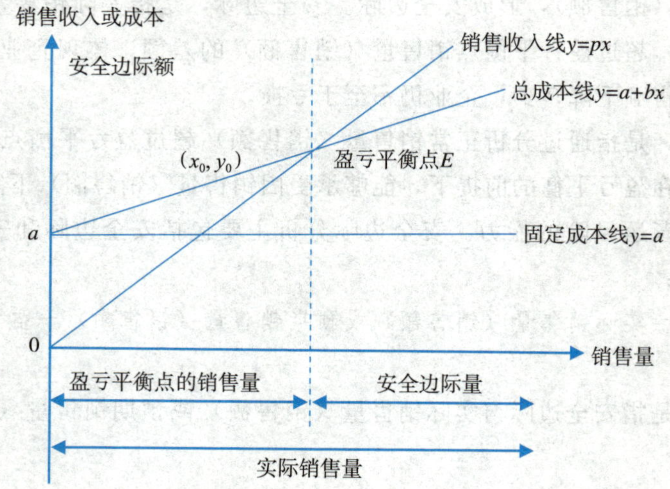

图 5－4　盈亏平衡作业率与安全边际率

根据图 5－4 可以看出，盈亏平衡点把销售量分为两部分：一部分是盈亏平衡点的销售量；另一部分是安全边际量。即：盈亏平衡点的销售量＋安全边际量＝实际销售量

上述公式两端同时除以销售量，便得到：

盈亏平衡作业率＋安全边际率＝1

根据图 5－4 可以看出，只有安全边际才能为企业提供利润，而盈亏平衡点的销售额扣除变动成本后只为企业收回固定成本。安全边际销售额减去其自身变动成本后成为企业利润，即安全边际中的边际贡献等于企业利润。这个结论可以通过下式推出：

利润＝边际贡献－固定成本

＝销售收入×边际贡献率－盈亏平衡点的销售额×边际贡献率

所以：利润＝安全边际额×边际贡献率

若将上式两端同时除以销售收入，便得到：

销售利润率＝安全边际率×边际贡献率

从上述关系式可以看出，要提高企业的销售利润率水平主要有两种途径：一是扩大现有销售水平，提高安全边际率；二是降低变动成本水平，提高边际贡献率。

任务五　内部转移定价

一、内部转移定价认知

内部转移定价，是指企业内部转移价格的制定和应用方法。内部转移价格，是指企业内部分公司、分厂、车间、分部等责任中心之间相互提供产品（或服务）、资金等内部交易时所采用的计价标准。责任中心，是指企业内部独立提供产品（或服务）、资金等的责任主体。

企业应用内部转移定价工具方法的主要目标，是界定各责任中心的经济责任，计量其绩效，为实施激励提供可靠依据。内部转移定价主要适用于具有一定经营规模、业务流程相对复杂、设置了多个责任中心且责任中心之间存在内部供求关系的企业。

内部转移价格直接关系到不同责任中心的获利水平，其制定可以有效地防止成本转移引起的责任中心之间的责任转嫁，使每个责任中心都能够作为单独的组织单位进行业绩评价，并且可以作为一种价格信号引导下级采取正确决策，保证局部利益与整体利益的一致。

二、责任中心及其考核

责任中心，是指企业内部独立提供产品（或服务）、资金等的责任主体。按照企业内部责任中心的权责范围以及业务活动的不同特点，责任中心一般可以划分为成本中心、利润中心和投资中心三类。每一类责任中心均对应着不同的决策权力及不同的业绩评价指标。

（一）成本中心

成本中心是指有权发生并控制成本的单位。成本中心一般不会产生收入，通常只计量考核发生的成本。成本中心是责任中心中应用最为广泛的一种形式，只要是对成本的发生负有责任的单位或个人都可以成为成本中心。例如，负责生产产品的车间、工段、班组等生产部门或确定费用标准的管理部门等。成本中心具有以下特点：

（1）成本中心不考核收入，只考核成本。一般情况下，成本中心不能形成真正意义上的收入，故只需衡量投入，而不衡量产出，这是成本中心的首要特点。

（2）成本中心只对可控成本负责，不负责不可控成本。可控成本是指成本中心可以控制的各种耗费，它应具备三个条件：第一，该成本的发生是成本中心可以预见的；第二，该成本是成本中心可以计量的；第三，该成本是成本中心可以调节和控制的。

凡不符合上述三个条件的成本都是不可控成本。可控成本和不可控成本的划分是相对的。它们与成本中心所处的管理层级别、管理权限与控制范围大小有关。对于一个独立企业而言，几乎所有的成本都是可控的。

（3）责任成本是成本中心考核和控制的主要内容。成本中心当期发生的所有可控成本之和就是其责任成本。

成本中心考核和控制主要使用的指标包括预算成本节约额和预算成本节约率。计算公式为：

预算成本节约额＝实际产量预算责任成本－实际责任成本

预算成本节约率＝预算成本节约额/实际产量预算责任成本×100％

【任务 5－9】某企业内部某车间为成本中心，生产甲产品，预算产量 4 000 件，单位预算成本 100 元，实际产量 4 500 件，单位实际成本 98 元，那么，该成本中心的考核指标计算为：

预算成本节约额＝4 500×100－4 500×98＝9 000（元）

预算成本节约率＝9 000/（4 500×100）×100％＝2％

结果表明，该成本中心的成本节约额为 9 000 元，节约率为 2％。

（二）利润中心

利润中心是指既能控制成本，又能控制收入和利润的责任单位。它不但有成本发生，而且还有收入发生。因此，它要同时对成本、收入以及收入成本的差额即利润负责。利润中心有两种形式：一是自然利润中心，它是自然形成的，直接对外提供劳务或销售产品以取得收入的责任中心；二是人为利润中心，它是人为设定的，通过企业内部各责任中心之间使用内部结算价格结算半成品内部销售收入的责任中心。利润中心往往处于企业内部的较高层次，如分店或分厂等。利润中心与成本中心相比，其权利和责任都相对较大，它不仅要降低绝对成本，更要寻求收入的增长使之超过成本的增长，即更要强调相对成本的降低。

在通常情况下，利润中心采用利润作为业绩考核指标，分为边际贡献、可控边际贡献和部门边际贡献。相关公式为：

边际贡献＝销售收入总额－变动成本总额

可控边际贡献＝边际贡献－该中心负责人可控固定成本

部门边际贡献＝可控边际贡献－该中心负责人不可控固定成本

其中，边际贡献是将收入减去随生产能力的使用而变化的成本，反映了该利润中心的盈利能力，但它对业绩评价没有太大的作用。

可控边际贡献也称部门经理边际贡献，它衡量了部门经理有效运用其控制下的资源的能力，是评价利润中心管理者业绩的理想指标。但是，该指标有一个很大的局限，难以区分可控和不可控的与生产能力相关的成本。如果该中心有权处置固定资产，那么相关的折旧费是可控成本；反之，相关的折旧费用就是不可控成本。可控边际贡献忽略了应追溯但又不可控的生产能力成本，不能全面反映该利润中心对整个公司所做的经济贡献。

部门边际贡献，又称部门毛利，它扣除了利润中心管理者不可控的间接成本，因为对于公司最高层来说，所有成本都是可控的。部门边际贡献反映了部门为企业利润和弥补与生产能力有关的成本所做的贡献，它更多地用于评价部门业绩而不是利润中心管理者的业绩。

【任务 5－10】甲公司的 A 车间是一个人为利润中心。本期实现内部营业收入 150 万元，变动成本为 100 万元，该中心负责人可控固定成本为 20 万元，该中心负责人不可控、但应由该中心负担的固定成本为 10 万元。

要求：计算该利润中心的实际考核指标。

解：利润中心边际贡献总额＝150－100＝50（万元）

利润中心负责人可控边际贡献＝50－20＝30（万元）

利润中心可控利润总额＝30－10＝20（万元）

为对其完成情况进行评价，需要将各指标与责任预算进行对比和分析，并找出产生差异的原因。

（三）投资中心

投资中心是指既能控制成本、收入和利润，又能对投入的资金进行控制的责任中心，如事业部、子公司等。其经理所拥有的自主权不仅包括制定价格、确定产品和生产方法等短期经营决策权，而且还包括投资规模和投资类型等投资决策权。投资中心是最高层次的责任中心，它拥有最大的决策权，也承担最大的责任。利润中心和投资中心的区别在于，利润中心没有投资决策权，而且在考核利润时也不考虑所占用的资产。

对投资中心的业绩进行评价时，不仅要使用利润指标，还需要计算、分析利润与投资的关系，主要有投资收益率和剩余收益等指标。

1. 投资收益率。投资收益率是投资中心获得的利润与投资额的比率，其计算公式为：

投资收益率＝息税前利润/平均经营资产

平均经营资产＝（期初经营资产＋期末经营资产）/2

其中，息税前利润是指扣减利息和所得税之前的利润。由于利润是整个期间内实现并累积形成的，属于期间指标，而经营资产属于时点指标，故取其平均数。

投资收益率主要说明了投资中心运用公司的每单位资产对公司整体利润贡献的大小。它根据现有的会计资料计算，比较客观，可用于部门之间，以及不同行业之间的比较。因此，不仅可以促使经理人员关注经营资产运用效率，而且，尤为重要的是，它有利于资产存量的调整，优化资源配置。然而，过于关注投资收益率也会引起短期行为的产生，追求局部利益最大化而损害整体利益最大化目标，导致经理人员为眼前利益而牺牲长远利益。

2. 剩余收益。剩余收益是指投资中心的经营收益扣减经营资产按要求的最低投资收益率计算的收益额之后的余额。其计算公式为：

剩余收益＝息税前利润－（平均经营资产×最低投资收益率）

其中，最低投资收益率是根据资本成本来确定的，一般等于或大于资本成本，通常可以采用企业整体的最低期望投资收益率，也可以是企业为该投资中心单独规定的最低投资收益率。

剩余收益指标弥补了投资收益率指标会使局部利益与整体利益相冲突这一不足之处，但由于其是一个绝对指标，故而难以在不同规模的投资中心之间进行业绩比较。另外，剩余收益同样仅反映当期业绩，单纯使用这一指标也会导致投资中心管理者的短视行为。

【任务 5－11】乙公司投资收益有关数据如表 5－5 所示。

表 5－5　乙公司投资相关数据

投资中心	利润（万元）	投资额（万元）	投资收益率（%）
A	450	3 000	15
B	70	1 000	7
全公司	520	4 000	13

假定 A 投资中心面临一个投资额为 1 000 万元的投资机会，可获利润 140 万元，投资收

益率为14%，假定公司整体的预期最低投资收益率为13%。

要求：评价A投资中心的这个投资机会。

解答：若A投资中心接受该投资，则A、B投资中心的相关数据计算如表5—6所示。

表5—6 增加投资后的乙公司投资相关数据

投资中心	利润（万元）	投资额（万元）	投资收益率
A	450+140=590	3 000+1 000=4 000	14.75%
B	70	1 000	7%
全公司	660	5 000	13.20%

①用投资收益率指标衡量业绩。

从全公司来看，接受投资后，投资收益率增加了0.20%，应接受这项投资。但是，A投资中心自身的投资收益率下降了0.25%，A投资中心自身可能不会接受这一投资。

②用剩余收益指标来衡量业绩。

A投资中心接受新投资前的剩余收益=450−3 000×13%=60（万元）

A投资中心接受新投资后的剩余收益=590−4 000×13%=70（万元）

把剩余收益作为评价指标，实质上是分析该项投资是否给投资中心带来了更多的超额收入，所以如果用剩余收益指标来衡量投资中心的业绩，投资后剩余收益增加了10万元（70−60），则A投资中心应该接受这项投资。

（四）三大中心比较

成本中心、利润中心和投资中心在应用范围、权利、考核范围与考核指标的比较如表5—7所示。

表5—7 成本中心、利润中心和投资中心比较表

中　心	应用范围	权　利	考核范围	考核指标
成本中心	最广	可控成本的控制权（最小）	可控的成本、费用	标准成本中心：既定产品质量和数量条件下的标准成本 费用中心：费用预算
利润中心	较窄	有权对其供货的来源和市场的选择进行决策的单位（经营决策权）	成本费用、收入、利润	边际贡献 部门可控边际贡献 部门税前经营利润
投资中心	最小	短期经营决策权、投资决策权（最大）	成本费用、收入、利润、投资效果	部门投资收益率 剩余收益

三、内部转移定价的制定

企业绩效管理委员会或类似机构应根据各责任中心的性质和业务特点，分别确定适当的内部转移定价形式。内部转移定价通常分为价格型、成本型和协商型三种。

1. 价格型内部转移定价，是指以市场价格为基础制定的、由成本和毛利构成内部转移价格的方法，一般适用于内部利润中心。责任中心所提供的产品（或服务）经常外销且外销

比例较大的，或所提供的产品（或服务）有外部活跃市场可靠报价的，可以外销价或活跃市场报价作为内部转移价格。

责任中心一般不对外销售且外部市场没有可靠报价的产品（或服务），或企业管理层和有关各方认为不需要频繁变动价格的，可以参照外部市场价或预测价制定模拟市场价作为内部转移价格。没有外部市场但企业出于管理需要设置为模拟利润中心的责任中心，可以在生产成本基础上加一定比例毛利作为内部转移价格。

2. 成本型内部转移定价，是指以标准成本等相对稳定的成本数据为基础，制定内部转移价格的方法，一般适用于内部成本中心。采用以成本为基础的转移定价是指所有的内部交易均以某种形式的成本价格进行结算，它适用于内部转移的产品或劳务没有市价的情况，包括完全成本、完全成本加成、变动成本以及变动成本加固定制造费用四种形式。以成本为基础的转移定价方法具有简便、客观的特点，但存在信息和激励方面的问题。金融企业内部转移资金，应综合考虑产品现金流及重定价特点、信息技术手段及管理需求等因素，分析外部金融市场环境，选择适当的资金转移定价和收益率曲线，获取收益率曲线中特定期限的利率，确定资金转移价格。资金转移定价主要包括指定利率法、原始期限匹配法、重定价期限匹配法、现金流匹配定价法等。

3. 协商型内部转移定价，是指企业内部供求双方为使双方利益相对均衡，通过协商机制制定内部转移价格的方法，主要适用于分权程度较高的情形。协商价的取值范围通常较宽，一般不高于市场价，不低于变动成本。即内部责任中心之间以正常的市场价格为基础，并建立定期协商机制，共同确定双方都能接受的价格作为计价标准。采用该价格的前提是中间产品存在非完全竞争的外部市场，在该市场内双方有权决定是否买卖这种产品。协商价格的上限是市场价格，下限则是单位变动成本。当双方协商陷入僵持时，会导致公司高层的干预。

企业应及时对内部转移定价形成的结果进行汇总分析，作为考核责任中心绩效的依据；同时，应监测内部转移定价体系运行情况，协调、裁决交易中的争议，保障内部转移定价体系运转顺畅。此外，企业应定期开展内部转移定价应用评价工作，根据内外部环境变化及时修订、调整定价策略。

课程素养 5－2

绿色低碳循环发展经济体系

2021 年 2 月 02 日，《国务院关于加快建立健全绿色低碳循环发展经济体系的指导意见》，意见指出：要深入贯彻党的十九大和十九届二中、三中、四中、五中全会精神，全面贯彻生态文明思想，认真落实党中央、国务院决策部署，坚定不移贯彻新发展理念，全方位全过程推行绿色规划、绿色设计、绿色投资、绿色建设、绿色生产、绿色流通、绿色生活、绿色消费，使发展建立在高效利用资源、严格保护生态环境、有效控制温室气体排放的基础上，统筹推进高质量发展和高水平保护，建立健全绿色低碳循环发展的经济体系，确保实现碳达峰、碳中和目标，推动我国绿色发展迈上新台阶。

（来源：百度百科）

项目总结

本项目共有五个任务，详细讲解了营运管理的相关内容。

任务一，主要学习营运计划的制定、营运计划的执行、营运计划的调整、营运监控分析与报告、营运绩效管理的相关内容。

任务二，主要学习本量利分析的认知、基本假设和基本原理，单一产品和产品组合的盈亏平衡分析、目标利润分析的相关内容。

任务三，主要学习敏感性分析认知和各因素对利润的影响程度的相关内容。

任务四，主要学习边际分析认知、安全边际分析、盈亏平衡作业率与安全边际率的关系等相关内容。

任务五，主要学习内部转移定价认知，成本中心、利润中心和投资中心考核的相关内容，内部转移定价的制定等相关内容。

职业能力训练

一、单项选择题

1. 称为本量利分析的基础，也是本量利分析出发点的是（　　）。

A. 成本性态分析假设　　B. 相关范围及线性假设

C. 产销平衡假设　　D. 品种结构不变假设

2. 在本量利分析中，必须假定产品成本的计算基础是（　　）。

A. 完全成本法　　B. 变动成本法

C. 吸收成本法　　D. 制造成本法

3. 进行本量利分析，必须把企业全部成本区分为固定成本和（　　）。

A. 税金成本　　B. 材料成本

C. 人工成本　　D. 变动成本

4. 在相关范围内，导致保本点升高的重要原因是（　　）。

A. 产品单位销售价格提高　　B. 产品单位变动成本升高

C. 产品产销数量增多　　D. 产品安全边际增大

5. 保本点销售量（实物单位）的计算公式是（　　）。

A. 固定成本/边际贡献率　　B. 固定成本/单位产品边际贡献

C. 固定成本/安全边际率　　D. 固定成本/安全边际

6. 某产品预计单位售价 20 元。单位变动成本 12 元，固定成本费用 200 万元，企业要实现 600 万元的目标利润，则企业完成的销售量至少应为（　　）万件。

A. 100　　B. 75　　C. 25　　D. 40

7. 某产品预计单位售价 12 元，单位变动成本 8 元，固定成本总额 120 万元，适用的企业所得税税率为 25%。要实现 750 万元的净利润，企业完成的销售量至少应为（　　）。

A. 105　　B. 157.5　　C. 217.5　　D. 280

8. 边际贡献式本量利分析图的优点是可以表示边际贡献的数值，下列表述正确的是（　　）。

A. 在盈亏平衡点以上的总收入线与总成本线相夹的区域为边际贡献区

B. 在盈亏平衡点以下的总收入线与总成本线相夹的区域为边际贡献区

C. 总收入线与变动成本线相夹的区域为边际贡献区

D. 总收入线与固定成本线相夹的区域为边际贡献区

9. 某企业生产甲、乙、丙三种产品，已知三种产品的单价分别为 25 元、18 元和 16 元，单位变动成本分别为 15 元、10 元和 8 元，销售量分别为 1 000 件、5 000 件和 300 件。固定成本总额为 87 480 元，则综合盈亏平衡点的销售额为（　　）元。

A. 200 000　　B. 210 000　　C. 232 000　　D. 241 000

10. 已知企业某产品的单价为 2 000 元，目标销售量为 3 500 件，固定成本总额为 100 000 元，目标利润为 600 000 元，则企业应将单位变动成本的水平控制在（　　）。

A. 1 500 元/件　　B. 1 667 元/件

C. 1 000 元/件　　D. 1 800 元/件

11. 在其他条件不变时，若使利润上升 50%，单位变动成本需下降 20%；若使利润上升 40%，销售量需上升 15%，那么（　　）。

A. 销售量对利润的影响比单位变动成本对利润的影响更为敏感

B. 单位变动成本对利润的影响比销售量对利润的影响更为敏感

C. 销售量的敏感系数小于 1，所以销售量为非敏感因素

D. 单位变动成本的敏感系数小于 0，所以单位变动成本为非敏感因素

12. 已知利润对单价的敏感系数为 2，为了确保下年度企业不亏损，单价下降的最大幅度为（　　）。

A. 50%　　B. 100%　　C. 80%　　D. 20%

13. 根据本量利分析原理，只会提高安全边际而不会降低保本点（盈亏平衡点）的措施是（　　）。

A. 提高单价　　B. 增加产销量

C. 降低单位变动成本　　D. 压缩固定成本

14. 下列选项不受销售量变动影响的是（　　）。

A. 营业利润　　B. 安全边际量

C. 安全边际额　　D. 单位贡献边际

15. 计算边际贡献率，可以用单位边际贡献除以（　　）。

A. 单位售价　　B. 总成本

C. 营业收入　　D. 变动成本

16. 若安全边际率为 20%，正常销售量为 1 000 件，则盈亏平衡点销售量为（　　）。

A. 200　　B. 800　　C. 600　　D. 400

17. 在下列指标中，可据以判定企业经营安全程度的指标是（　　）。

A. 保本量　　B. 贡献边际

C. 保本额　　D. 保本作业率

18. 投资中心的考核指标中能使部门的业绩与企业的目标协调一致，避免次优化问题的指标是（　　）。

A. 投资收益率　　　　　　　　　　B. 剩余收益
C. 现金回收率　　　　　　　　　　D. 可控边际贡献

19. 如果企业内部的供需双方分别按照不同的内部转移价格对同一笔内部交易进行结算，则可以断定它们采用的是（　　）。

A. 成本转移价格　　　　　　　　　B. 市场价格
C. 协商价格　　　　　　　　　　　D. 双重价格

20. 投资中心第一年经营资产平均余额为 100 000 元，经营利润为 20 000 元，第二年该中心新增投资 20 000 元，预计经营利润为 3 000 元，接受新投资后，该部门的投资收益率为（　）。

A. 15.5%　　　　　　　　　　　B. 20%
C. 17.5%　　　　　　　　　　　D. 19%

21. 某轮胎厂是某汽车公司的一个投资中心，该厂预计 20×1 年投资 600 万元，预计净收益增加 120 万元，如果该公司的平均收益率为 20%，则该厂这项投资的剩余收益为（　　）。

A. 150 万元　　　　　　　　　　B. 105 万元
C. 45 万元　　　　　　　　　　　D. 0 万元

22. 在下列各项中，需要同时对成本和利润负责的是（　　）。

A. 投资中心　　　　　　　　　　B. 利润中心
C. 成本中心　　　　　　　　　　D. 责任中心

23. 在企业责任成本管理中，责任成本是成本中心考核和控制的主要指标，其构成内容是（　　）。

A. 产品成本之和　　　　　　　　B. 固定成本之和
C. 可控成本之和　　　　　　　　D. 不可控成本之和

24. 下列各项中，最适用于评价投资中心业绩的指标是（　　）。

A. 边际贡献　　　　　　　　　　B. 部门毛利
C. 剩余收益　　　　　　　　　　D. 部门净利率

25. 下列各项中，一般不作为以成本为基础的转移定价计价基础的是（　　）。

A. 完全成本　　　　　　　　　　B. 固定成本
C. 变动成本　　　　　　　　　　D. 变动成本加固定制造费用

26. 已知 ABC 公司加权平均的最低投资报酬率为 20%，其下设的甲投资中心平均经营资产为 200 万元，剩余收益为 20 万元，则该中心的投资报酬率为（　　）。

A. 0.4　　　　　B. 0.3　　　　　C. 0.2　　　　　D. 0.1

27. 当某种产品存在完全竞争的外部市场时，制定内部转移价格的最好依据是（　　）。

A. 市场价格　　　B. 协商价格　　　C. 双重价格　　　D. 成本价格

28. 某企业内部乙车间是人为利润中心，本期实现内部销售收入 200 万元，销售变动成本为 120 万元，该中心负责人可控固定成本为 20 万元．该中心负责人不可控但应由该中心负担的固定成本 10 万元。则下列说法正确的是（　　）。

A. 该利润中心的可控边际贡献为 80 万元，部门边际贡献为 60 万元
B. 该利润中心的可控边际贡献为 80 万元，部门边际贡献为 50 万元

C. 该利润中心的可控边际贡献为 60 万元，部门边际贡献为 50 万元

D. 该利润中心的可控边际贡献为 50 万元，部门边际贡献为 60 万元

29. 不论利润中心是否计算共同成本或不可控成本，都必须考核的指标是（　　）。

A. 该中心的剩余收益　　B. 该中心的边际贡献总额

C. 该中心的可控利润总额　　D. 该中心负责人的可控利润总额

二、多项选择题

1. 下列项目中，属于本量利分析研究内容的有（　　）。

A. 销售量与利润的关系　　B. 销售量、成本与利润的关系

C. 成本与利润的关系　　D. 产品质量与成本的关系

2. 在传统式本量利关系图上，保本点的位置是由下列线段决定的，即（　　）。

A. 总成本线　　B. 固定成本线

C. 变动成本线　　D. 营业收入线

3. 下列项目中，其变动可以改变保本点位置的因素包括（　　）。

A. 单价　　B. 单位变动成本

C. 销售量　　D. 固定成本

4. 下列各本量利分析的关系式中，正确的有（　　）。

A. 边际贡献总额＝销售收入－变动成本总额

B. 单位边际贡献＝单价－单位变动成本

C. 边际贡献率＝单位边际贡献/单价

D. 边际贡献率＝边际贡献总额/销售收入

5. 下列各项中，有可能成立的关系有（　　）。

A. 边际贡献率大于变动成本率　　B. 边际贡献率小于变动成本率

C. 边际贡献率＋变动成本率＝1　　D. 边际贡献率和变动成本率都大于零

6. 某产品单价为 8 元，固定成本总额为 2 000 元，单位变动成本为 5 元，计划产销量 600 件，要实现 400 元的利润，可分别采用的措施有（　　）。

A. 减少固定成本 600 元　　B. 提高单价 1 元

C. 提高产销量 200 件　　D. 降低单位变动成本 1 元

7. 下列因素变动会使边际贡献总额提高的有（　　）。

A. 提高销量　　B. 提高单价

C. 降低单位变动成本　　D. 降低固定成本

8. 下列各项指标中，与盈亏平衡点呈同向变动关系的有（　　）。

A. 单位售价　　B. 预计销量

C. 固定成本总额　　D. 单位变动成本

9. 下列相关表述中，正确的有（　　）。

A. 所谓盈亏平衡是指企业的边际贡献与固定成本相等

B. 单位变动成本一般会随业务量变化而相应变动

C. 边际贡献的大小，与固定成本支出的多少无关

D. 安全边际表明的销售额也就是企业的利润

10. 下列公式中，正确的有（　　）。

A. 利润＝边际贡献率×安全边际额

B. 安全边际率＋边际贡献率＝1

C. 安全边际率＋盈亏平衡作业率＝1

D. 边际贡献率＝（固定成本＋利润）/营业收入

11. 下列各项中，属于责任中心内容的有（　　）。

A. 成本中心　　B. 投资中心

C. 销售中心　　D. 利润中心

12. 根据责任成本管理基本原理，成本中心只对可控成本负责。可控成本应具备的条件有（　　）。

A. 该成本是成本中心可计量的

B. 该成本的发生是成本中心可预见的

C. 该成本是成本中心可调节和控制的

D. 该成本是为成本中心取得收入而发生的

13. 在下列各项指标中，属于考核投资中心投资效果的有（　　）。

A. 剩余收益　　B. 营业收入

C. 边际贡献　　D. 投资收益率

14. 下列各项中，其计算结果等于投资收益率指标的有（　　）。

A. 总资产周转率×销售利润率

B. 总资产周转率×销售成本率

C. 销售成本率×成本费用利润率

D. 总资产周转率×成本费用利润率×销售成本率

15. 下列各项中，可以作为内部转移价格的有（　　）。

A. 变动成本　　B. 双重价格

C. 标准成本加成　　D. 标准成本

16. 下列因素中，能够影响部门剩余收益的有（　　）。

A. 固定成本　　B. 销售收入　　C. 购买固定资产　　D. 无风险收益率

17. 甲利润中心常年向乙利润中心提供劳务，在其他条件不变的情况下，如果提高劳务的内部转移价格，可能出现的结果有（　　）。

A. 甲利润中心内部利润增加　　B. 乙利润中心内部利润减少

C. 企业利润总额增加　　D. 企业利润总额不变

18. 下列各项中，属于揭示利润中心特征的表述包括（　　）。

A. 既能控制成本，又能控制收入和利润

B. 只控制收入不控制成本

C. 强调绝对成本控制

D. 既可以是自然形成的，也可以是人为设定的

19. 下列可以作为投资中心的有（　　）。

A. 某集团公司控股的子公司　　　　B. 某公司的分公司

C. 生产车间　　　　D. 某集团的事业部

20. 下列各项中，属于揭示投资中心特点的表述包括（　　）。

A. 所处的责任层次最高　　　　B. 具有投资决策权

C. 承担最大的责任　　　　D. 一定是利润中心

三、判断题

1. 在进行本量利分析时，不需要任何假设条件。（　　）

2. 边际贡献首先用于补偿固定成本，之后若有余额，才能为企业提供利润。（　　）

3. 本量利分析应用的前提条件与成本性态分析的假设是相同的。（　　）

4. 企业的边际贡献应当等于企业的营业毛利。（　　）

5. 因为本量利分析的各种模型是建立在各种假定的前提条件下，因而它们都存在一定的局限性。（　　）

6. 单价、单位变动成本和固定成本同时变化，则利润也必定发生变化。（　　）

7. 利润的敏感系数是反映各因素对利润敏感程度的指标。（　　）

8. 在标准本量利关系图中，当销售量变化时，盈利三角区和亏损三角区都会变动。（　　）

9. 企业经营管理者总是希望企业的保本点越低越好，保本点越低，企业的经营风险就越小。（　　）

10. 已知某产品的年销售收入和变动成本总额，可以求出该产品的边际贡献率。（　　）

11. 边际贡献等于销售收入与销售成本的差额，息税前利润等于边际贡献与固定成本的差额，其中的固定成本中不包括利息费用。（　　）

12. 在其他因素不变的情况下，固定成本的降低额即是目标利润的增加额。（　　）

13. 因为安全边际是正常销售额超过盈亏临界点销售额的差额，并表明销售额下降多少企业仍不至于亏损，所以安全边际部分的销售额也就是企业的利润。（　　）

14. 不同规模的投资中心之间进行业绩比较时，使用剩余收益指标优于投资收益率指标。（　　）

15. 引起个别投资中心的投资收益率提高的投资，不一定会使整个企业的投资收益率提高；但引起个别投资中心的剩余收益增加的投资，则一定会使整个企业的剩余收益增加。（　　）

16. 为了体现公平性原则，企业内部交易双方所采用的内部转移价格必须一致，否则将有失公正。（　　）

17. 剩余收益指标的优点是可以使投资中心的业绩评价与企业目标协商一致。（　　）

18. 对于上级分配来的固定成本，由于利润中心无法控制其数额，所以，对这部分固定成本的影响在考核时应将其剔除。（　　）

19. 成本中心实际发生的责任成本大于其他责任成本预算的差异是有利差异。（　　）

20. 在一定的条件下，可控成本与不可控成本可以实现相互转化。（　　）

21. 在对成本进行分类，以便归集责任中心的成本时，所确定的不可控成本都是固定成本。（　）

22. 引起个别投资中心的投资利润率提高的投资，不一定会使整个企业的投资利润率提高；但引起个别投资中心的剩余收益增加的投资，则一定会使整个企业的剩余收益增加。（　）

23. 人为利润中心通常不仅要计算可控成本，而且还要计算不可控成本。（　）

四、业务题

1. A 电子企业只生产销售甲产品。20×1 年甲产品的生产与销售量均为 10 000 件，单位售价为 300 元/件，全年变动成本为 1 500 000 元，固定成本为 500 000 元。预计 20×2 年产销量将会增加到 12 000 件，总成本将会达到 2 300 000 元。假定单位售价与成本形态不变。

要求：

(1) 计算 A 企业 20×2 年下列指标：

①目标利润；

②单位变动成本；

③变动成本率；

④固定成本。

(2) 若目标利润为 1 750 000 元，计算 A 企业 20×2 年实现目标利润的销售额。

2. 乙公司长期以来只生产 X 产品，有关资料如下：20×1 年度 X 产品实际销售量为 600 万件，销售单价为 30 元，单位变动成本为 16 元，固定成本总额为 2 800 万元，假设 20×2 年 X 产品单价和成本性态保持不变。

计算 20×1 年度下列指标：

①边际贡献总额；

②保本点（盈亏平衡点）销售量；

③安全边际额；

④安全边际率。

3. 丁公司是一家处于初创阶段的电子产品生产企业，相关资料如下：

资料一：20×1 年开始生产和销售 P 产品，售价为 0.9 万元/件，全年生产 20 000 件，产销平衡。丁公司适用的所得税税率为 25%。

资料二：公司 20×1 年营业成本中固定成本为 4 000 万元。变动成本为 7 000 万元，期间费用中固定成本为 2 000 万元，变动成本为 1 000 万元。利息费用为 1 000 万元，假设 20×2 年成本性态不变。

资料三：公司 20×2 年目标净利润为 2 640 万元，预计利息费用为 1 200 万元。

要求：

根据资料一、二、三，计算 20×2 年的下列指标：

①单位变动成本；

②保本点（盈亏平衡点）销售量；

③实现目标净利润的销售量；

④实现目标净利润时的安全边际量。

4. 甲企业只生产销售一种产品，20×1 年度该产品的销售数量为 1 000 件，单价为 18 元，单位变动成本为 12 元，固定成本总额为 3 600 元。要求：

(1) 计算 20×1 年公司实现的利润额；

(2) 计算 20×1 年盈亏平衡点的业务量和销售额；

(3) 计算 20×1 年的安全边际量和安全边际率，并评价公司经营安全性；

(4) 假设其他因素不变，预计 20×2 年销售量增长 10%，20×2 年销售的敏感系数为多少？

(5) 假设其他因素不变，预计 20×2 年单位变动成本增长 10%，20×2 年单位变动成本的敏感系数为多少？

(6) 评价销量和单位成本变动哪个更为敏感？

5. 已知某集团公司下设三个投资中心，有关资料如表 5-8 所示。

表 5-8　　集团公司和各投资中心的相关资料

指　标	集团公司	A 投资中心	B 投资中心	C 投资中心
息税前利润	34 650	10 400	15 800	8 450
平均经营资产	315 000	94 500	145 000	75 500
规定的最低投资收益率	10%			

要求：

(1) 计算该集团公司和各投资中心的投资收益率，并据此评价各投资中心的业绩；

(2) 计算各投资中心的剩余收益，并据此评价各投资中心的业绩。

6. 甲公司为某企业集团的一个投资中心，A 是甲公司下设的一个利润中心，相关资料如下；

资料一：20×1 年 A 利润中心的营业收入为 120 万元，变动成本为 72 万元，该利润中心负责人可控固定成本为 10 万元，不可控但应由该利润中心负担的固定成本为 8 万元。

资料二：甲公司 20×2 年初已投资 700 万元，预计可实现利润 98 万元，现有一个投资额为 300 万元的投资机会，预计可获利润 36 万元，该企业集团要求的最低投资收益率为 10%。

要求；

(1) 根据资料一，计算 X 利润中心 20×1 年度的部门边际贡献；

(2) 根据资料二，计算甲公司接受新投资机会前的投资收益率和剩余收益；

(3) 根据资料二，计算甲公司接受新投资机会后的投资收益率和剩余收益；

(4) 根据 (2) 和 (3) 的计算结果从企业集团整体利润的角度出发，分析甲公司是否应接受新的投资机会，并说明理由。

7. 戊公司是一家以软件研发为主要业务的上市公司，其股票在我国深圳证券交易所创业板上市交易。戊公司有关资料如下：

资料一：X 是戊公司下设的一个利润中心，20×1 年 X 利润中心的营业收入为 600 万元，变动成本为 400 万元，该利润中心负责人可控的固定成本为 50 万元，由该利润中心承担的但其负责人无法控制的固定成本为 30 万元。

资料二：Y 是戊公司下设的一个投资中心，年初已占用的投资额为 2 000 万元，预计每年可实现利润 300 万元，投资报酬率为 15%。20×2 年年初有一个投资额为 1 000 万元的投资机会，预计每年增加利润 90 万元。假设戊公司投资的必要报酬率为 10%。

要求：

(1) 依据资料一，计算 X 利润中心的边际贡献，可控边际贡献和部门边际贡献，并指出以上哪个指标可以更好地评价 X 利润中心负责人的管理业绩。

(2) 依据资料二：

①计算接受新投资机会之前的剩余收益；

②计算接受新投资机会之后的剩余收益；

③判断 Y 投资中心是否应该接受该投资机会，并说明理由。

项目六

经营预测

税务经理是这样的：对业务敏感，看一张凭证，他看到的不是分录，是业务是资金流动。你知道之前发生了什么，知道在之后会带来什么影响，知道这中间的涉税环节，更重要的是知道怎样选择最有利。

财务部长是这样的：合并报表会计拿季报的初稿让她审核，大约五秒钟，她圈出了第一个有问题数字，接着是第二个…不到五分钟，她开始跟会计说这些数字的问题。

销售会计是这样的：一个工厂月末结账，报表的销售成本和账面有十几万差异，工厂会计核对了一个上午，也没找出来哪里出错了，只能向总部的销售会计求助。她拿到工厂的数据……十分钟后，告诉工厂，有一笔在途的成本小数点错位了。

日本作家安本隆晴在《人人都要有会计思维》一书中这样说："会计思维是为了在竞争中获胜，产生利益留下现金，利用会计数字来思考的方法"，掌握顾客需求，培养企业员工，思考企业经营现状，在做决策时经常利用会计数字问自己，这在会计上有利润吗？会留下现金吗？这样持续的投入会有成果吗？…这就是会计思维。

会计思维首先是一种思考问题的视角，习惯于用经济效益来衡量一项决策或选择是否合理，习惯于用会计语言解释业务逻辑，习惯于用数字来量化分析过程和结果。这一习惯需要在日常中去培养，时时记着用会计的视角去看企业的问题，心中总是有损益结构，事事不忘问有没有会计利润。

理解数字背后的逻辑关系，这需要有专业知识和业务基础支撑。还有就是，对数字的敏感性，就像电视剧《欢乐颂》里的安迪，能秒杀下属提交的分析报告。对数字敏感并不是要求财务人员数学有多好，能解决多么复杂的数学问题，而是对数字的快速反应能力，比如看到目标利润，能知道大概的增长率应该是多少，再比如看到两组工厂的对比数据，能很快发现差距。当然也要能快速地记忆数字，比如看到当月的数据，能迅速记起上月这个数是多少，而不是要等到再翻上个月报表才能看出来差异。普通人即使没有很高的数学天赋，但刻意的锻炼也是可以培养出很好的数字敏感性的。

会计思维的根本就是"增加现金、减少花费"。纵观公司整体的工作流程，再用数字思考改进，数字会反映行动成果，推动人继续前进。或者可以说，会计思维是无处不在的，因为财务语言本就是来解释所有商业活动的通用语言。逐渐培养对数字的敏感和敏锐，借助财务工具和分析方法，就可以在数字的世界里走得更远。

项目导航

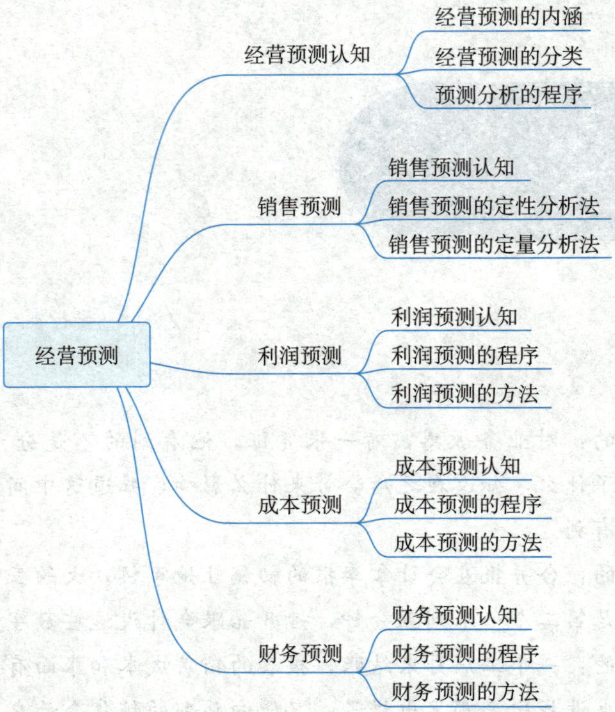

项目目标

素养目标	知识目标	能力目标
• 培养学生的创新思维、预测规划思维，严谨、细致、认真的工作态度 • 培养学生苦练技能，提升决策能力和知识迁移能力	• 熟悉预测分析的概念 • 掌握销售预测、利润预测、成本预测和资金需要量预测的方法	• 会进行销售预测 • 会进行目标利润预测 • 会进行成本预测 • 会进行资金需要量预测

课程素养 6-1

求真务实

所谓“求真”，就是“求是”，也就是依据解放思想、实事求是、与时俱进的思想路线，去不断地认识事物的本质，把握事物的规律。所谓“务实”，则是要在这种规律性认识的指导下，去做、去实践。

坚持求真务实，是坚持马克思主义科学世界观和方法论的本质要求。“求真务实”是对马克思主义哲学，特别是对其认识论精神实质的精辟概括。它体现了马克思主义所要求的理论和实践、知和行的具体的历史的统一。

（来源：百度百科）

案例导入

新兴公司是一家生产经营比较稳定的制造企业，长期以来仅生产A产品，公司20×1年A产品的实际销售量为45万吨，预测销售量为50万吨，拟采用指数平滑法对销量进行预测，平滑指数为0.6，A产品的销售单价为3 300元/吨。

要求：根据相关资料预计20×2年新兴公司A产品的预计销售量和销售额。

任务一　经营预测认知

一、经营预测的内涵

经营预测，是指企业根据现有的经济条件和掌握的历史资料以及客观事物的内在联系，运用一定的科学方法，对企业生产经营活动的未来发展趋势及其状况所进行的预计和推测。在对经济活动进行预测的过程中，需要针对不同的预测对象，选择合适的预测方法，通过对经济数据和其他信息资料的分析，预测未来经济活动的发展趋势，并对预测结果的正确与否及其可靠程度进行科学的分析和判断。就企业而言，预测分析一般是针对其重要的经济指标，如利润、销售、成本、资金等来进行，通过预测将企业的目标销售量、目标利润、目标成本以及资金需要量等确定下来，达到实现全面目标管理的目的。

企业的预测活动具有可预见性、明确性、相对性、客观性、可检验性和灵活性。

二、经营预测的分类

(一) 按预测的方法分类，可分为定性预测和定量预测

定性预测（Qualitative Prediction）是指由有关方面的专业人员根据个人知识、智慧和经验，结合预测对象的特点进行综合分析，对事物的未来状况和发展趋势做出判断的预测方法。这种方法往往不是依据历史统计数据直接计算获取的，而是依据直观材料、人的实践和主观判断得到的预测结果。

定量预测（Quantitative Prediction）是指在完整掌握与预测对象有关的各种要素定量资料的基础上，运用现代数学方法进行数据处理，据以建立能够反映有关变量之间规律性联系的各类预测模型的方法体系。这种预测不是主观判断，而是充分发挥历史数据的作用。因而，定量预测的结果比定性预测的结果更具有科学性和精确性。

定性预测与定量预测并非相互排斥，而是相辅相成的。在实际工作中，预测人员应根据具体情况把定性预测与定量预测结合起来加以应用。在企业无法取得准确完备的数据资料的情况下，一般只得采用定性预测法。当企业拥有较完备准确的数据资料，在运用定量预测法进行预测时，往往需要同时采用一些定性预测法来对影响预测对象的非计量因素做出估计和判断，以提高预测效果。

（二）按预测的时间分类，可分为长期预测、中期预测和短期预测

不同的预测目的决定着不同的预测期限。长期预测一般为10～15年；中期预测一般为5～10年；短期预测一般为1～5年或更短。由于时间越长，不确定性因素的影响越大，因而通常预测的期限越长，其预测的精度越差。短期预测比中期预测精确，中期预测比长期预测精确。在预测之前，根据预测对象和要求正确选择预测期限是十分重要的。

三、预测分析的程序

1. 确定预测对象和目的。预测分析首先要明确预测对象和目标，由于不同的预测对象和目的所需的分析资料不同，所采用的预测方法也不同。因此，只有明确预测对象和目的才能根据预测的目标、内容和要求确定预测的范围和时间，并且有针对性地做好各个阶段的预测分析工作。

2. 制定预测计划。预测计划包括预测工作的组织领导、人事安排、工作进度、经费预算等。

3. 收集整理资料。资料收集是预测的基础。应根据预测的对象和目的，明确收集资料的内容、方式和途径，然后进行收集。对收集到的资料要检查其可靠性、完整性和典型性，分析其可用程度及偶然事件的影响，做到去伪存真、去粗取精，并根据需要对资料进行整理、归类和汇总，从中发现与预测对象有关因素之间的相互关系。

4. 选择预测方法。预测方法的选择主要取决于预测的目的、取得预测资料的情况、对预测准确度的要求以及预测费用的多少等因素。不同的预测对象和内容，应采用不同的预测方法，不能一成不变。对于可以建立数量模型的预测对象，应选择定量预测方法；对于缺乏定量资料无法开展定量分析的预测对象，应当结合以往经验选择最佳的定性预测方法，并按照一定的逻辑思维，制定预算的提纲。

5. 检查验证。客观事物复杂多变，存在着诸多不确定性因素。在运用一定的预测方法得出预测结果后，还要对各种不确定性因素进行分析，即以实际数与预测数进行比较，检查预测的结果是否准确，并找出误差原因，以便及时对原有选择的预测方法加以修正。这是一个反复进行信息数据处理和选择判断的过程，也是多次进行反馈的过程，目的是保证预测的正确性。

6. 修正预测结果。对于原用定量方法进行的预测，常常由于某些因素的数据不充分或无法定量而影响预测的精度，这就需要用定性方法考虑这些因素，并修正定量预测的结果。对于原用定性方法预测的结果，往往也需用定量方法加以修正补充，使预测结果更接近实际。这个过程是一个定性和定量相结合的过程。

7. 报告预测结论。将修正补充过的预测结论向企业的有关领导报告。

任务二　销售预测

一、销售预测认知

销售预测分析是指通过市场调查，以有关的历史资料和各种信息为基础，运用科学的预测方法或管理人员的实际经验，对企业产品在计划期间的销售量或销售额作出预计或估量的过程。企业在进行销售预测时，应充分研究和分析企业产品销售的相关资料，诸如产品价格、产品质量、售后服务、推销方法等；此外，对企业所处的市场环境、物价指数、市场占有率及经济发展趋势等情况也应进行研究分析。销售预测的方法有很多种，主要包括定性分析法和定量分析法。

二、销售预测的定性分析法

定性分析法，即非数量分析法，是指由专业人员根据实际经验，对预测对象的未来情况及发展趋势作出预测的一种分析方法。它一般适用于预测对象的历史资料不完备或无法进行定量分析时，主要包括营销员判断法、专家判断法和产品寿命周期分析法。

1. 营销员判断法。营销员判断法又称意见汇集法，是由企业熟悉市场情况及相关变化信息的营销人员对市场进行预测，再将各种判断意见加以综合分析、整理，并得出预测结论的方法。企业营销人员能充分了解市场现状以及本企业的生产、销售情况，因此也就在一定程度上保证了预测的准确性。这种方法的优点在于用时短、成本低、比较实用。但是这种方法单纯靠营销人员的主观判断，具有较多的主观因素和较大的片面性。

2. 专家判断法。专家判断法是由专家根据他们的经验和判断能力对特定产品的未来销售量进行判断和预测的方法。其主要有个别专家意见汇集法、专家小组法、德尔菲法等方法。

3. 产品寿命周期分析法。产品寿命周期分析法是利用产品销售量在不同寿命周期阶段上的变化趋势，进行销售预测的一种定性分析方法。它是对其他预测分析方法的补充。产品寿命周期是指产品从投入市场到退出市场所经历的时间，一般要经过推广期、成长期、成熟期和衰退期四个阶段。在这一发展过程中，产品销售量的变化呈一条曲线，称为产品寿命周期曲线。

判断产品所处的寿命周期阶段，可根据销售增长率指标进行。一般地，推广期增长率不稳定，成长期增长率最大，成熟期增长率稳定，衰退期增长率为负数。了解产品所处的寿命周期阶段，有助于正确选择预测方法，如推广期历史资料缺乏，可以运用定性分析法进行预测；成长期可运用回归分析法进行预测；成熟期销售量比较稳定，适用趋势预测分析法。

三、销售预测的定量分析法

定量分析法，也称数量分析法，是指在预测对象有关资料完备的基础上，运用一定的数学方法，建立预测模型，作出预测。它一般包括趋势预测分析法和因果预测分析法两大类。

（一）趋势预测分析法。

趋势预测分析法主要包括算术平均法、加权平均法、移动平均法、指数平滑法等。

（1）算术平均法。算术平均法是指将若干历史时期的实际销售量或销售额作为样本值，求出其算术平均数，并将该平均数作为下期销售量的预测值。其计算公式为：

$$Y = \frac{\sum X_i}{n}$$

式中，Y 预测值，X_i表示第 i 期的实际销售量，n 表示期数。

算术平均法适用于每期销售量波动不大的产品的销售预测。

【任务 6—1】某公司 20×1 年 1—7 月产品销售量如表 6—1 所示。要求：按算术平均法预测 20×1 年 8 月份的销售量。

表 6—1 **销售资料** 单位：件

月份	1	2	3	4	5	6	7
销售量	950	960	920	900	1 050	970	1 020

根据 6—1 资料，预测 20×1 年 8 月份的预测销售量如下：

预测销售量（Y）＝（950＋960＋920＋900＋1 050＋970＋1 020）/7＝967（件）

（2）加权平均法。加权平均法是指将若干历史时期的实际销售量或销售额作为样本值，将各个样本值按照一定的权数计算得出加权平均数，并将该平均数作为下期销售量的预测值。一般地，由于市场变化较大，离预测期越近的样本值对其影响越大，而离预测期越远的则影响越小，所以权数的选取应遵循“近大远小”的原则。其计算公式为：

$$Y = \sum_{i=1}^{n} W_i X_i$$

式中，Y 表示预测值，W_i表示第 i 期的权数（$0 < W_i \leqslant W_{i+1} < 1$，且 $\sum W_i = 1$），X_i 表示第 i 期的实际销售量，n 表示期数。

加权平均法较算术平均法更为合理，计算也较方便，因而在实践中应用较多。

【任务 6—2】沿用【任务 6—1】中的资料，假设该公司 20×1 年 1—7 月产品销售量的权数如表 6—2 所示。要求：按加权平均数法预测 20×1 年 8 月份的销售量。

表 6—2 **销售资料**

月份	1	2	3	4	5	6	7
销售量（件）	950	960	920	900	1 050	970	1 020
权数	0.05	0.07	0.08	0.1	0.15	0.25	0.3

根据加权平均法的计算公式，该公司 20×1 年 8 月份的预测销售量为：

$$\text{预测销售量（Y）} = \sum_{i=1}^{n} W_i X_i$$

＝950×0.05＋960×0.07＋920×0.08＋900×0.1＋1 050×0.15＋970×0.25＋1 020×0.3＝984（件）

（3）移动平均法。移动平均法是指从 n 期的时间数列销售量中选取 m 期（m 数值固定，且 $m < n/2$）数据作为样本值，求其 m 期的算术平均数，并不断向后移动计算观测其平均值，以最后一个 m 期的平均数作为未来第 $n+1$ 期销售预测值的一种方法。这种方法假设预测值主要受最近 m 期销售量的影响。其计算公式为：

$$Y_{n+1} = \frac{X_{n-(m-1)} + X_{n-(m-2)} + \cdots + X_{n-1} + X_n}{m}$$

为了使预测值更能反映销售量变化的趋势，可以对上述结果按趋势值进行修正，其计算公式为：

$$\bar{Y}_{n+1}=Y_{n+1}+(Y_{n+1}-Y_n)$$

由于移动平均法只选用了 n 期数据中的最后 m 期作为计算依据，故而代表性较差。

此法适用于销售量略有波动的产品预测。

【任务 6－3】 沿用【任务 6－1】中的资料，假设该公司预测前期（即 20×1 年 7 月）的预测销售量为 1 000 件。要求：分别采用移动平均法和修正的移动平均法预测公司 20×1 年 8 月的销售量（假设样本期为 3 期）。

①根据移动平均法的计算公式，公司 20×1 年 8 月的预测销售量为：

$$预测销售量（Y_{n+1}）=\frac{X_{n-(m-1)}+X_{n-(m-2)}+\cdots+X_{n-1}+X_n}{m}$$

$$=（1\ 050+970+1\ 020）/3$$

$$=1\ 013（件）$$

②根据修正的移动平均法计算公式，公司 20×1 年 8 月的预测销售量为：

$$修正后的预测销售量（\bar{Y}_{n+1}）=Y_{n+1}+(Y_{n+1}-Y_n)$$

$$=1\ 013+（1\ 013-1\ 000）$$

$$=1\ 026（件）$$

（4）指数平滑法。指数平滑法是一种特殊的加权平均法，是以事先确定的平滑指数 a 及（$1-a$）作为权数进行加权计算，预测销售量的一种方法。其计算公式为：

未来 $n+1$ 期的预测值＝a×第 n 期的实际销售量＋（$1-a$）×第 n 期预测值

平滑指数取值通常在 0.3－0.7 之间，取值大小决定了前期实际值与预测值对本期预测值的影响。采用较大的平滑指数，预测值可以反映样本值新近的变化趋势；采用较小的平滑指数，则反映了样本值变化的长期趋势。因此，在销售量波动较大或进行短期预测时，可选择较大的平滑指数；在销售量波动较小或进行长期预测时，可选择较小的平滑指数。

该方法运用比较灵活，适用范围较广，但在平滑指数的选择上具有一定的主观随意性。

【任务 6－4】 沿用【任务 6－1】中的资料，20×1 年 7 月份的实际销售量为 1 020 件，假设预测销售量为 1 000 件，平滑指数 a＝0.5。要求：用指数平滑法预测公司 20×1 年 8 月份的销售量。

根据指数平滑法的计算公式，公司 20×1 年 8 月份的预测销售量为：

预测销售量＝a×7 月份的实际销售量＋（$1-a$）×7 月份的预测销售量

＝0.5×1 020＋（1－0.5）×1 000

＝1 010（件）

上述几种方法虽然简单方便，能迅速求出预测值，但由于没有考虑整个社会经济发展的新趋势，所以准确性欠佳。应根据新的情况，对预测结果作必要的修正。

（二）因果预测分析法

因果预测分析法是指分析影响产品销售量（因变量）的相关因素（自变量）以及它们之间的函数关系，并利用这种函数关系进行产品销售预测的方法。因果预测分析法最常用的是回归分析法，本章主要介绍回归直线法。

回归直线法，也称一元回归分析法。它假定影响预测对象销售量的因素只有一个，根据直线方程式 y=a+bx，按照最小二乘法原理，来确定一条误差最小的、能正确反映自变量 x 和因变量 y 之间关系的直线，其常数项 a 和系数 b 的计算公式为：

$$b=\frac{n\sum xy-\sum x\sum y}{n\sum x^2-(\sum x)^2}$$

$$a=\frac{\sum y-b\sum x}{n}$$

待求出 a、b 的值后，代入 $y=a+bx$，结合自变量 x 的取值，即可求得预测对象 y 的预测销售量或销售额。

【任务 6—5】甲公司假定产品销售量只受业务宣传费支出大小的影响，20×7 的预计业务宣传费为 1 200 万元，以往业务宣传费资料如表 6—3 所示。

表 6—3　　　　甲公司业务资料表

年份	业务宣传费（万元）	销售量（吨）
20×1	300	435 000
20×2	600	660 000
20×3	1 050	997 500
20×4	450	547 500
20×5	750	772 500
20×6	900	885 000

要求：用回归直线法预测甲公司 20×7 年的产品销售量。

根据上述资料，列表计算如表 6—4 所示。

表 6—4　　　　甲公司回归直线法计算分析表

年份	x	y	xy	x^2
20×1	300	435 000	130 500 000	90 000
20×2	600	660 000	396 000 000	360 000
20×3	1 050	997 500	1 047 375 000	1 102 500
20×4	450	547 500	246 375 000	202 500
20×5	750	772 500	579 375 000	562 500
20×6	900	885 000	796 500 000	810 000
合计	4 050	4 297 500	3 196 125 000	3 127 500

$$b=\frac{n\sum xy-\sum x\sum y}{n\sum x^2-(\sum x)^2}=\frac{6\times 3\ 196\ 125\ 000-4\ 050\times 4\ 297\ 500}{6\times 3\ 127\ 500-4\ 050\times 4\ 050}=750$$

$$a=\frac{4\ 297\ 500-750\times 4\ 050}{6}=210\ 000$$

因此，一元回归直线方程为：$y=210\ 000+750x$

则 20×7 年的产品销售量＝210 000＋750×1 200＝1 110 000（吨）

任务三　利润预测

一、利润预测认知

利润不仅是企业的一项综合指标，也是企业所追求的必然结果，它反映了企业在一定时期的经营成果和管理水平。利润预测是在以前生产条件的基础上，结合未来生产条件的变化，预测经过一定的生产阶段能够获得多少利润，从而分析出能够达到的利润水平及其与目标利润的差距。利润预测对企业进行生产经营决策意义重大，利润的高低影响到企业的投融资决策，预期利润的多少还直接影响到企业股利政策的制定。

二、利润预测的程序

（一）确定利润率标准

选择利润率标准，需要考虑三方面的因素：第一，从利润率计算口径看，可供选择的有销售利润率、产值利润率和资金利润率；第二，从利润率的时间特征看，主要包括近期平均利润率、历史最高水平利润率和上级指令性利润率；第三，从利润率的空间特征看，主要包括国际、全国、行业、地区和本企业利润率。

（二）计算目标利润基数

将选定的利润率标准乘以企业预期的有关业务量和资金指标，便可测试出目标利润基数。基本公式：

目标利润基数＝有关利润率标准×相关预计指标

如果按销售利润率计算，基本公式可改写为：

目标利润基数＝预定销售利润率×预计产品销售量

如果按产值利润率计算，基本公式可改写为：

目标利润基数＝预定产值利润率×预计总产值

如果按资金利润率计算，基本公式可改写为：

目标利润基数＝预定资金利润率×预计资金平均占用额

（三）确定目标利润修正值

目标利润修正值是对目标利润基数的调整额。先根据事先预计的销售量、成本价格水平测算可望实现的利润额，将其与目标利润基数进行比较。然后，按本量利分析的基本原理分项测算为实现目标利润基数而应采取的各项措施，即分别计算各因素的期望值，并分析其可能性。最后，若期望值与可能值相差较大，则适当修改目标利润，确定目标利润修正值。

（四）最终确定目标利润纳入预算体系

最终下达的目标利润应该是目标利润基数与修正值的代数和。它能反映或适应预期企业可望实现的生产经营能力、技术质量保证、物资供应、人力资源配备及资金流转以及市场环境等约束条件。

最终下达的目标利润＝目标利润基数＋目标利润修正值

目标利润一经确定就应立即纳入预算执行体系，并层层分解落实，以指导企业各方面的生产经营活动，并以此作为采取相关措施的依据。

三、利润预测的方法

（一）本量利预测法

本量利分析法是在研究成本性态和保本分析的基础上，根据成本、销售量和利润之间的依存关系，进而确定企业在未来一定期间的利润的方法。应用公式为：

目标利润＝销售量×（单价－单位变动成本）－固定成本

【任务 6－6】 乙公司上一年 A 产品的销售收入为 2 500 万元，销售 1 250 件，变动成本为 625 万元，固定成本为 500 万元。下一年度销售量增加 15%，单价和成本水平不变。预计下一年度的利润。

解：

单价＝2 500÷1 250＝2（万元）

单位变动成本＝625÷1 250＝0.5（万元）

目标利润＝1 250×（1＋15%）×（2－0.5）－500

＝2 156.25－500＝1 656.25（万元）

本方法在项目五有详细讲解，这里只简要举例说明。

（二）相关比率法

根据利润与有关指标之间的内在关系，对计划期间的利润进行预测的一种方法。常用的相关比率主要有销售收入利润率、资金利润率等。

利润＝预计销售收入×销售收入利润率

利润＝预计平均资金占用额×资金利润率

（三）因素测算法

因素测算法是在基期利润水平的基础上，根据计划期间影响利润变化的各项因素，预测出企业计划期间的利润额。影响利润的主要因素有销售量、销售价格、变动成本、固定成本总额、所得税税率等。基本公式为：

计划期利润＝基期利润±计划期各种因素的变动而增加或减少的利润

（四）经营杠杆系数法

经营杠杆系数法是指销售量一定百分比变化所引起的利润一定百分比变化的比率，即利润变动率与销售量变动率的比率。

$$\text{经营杠杆系数（DOL）}=\frac{\text{利润变动率}}{\text{销售量变动率}}$$

$$=\frac{\text{基期边际贡献总额}}{\text{基期边际贡献总额}-\text{基期固定成本总额}}$$

$$=\frac{(单价-单位变动成本)\times 基期销售量}{(单价-单位变动成本)\times 基期销售量-固定成本}$$

由于固定成本的存在，经营杠杆系数总是大于1。也就是说企业变动的幅度总是大于企业销售量变动幅度。当销售量增长时，利润以更高的增值率增长。当销售量减少时，利润将会以更快的降低率下降。企业的这种现象即为“经营杠杆现象”或“经营杠杆效应”。利用经营杠杆系数进行目标利润预测的计算公式如下：

目标利润＝基期利润×（1＋经营杠杆系数×销售量变动率）

＝基期利润＋基期利润×经营杠杆系数×销售量变动率

【任务6－7】已知某企业20×1年利润为1 200万元，经营杠杆系数为2，预计销售量变动率为12.5％，要求：计算20×2年的目标利润。

20×2年的目标利润＝1 200×（1＋2×12.5％）＝1 500（万元）

任务四　成本预测

一、成本预测认知

成本预测是指根据历史成本资料和成本信息数据，结合目前的经济技术条件、外部环境变化和企业发展目标等内外因素，运用一定的科学方法，对未来成本水平及其变化趋势做出科学的估计。

成本作为衡量企业经济效益的重要指标，是管理会计的重要对象。在现代经济条件下，成本管理不仅体现在事后控制上，更应着眼于将成本管理纳入到事前控制的轨道，规划未来，进行成本预测。

成本预测是根据企业未来的发展目标和现实条件，参考其他资料，利用专门方法对企业未来成本水平及其发展趋势，所进行的推测与估算。它要综合考虑企业盈利、销售、供应、生产、运输、储备等方面的情况，动员企业各方面力量挖掘内部潜力，提出降低消耗、完成目标成本的方案，为成本决策和实施成本控制提供信息，具体有三方面的意义。

1.成本预测是进行成本决策和编制成本计划的依据。成本预测是根据企业未来发展目标和现实计划，利用专门方法对企业未来成本水平及其发展趋势所进行的推测与估算。通过对生产经营活动中可能出现的有利与不利情况的全面和系统分析，还可避免成本决策的片面性和局限性。有了科学的成本决策，才可以编制出正确的成本计划。

2.成本预测是降低产品成本的重要措施。成本预测为降低产品成本指明方向和奋斗目标。企业在做好市场预测、利润预测之后，能否提高经济效益以及提高多少，完全取决于成本降低了多少。为了降低成本，必须根据企业实际情况组织全面预测，寻找方向和途径，力求实现预期的奋斗目标，降低产品成本。

3.成本预测是增强企业竞争力和提高企业经济效益的主要手段。企业竞争力的强弱，成本费用的高低是关键因素之一。

二、成本预测的程序

（一）提出成本目标

成本目标是指在成本方面所追求的目的。成本目标是可量化、可测量的，是企业在成本方面一定时期内所要努力达到的某一水平的成本指标。企业总成本的目标若按目标利润的口径进行制定，就被称之为“目标成本”。即成本目标的制定应遵循“先进”“合理”的原则，确保成本目标符合企业的实际情况。目标在实施过程中要层层分解、落实到位，使全体工作人员都知道如何为实现成本目标做出贡献。同时组织应增强成本目标的可考核性，并通过各职能和层次成本目标的实现来保证组织总体成本目标的实现。

（二）预测成本

初步预测在目前情况下成本可能达到的水平，找出达到成本目标的差距。初步预则是在不考虑任何特殊的降低成本措施条件下，按目前主客观条件的变化情况，未来时期成本可能达到的水平。

（三）拟定降低成本措施

根据企业现有条件，拟定出降低成本措施的可行性方案。考虑各种降低成本方案，预计实施各种方案后成本可能达到的水平。

（四）落实成本目标

对拟定降低成本措施的可行性方案，进行技术经济分析，选取最优成本方案，预计实施后的成本水平，正式确定成本目标。以上成本预测程序表示的只是单个成本预测过程，而要达到最终确定的正式成本目标，这种过程必须反复多次。也就是说，只有经过多次的预测、比较以及对初步成本目标的不断修改、完善，才能最终确定正式成本目标，并依据本目标组织实施成本管理。

三、成本预测的方法

具体的成本预测方法包括历史资料分析法、因素预测法、定额预测法和预计成本测算法等。

（一）目标成本预测法

目标成本是指在确保实现目标利润的前提下，企业在成本方面应达到的目标。进行目标成本预测是为了控制企业生产经营过程中的物质消耗和活劳动消耗，降低产品成本，保证目标利润的实现。目标成本的预测一般可采用以下两种方法。

第一，以某一先进的成本水平作为目标成本，它可以是本企业历史最低水平或国内外同类产品中的先进成本水平，也可以是标准成本或定额成本。

第二，根据事先制定的目标利润和销售预测的结果，充分考虑价格因素，按照预计的销售收入扣除目标利润后预测目标成本。其计算公式如下：

目标成本＝预计单价×预计销售量－目标利润

＝预计销售收入－目标利润

【任务6－8】 齐鲁公司预计20×1年的甲产品销售量为10万件，单位销售价为580元，目标利润为3 000万元。要求：预测20×1年齐鲁公司的目标成本。

目标成本＝预计单价×预计销售量－目标利润

＝580×10－3 000＝2 800（万元）

目标成本可以作为衡量产品成本、费用支出的标准，以便在生产过程中监督和分析目标成本的偏差。所以，目标成本的确定既要考虑到先进性必须注意可行性。从而调动各方面的积极性，确保目标利润的实现。

（二）历史资料分析法

历史资料分析法是根据企业若干期成本与业务量的相关历史资料，运用数学方法进行数据处理，以完成成本特性分析任务的一种定量分析方法。历史资料分析法，高低点法、散布图法和回归直线法，具体运用可以参考前面学习过的相关方法，此处不再赘述。

（三）因素变动预测法

因素变动预测法是在分析历史数据，将要采用的技术组织措施和影响成本费用的各种主要因素的基础上，对公司未来的成本费用水平和变动趋势进行预测，为经营决策和编制计划提供依据。

因素变动预测法是根据计划期影响成本费用升降的各种因素来预测成本降低数额和降低程度的方法。

（四）定额测算法

定额测算法是指利用定型产品的各种消耗定额及成本价格水平等资料，预测现有产品生产成本的定量分析方法。

预计成本测算法一般用于新产品成本预测或改型产品成本预测。对新产品成本预测，大多根据设计、工艺和人力资源等部门提供的有关新产品资料，考虑多种可能并参考试生产阶段的相关数据进行测算，有时也可按系列产品成本资料进行类推；对于改型产品成本预测，可以在新产品成本资料的基础上，只对改变后与原产品不同的地方进行成本估算。

任务五　财务预测

一、财务预测认知

狭义的财务预测估计公司未来的融资需求。财务预测是融资计划的前提，公司要对外提供产品和服务，必须要有一定的资产。

销售增加时，要相应增加流动资产，甚至还需增加固定资产。为取得扩大销售所需增加的资产，公司需要筹措资金，一部分来自留存收益，另一部分来自外部融资。通常，销售增长率较高时留存收益不能满足公司的资本需求，即使获利良好的公司也需外部融资。

对外融资，需要寻找资金提供者，使之相信其投资安全并且可以获利，因此，企业需要预先知道自己的财务需求，提前安排融资计划，否则就可能产生资金周转问题。

财务预测有助于改善投资决策。根据销售前景估计出的融资需求不一定总能满足，因此，就需要根据可能筹措到的资金来安排销售增长以及有关投资项目，使投资决策建立在可行的基础上。

预测有助于应变。财务预测与其他预测一样都不可能很准确。预测给人们展现了未来的各种可能的前景，促使人们制定出相应的应急计划。预测和计划是超前思考的过程，其结果并非仅仅是一个融资需求额，还包括对未来各种可能前景的认识和思考。预测可以提高公司对不确定事件的反应能力，从而减少不利事件带来的损失，增加有利机会带来的收益。

二、财务预测的程序

1. 销售预测。财务预测的起点是销售预测。一般情况下，财务预测把销售数据视为已知数，作为财务预测的起点。销售预测本身不是财务管理的职能，但它是财务预测的基础，销售预测完成后才能开始财务预测。

销售预测对财务预测的质量有重大影响。如果销售的实际状况超出预测很多，公司没有准备足够的资金添置设备或储备存货，则无法满足顾客需要，不仅会失去盈利机会，且会丧失原有的市场份额。相反，销售预测过高，筹集大量资金购买设备并储备存货，则会造成设备闲置和存货积压，使资产周转速度下降，导致权益净利率降低，股价下跌。

2. 估计经营资产和经营负债。通常，经营资产是营业收入的函数，根据历史数据可以分析出该函数关系。根据预计营业收入以及经营资产与营业收入的函数，可以预测所需经营资产的金额。大部分经营负债也是营业收入的函数，应据此预测经营负债随营业收入的自发增长，这种增长可以减少企业外部融资额。

3. 估计各项费用和留存收益。假设各项费用也是营业收入的函数，可以据此估计费用和损失，并在此基础上确定净利润。净利润和利润留存率共同决定所能提供的利润留存额。

4. 估计所需外部融资需求。根据预计经营资产总量，减去已有的经营资产、自发增长的经营负债、可动用的金融资产和内部提供的利润留存便可得出外部融资需求。

三、财务预测的方法

（一）销售百分比法

销售百分比法是根据资产负债表和利润表中有关项目与营业收入之间的依存关系预测资金需要量的一种方法。在实际运用销售百分比法时，一般是借助预计利润表和预计资产负债表进行的。通过预计利润表预测企业留存收益的增加额；通过预计资产负债表预测企业资金需要总额和外部融资数额。当预计资产＞（预计负债＋预计所有者权益）时，企业应追加资金；当预计资产＜（预计负债＋预计所有者权益）时，企业则有剩余资金。

即假设相关资产、负债与营业收入存在稳定的百分比关系，然后根据预计营业收入和相应的百分比预计相关资产、负债，最后确定融资需求。运用销售百分比法预测的步骤如下：

1. 预计利润表。预计利润表是运用销售百分比法的原理，预测利润及留存收益的一种预测方法。通过预计利润表，既可预测留存收益的数额，也可为预计资产负债表和预测外部融资数额提供依据。

预计利润表的编制步骤如下：

①收集基年实际利润表资料，计算确定利润表各项目与销售额的百分比。

②取得预测年度营业收入的预计数，用该预计销售额乘以基年实际利润表各项目与实际销售额的百分比。计算出预测年度预计利润表各项目的预计数，并编制预计利润表。

预计利润表的各项目＝预计销售收入×基期利润表各项目销售百分比

预计净利润＝（预计销售收入－预计各项成本费用）×（1－所得税税率）

③用预计利润表中的预计净利润和预定的股利支付率，测算出留存收益的数额。

留存收益增加额＝预计净利润×（1－股利支付率）

2. 预计资产负债表。预计资产负债表是运用销售百分比法的原理预测企业外部融资额的一种方法。通过预计资产负债表，可预测资产、负债及留存收益有关项目的数额，进而预测企业所需的外部融资数额。

在分析资产负债表项目与销售关系时，要注意区分敏感项目与非敏感项目。所谓敏感项目是指直接随销售额变动的资产、负债项目，例如现金、应收账款、存货、应付账款、应付职工薪酬、应交税费、应付费用等项目。

所谓非敏感项目是指不随销售额变动的资产、负债项目，如固定资产、长期股权投资、短期借款、应付债券、实收资本、留存收益等项目。

3. 确定有关项目与销售额的稳定比例关系。如果企业资金周转的营运效率保持不变，经营性资产项目与经营性负债项目将会随销售额的变动而呈正比例变动，保持稳定的百分比关系。企业应当根据历史资料和同业情况，剔除不合理的资金占用，寻找与销售额的稳定百分比关系。

4. 确定需要增加的筹资数量。预计由于销售增长而需要的资金需求增长额，扣除利润留存后，即为所需要的外部筹资额。

外部资金需要量＝△资产－△负债－△留存收益

＝基期敏感性资产总额/基期销售额×预计年度销售增加额－基期敏感性负债总额/基期销售额×预计年度销售增加额－预计年度留存收益增加额

$$=\frac{R_A}{S_1}\times\Delta S-\frac{R_L}{S_1}\times\Delta S-\Delta R_E$$

$$=\frac{R_A}{S_1}\times\Delta S-\frac{R_L}{S_1}\times\Delta S-S_2\times P\times E$$

式中：$\triangle S=S_1-S_2$为预计年度销售增加额；R_A为基期敏感性资产总额；R_L为基期敏感性负债总额；S_1为基期销售额；S_2为预测期销售额；$\triangle R_E$为预计年度留存收益增加额；P为销售净利率；E为利润留存率。

【小贴士】 如果非敏感性资产增加，则外部筹资需要量也应相应增加。

【任务 6－9】 已知某公司 20×1 年 12 月 31 日的资产负债表（简表）6－5 如下：

表 6-5　　资产负债表（简表）

20×1 年 12 月 31 日　　单位：万元

资产	期末余额	负债及所有者权益	期末余额
货币资金	15 000	应付账款	10 000
应收账款	30 000	应付票据	20 000
存货	49 000	应付费用	5 000
预付账款	5 000	短期借款	50 000
固定资产	200 000	长期借款	80 000
无形资产	5 000	实收资本	135 000
		留存收益	4 000
资产总计	304 000	负债与所有者权益合计	304 000

该公司 20×1 年销售收入为 400 000 万元，实现净利 20 000 万元，支付股利 10 000 万元，企业目前尚有剩余生产能力。预计 20×2 年销售收入为 500 000 万元，预测 20×2 年的资金需要量。

解：

敏感性资产＝15 000＋30 000＋49 000＋5 000＝99 000（万元）

敏感性资产销售百分比＝99 000/400 000＝24.75%

敏感性负债＝10 000＋20 000＋5 000＝35 000（万元）

敏感性负债销售百分比＝35 000/400 000＝8.75%

资产增加＝（500 000－400 000）×24.75%＝24 750（万元）

负债增加＝（500 000－400 000）×8.75%＝8 750（万元）

需要增加的资金额＝（500 000－400 000）×（24.75%－8.75%）

＝24 750－8 750

＝16 000（万元）

销售净利率＝20 000/400 000＝5%

利润留存率＝（20 000－10 000）/20 000＝50%

需要从外部筹措的资金额＝16 000－500 000×5%×50%＝3 500（万元）

（二）回归分析法

财务预测的回归分析法，是利用一系列历史资料求得各资产负债表项目和营业收入的函数关系，然后基于预计营业收入预测资产、负债数量，最后预测融资需求。

通常假设营业收入与资产、负债等存在线性关系。例如，假设存货与营业收入之间存在线性关系，其直线方程为“存货 $y=a+b\times$营业收入”，根据历史资料和回归分析的最小二乘法可以求出直线方程的系数 a 和 b，然后根据预计营业收入和直线方程预计存货的金额。完成资产、负债项目的预计后，其他计算步骤与销售百分比法相同。

（三）运用信息技术预测

对于大型企业来说，无论是销售百分比法还是回归分析法都显得过于简化。实际上，影响融资需求的变量很多，如产品组合、信用政策、价格政策等。考虑这些变量的预测模型在手工条件下非常难求解，需要借助信息技术方可完成。

运用信息技术进行财务预测的最简单方式，是使用电子表格软件，如 Excel 等。在使用电子表格软件进行财务预测时，计算过程与手工操作几乎没有差别，但不同的是，前者所构建的财务模型是动态的。一方面，可以通过改变输入变量，反映不同假设条件或策略对公司未来业绩的影响；另一方面，可以针对希望达到的结果，进行反向求解。例如，不但可以根据既定的销售水平预测融资需求，还可根据既定资金限额预测可达到的销售收入。

由于所处环境的不断变化，企业的产品服务、业务流程、商业模式等不断地创新与变革，对信息深度和广度的要求也在不断提高。企业对信息技术的应用正从业务流程自动化向决策支持智能化发展，联机分析、数据挖掘、机器学习等人工智能的出现，将成为未来财务预测的主要工具。这些信息技术的广泛应用，将帮助企业智能化地分析业财一体化数据，作出归纳性推理，挖掘潜在模式，预测客户行为和市场反应，帮助决策者调整策略，减少风险，把握机遇。

课程素养 6－2

数字化转型

数字化转型是建立在数字化转换、数字化升级基础上，进一步触及公司核心业务，以新建一种商业模式为目标的高层次转型。数字化转型是开发数字化技术及支持能力以新建一个富有活力的数字化商业模式。数字化转型表明，只有企业对其业务进行系统性、彻底的重新定义——而不仅仅是 IT，而是对组织活动、流程、业务模式和员工能力的方方面面进行重新定义的时候，成功才会得以实现。

（来源：百度百科）

项目总结

本项目共有五个任务，详细讲解了经营预测的相关内容。

任务一，主要学习经营预测的认知、分类和预测分析的程序。

任务二，主要学习销售预测的认知，营销员判断法、专家判断法、产品寿命周期分析法销售预测的定性分析法，算术平均法、加权平均法、移动平均法、指数平滑法等趋势预测分析法和因果预测分析法等定量分析法。

任务三，主要学习利润预测的认知和程序，本量利预测法、相关比率法、因素测算法、经营杠杆系数法的利润预测的方法。

任务四，主要学习成本预测的认知和程序，目标成本预测法、历史资料分析法、因素变动预测法、定额测算法等成本预测的方法。

任务五，主要学习财务预测的认知和程序，销售百分比法、回归分析法、运用信息技术预测等财务预测的方法。

职业能力训练

一、单项选择题

1. 预测方法分为两大类，是指定量分析法和（　　）。

A. 平均法　　B. 定性分析法

C. 回归分析法　　D. 指数平滑法

2. 下列各项中属于比较简单、粗略的预测方法的是（　　）。

A. 回归分析法　　B. 销售百分比法

C. 运用信息技术预测　　D. 使用综合数据库财务计划系统

3. 预测分析的内容不包括（　　）。

A. 销售预测　　B. 利润预测

C. 财务预测　　D. 所得税预测

4. 下列适用于销售业务略有波动的产品的预测方法是（　　）。

A. 加权平均法　　B. 移动平均法

C. 趋势平均法　　D. 平滑指数法

5. 某企业计划期预计销售产品 5 000 件，单位产品销售成本为 20 元，销售成本利润率为 5%，则计划期产品销售利润额为（　　）元。

A. 2 500　　B. 5 000　　C. 7 500　　D. 10 000

6. 甲公司本期实际销售量为 50 000 件，本期的预测销售量为 55 000 件，平滑指数为 0.5，预测下期销售量为（　　）件。

A. 51 250　　B. 52 500　　C. 52 750　　D. 54 000

7. 根据本量利分析的原理，只降低安全边际而不会影响保本点销售量的措施是（　　）。

A. 降低单价　　B. 降低产销量

C. 提高单位变动成本　　D. 提高固定成本

8. 已知上年利润为 100 000 元，下一年的经营杠杆系数为 1.4，销售量变动率为 15%，则下一年的利润预测额为（　　）元。

A. 140 000　　B. 150 000　　C. 121 000　　D. 125 000

9. 经营杠杆系数等于 1，说明（　　）。

A. 固定成本等于 0　　B. 固定成本大于 0

C. 固定成本小于 0　　D. 与固定成本无关

10. 已知上年利润为 100 000 元，下一年的经营杠杆系数为 1.8，预计销售量变动率为 20%，则下一年利润预测额为（　　）元。

A. 100 000　　B. 120 000　　C. 136 000　　D. 180 000

11. 甲公司 20×1 年的销售量为 50 万件，利润为 10 万元，预测 20×2 年其销售量为 58 万件，利润为 13 万元，则经营杠杆系数为（　　）。

A. 1.2　　B. 1.88　　C. 2.2　　D. 2.45

12. 采用销售百分比法预测对外筹资需要量时，下列各项变动中，会使对外筹资需要量减少的是（　　）。

A. 股利支付率提高　　B. 固定资产增加
C. 应付账款增加　　D. 营业净利率降低

二、多项选择题

1. 定量分析法包括（　　）。
A. 判断分析法　　B. 集合意见法
C. 趋势预测分析法　　D. 因果预测分析法

2. 下列属于定量预测方法的有（　　）。
A. 销售百分比法　　B. 回归分析法
C. 指数平滑法　　D. 推销员判断法

3. 下列各项中，属于预测分析内容的有（　　）。
A. 销售预测　　B. 成本预测　　C. 趋势预测　　D. 财务预测

4. 下列各项中，可以用来预测未来销售量的有（　　）。
A. 算术平均法　　B. 加权平均法
C. 指数平滑法　　D. 回归分析法

5. 销售预测的定量分析法，是指在预测对象有关资料完备的基础上，运用一定的数学方法，建立预测模型做出预测。它一般包括（　　）。
A. 趋势预测分析法　　B. 德尔菲法
C. 产品寿命周期分析法　　D. 因果预测分析法

6. 下列关于指数平滑法的表述中正确的有（　　）。
A. 指数平滑法的实质是一种加权平均法
B. 在销售量波动较大或进行短期预测时，可选择较大的平滑指数
C. 在销售量波动较小或进行长期预测时，可选择较小的平滑指数
D. 该方法运用比较灵活，适用范围较广，客观性强

7. 经营杠杆系数通过以下公式计算（　　）。
A. 利润变动率/业务量变动率　　B. 业务量变动率/利润变动率
C. 基期贡献边际/基期利润　　D. 基期利润/基期贡献边际

8. 经营杠杆系数在利润预测中的应用是（　　）。
A. 经营杠杆的变动率　　B. 预测产销业务量变动后的利润率
C. 预测产销业务量变动后的利润额　　D. 预测为实现目标利润的产销量变动率

9. 下列各项中，可用来进行利润预测的有（　　）。
A. 盈亏平衡分析法　　B. 相关比率法
C. 销售百分比法　　D. 盈亏临界图分析法

10. 下列各本量利分析的关系式中，正确的有（　　）。
A. 边际贡献总额＝营业收入－变动成本总额
B. 单位边际贡献＝单价－单位变动成本
C. 边际贡献率＝单位边际贡献/单价
D. 边际贡献率＝边际贡献总额/营业收入

11. 假设其他因素不变，下列变动中有利于减少企业外部融资额的有（　　）。

A. 提高存货周转率　　B. 提高产品毛利率

C. 提高权益乘数　　D. 提高股利支付率

12. 下列属于财务预测的方法的有（　　）。

A. 回归分析法　　B. 信息技术预测

C. 资本资产定价模型　　D. 价格指数法

三、判断题

1. 预测是根据实地调查和历史统计资料，通过一定程序和计算方法，推算未来期的经营信息。（　　）

2. 预测分析是企业决策分析的前提。（　　）

3. 预测分析应考虑到可能发生的误差，并能通过对误差的检验进行反馈，以尽量减少误差。（　　）

4. 定性分析法就是运用现代数学方法，对历史资料进行加工整理，建立与之相适应的数据模型的一种科学的预测方法。（　　）

5. 定性分析法与定量分析法在实际应用中是相互排斥的。（　　）

6. 德尔菲法是由若干个专家组成几个预测小组进行综合论证的一种方法。（　　）

7. 产品寿命周期分析法是利用产品销售量在不同寿命周期阶段上的变化趋势，进行销售预测的一种定性分析方法，是对其它方法的有效补充。（　　）

8. 算术平均法的优点是考虑了时间序列的变化趋势。（　　）

9. 加权平均法是将历史实际销售作为样本值，将各个样本值按照一定的权数计算得出加权平均数，并将该平均数作为下期销量的预测值。在使用加权平均法进行销售预测时，权数的选取应遵循“远大近小”的原则。（　　）

10. 指数平滑法的平滑指数越大，则前期实际数对预测结果的影响越小。（　　）

11. 利用过去 n 期历史数据预测未来销量时，移动平均法预测未来销量比算术平均法预测未来销量的代表性好。（　　）

12. 因果预测法就是回归分析法。（　　）

13. 利润的敏感系数是反映各因素对利润敏感程度的指标。（　　）

14. 成本预测是其他各项预测的前提。（　　）

15. 销售百分比法预测资金需要量是一种比较简单、粗略的预测方法，是在假设各项经营性资产和经营性负债与营业收入保持稳定的百分比关系的基础上进行的。（　　）

四、业务题

1. 齐鲁公司 20×1 年上半年 6 个月的实际营业收入如表 6－7 所示。

表 6－7　　齐鲁公司 1－6 月营业收入　　单位：元

月份	1月	2月	3月	4月	5月	6月
实际销售额	22 000	24 000	23 000	28 000	27 000	26 000

又假定该公司 6 月份销售额的原预测数为 23 000 元。要求：

（1）根据 20×1 年 1—6 月份的实践资料，采用算术平均法预测 7 月份的销售额；

（2）根据 20×1 年 1—6 月份的实践资料，采用加权平均法预测 7 月份的销售额（1—6 月份权数分别为 0.01、0.04、0.08、0.12、0.25、0.5）；

（3）根据 20×1 年 4—6 月的实际资料，采用移动加权平均法预测 7 月份的销售额（$m=3$，$W_1=0.2$，$W_2=0.3$，$W_3=0.5$）；

（4）根据 6 月份的实际资料及预测数据，采用指数平滑法预测 7 月份的销售额（平滑指数采用 0.6）。

2. 某企业生产一种甲产品，20×1 年的产销量为 1 000 件，售价为 100 元，单位变动成本为 50 元，获利为 25 000 元。

要求：

（1）计算该公司的经营杠杆系数；

（2）20×2 如该公司的计划销售量增加 5%，试根据经营杠杆系数预测 20×2 年的营业利润；

（3）如果 20×2 年的目标利润为 30 000 元，试根据经营杠杆系数计算该企业 20×2 年应达到的产品销售量。

3. 齐鲁公司 20×1 年度的实际销售收入为 450 000 元，获得税后净利 22 500 元，并以 10 000 元发放了股利。齐鲁公司 20×2 年度预计销售收入将增至 600 000 元。该公司 20×1 年年末的简略资产负债表如表 6—8 所示。

表 6—8　　齐鲁公司资产负债表

20×1 年 12 月 31 日　　单位：元

资　产		负债及所有者权益	
库存现金	10 000	负债：	
应收账款	75 000	应付账款	50 000
存货	100 000	应交税费	25 000
固定资产	150 000	长期借款	115 000
长期股权投资	20 000	所有者权益：	
无形资产	30 000	实收资本	175 000
		留存收益	20 000
合　计	385 000	合　计	385 000

估计该公司 20×2 年可动用的其他金融资产为 10 000 元。

要求：用销售百分比法预测 20×2 年需要追加多少资金。

项目七
短期经营决策

优衣库急速成长的"会计思维"秘密大公开

从优衣库创始人柳井正来看，企业是一个有生命期限的个体。如果没有良好的效益，企业将随时消亡。创业者、经营者不能只局限于"安定形式"，而要走一条与之相反的路。

柳井正先生在1972年进入小都商事，继承了由他父亲柳井等先生创立的事业。当时，他经营十几家名为优衣库的休闲服饰店，旗下还有男士服饰及女士服饰店。当时优衣库离制造零售业（SPA）相当遥远，只是从普通的制造商批发商品来销售的小零售店，商品的种类、陈列方式、店铺的运营方式等在每家分店各有不同，乱七八糟，一直难以朝标准化方向进行。柳井正认为用会计思维架构出公司部门组织结构才精准。

用会计思维画出组织结构图，马上发现被浪费的人力和时间。设定损益结构，马上看出各分店的目标达成度。

公司现有的组织系统和管理体制早已经被塑造成了可以根据市场变化灵活伸缩的状态。作为经营者，不管企业环境如何变化，持续提高经营业绩是最基本的职责。

在优衣库，由于销售收到的是现金，而采购支付的是几个月后兑现的信用证，因此就产生了销售现金与采购款在资金周转上的差额，可以全部用作开新店的设备投资资金。对于企业的整个经营过程，适时并正确地测定、记录、计量，然后对出资者等利害关系人作出说明就是"会计"的角色。以会计数字为基础，制定计划（Plan），然后执行（Do）、适时检查（Check）、若有差异，就调查、分析其内容并迅速采取行动（Action），被称为"PDCA循环"。能够真正运作这个"PDCA循环"，就能创造出令人骄傲的，绝对不会输的强大公司。

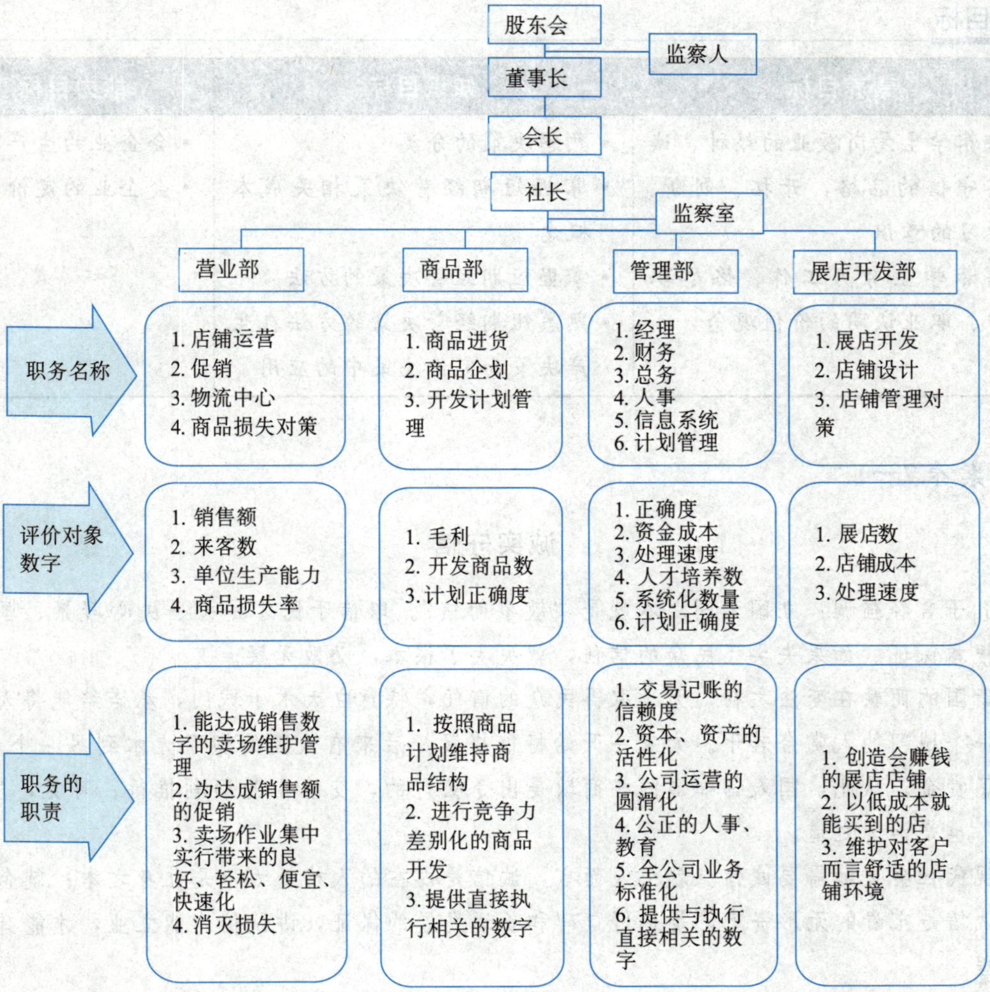

优衣库组织结构图

项目导航

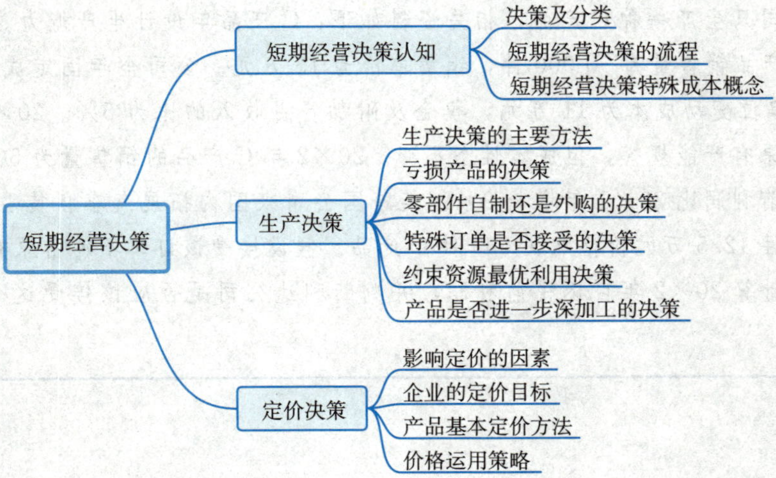

项目目标

素养目标	知识目标	能力目标
• 培养学生爱岗敬业的精神、诚实守信的品格，开拓、创新、学习的意识 • 培养学生努力工作、恪尽职守、职业认同的价值观念	• 熟悉决策的分类 • 掌握短期经营决策相关成本概念 • 掌握短期经营决策的方法 • 熟悉短期经营决策的方法在生产决策和定价决策中的应用	• 会企业的生产决策 • 会企业的定价决策

课程素养 7－1

诚实守信

孔子曾经强调：立国治国之本就是“敬事而信”。取信于民才是关乎民心凝聚、国家稳定的根本保证。如果失去了民众的信任，就失去了根本，必败无疑。

秦国的商鞅在变法之初，为了取得民众的信任，特意立大木于城门，承诺给能将大木搬到另一个城门的人赏金若干。大家一开始将信将疑。后来有人真的搬了大木到另一个城门，拿到了赏金。从此，国人都知道国相商鞅是出令必行的，变法由此顺利推行。可见，“诚信为本”也是治国之道。

现代社会更加需要诚信。就个人而言，诚信是内在的人格魅力，是立身之本；就企业而言，诚信是宝贵的无形资产，是良好口碑和长远发展的保证，讲诚信才能立业，才能有美好的前程。

（来源：中华优秀传统文化）

案例导入

利达公司只生产一种C产品，相关资料如下：C产品年设计生产能力为60 000件，20×1年C产品销售量为50 000件，销售单价为15万元。公司全年固定成本总额为67 500万元，单位变动成本为11万元，税金及附加费占收入的比为5%。20×2年该公司将继续维持原有产能规模，但成本性态不变。20×2年C产品的销售量为50 000件，公司目标息税前利润比20×1年增长9%；某跨国公司来国内拓展汽车租赁业务，向丙公司提出以每件12.5万元价格购买500件C产品。假设接受该订单不冲击原有市场。

要求：计算20×2年目标税前利润，并判断利达公司是否应该接受这个特殊订单，并说明理由。

任务一　短期经营决策认知

一、决策及分类

管理的中心在经营，经营的关键在决策。决策是指为达到预定目标，根据所获得的信息做出科学判断，在考虑到各种可能的前提下，在若干可行备选方案中，选择最优方案的过程。复杂的经济活动中，往往很难找到最佳方案，通常情况下是从两个或两个以上的方案中找到可以实现目标的最优方案，或者是对一个方案的可行性进行研究和判断。

随着科学技术的日新月异，市场上的新产品层出不穷，市场形势变化多端，决策分析则是管理会计人员在企业经营活动或投资活动中所面临的问题，充分利用各种资料和信息，提出可行的备选方案，借助科学的理论和方法进行测算和分析，帮助主管当局决策。因此，决策分析在现代企业管理中非常重要，是企业经济管理的重心。

企业的决策按照决策影响的时间长短分类，可分为长期经营决策和短期经营决策。

长期经营决策（Long－term Business Decision)，指一般需要投入大量资金，投资需考虑货币时间价值和投资风险价值，获取报酬和影响期间超过一年或者长于一年的一个营业周期以上的取得最佳回报的投资决策。

短期经营决策（Short－term Business Decision)，指企业在一年内或长于一年的一个营业周期以内为获取最佳经济效益，在现有技术装备和经营条件下，在若干可行方案中选择最优方案的过程。短期经营决策侧重于从资金、成本、利润等方面对如何充分利用现有资源条件和经营环境，从而取得最大经济效益的决策。短期经营决策主要包括生产决策、定价决策。通常不涉及固定资产投资和经营规模的改变，因此，短期经营决策通常是在成本性态分析时提到的“相关范围”内所进行的决策。

二、短期经营决策的流程

短期经营决策过程主要包括以下四个步骤：

（一）明确决策目标

制定决策首先必须明确决策的问题和目标，例如，是否接受某一客户的特殊订单，或者生产何种产品。在一项决策作出之前，必须首先弄清楚该问题。弄清楚问题以后，就应该对决策的标准进行界定，目标是利润最大化，是尽可能扩大市场的份额，还是使成本最小化?在决策之前，必须清晰界定决策的标准，作为选择最优方案的依据和准绳。

（二）提出备选方案

对决策问题明确之后，应该收集相关资料和数据，并充分考虑现实与可能，设计制定各种可能实现目标的备选方案。备选方案的制定要集思广益，充分考虑各种可能的情况和因素。各备选方案要尽可能详细，以有利于分析各方案的优劣。

（三）选择最优方案

这一过程需要对各备选方案进行详细的定性和定量分析，从各个方面分析各方案的可行性和优劣。这个过程是正确决策的关键，它要求对各方案的决策标准（如利润）作出细致的分析，进而通过各方案的决策标准进行比较，从而得出最优方案。

（四）决策实施与控制

最优方案选定以后，就要组织实施，在方案的实施过程中，可能会出现不曾预料到的新情况，根据新情况可能要调整和修改原方案，对方案实施过程的监控，可以保证决策的顺利实施，同时能够积累经验和数据，为之后的类似决策提供指导。

三、短期经营决策特殊成本概念

企业决策就在于从各个备选方案中选出最优方案。判断方案优劣的经济标准有两个：成本和经济效益，而成本又是影响经济效益高低的一个重要的制约因素。因此，为了使企业的决策更加准确可靠，我们首先必须弄清各种成本同决策之间的关系。从与企业决策是否相关的角度划分，成本可分为两大类：即相关成本和不相关成本。

（一）相关成本

相关成本（Relevant Cost）是指与决策相关的成本，在分析评价时必须加以考虑，它随着决策的改变而改变。

相关成本的表现形式有很多，诸如差量成本、边际成本、机会成本、重置成本、付现成本、专属成本、可避免成本、可延缓成本等。

1. 差量成本。差量成本（Differential Cost）是指一个备选方案的预期成本与另一个备选方案的预期成本之差，也可称为“差别成本”。与差量成本相对应的是差量收入和差量损益。差量收入是若干备选方案预期收入的差额。差量收入与差量成本之间的差额称为差量损益。在决策过程中，企业可有效地应用于多种决策方案的评价。

2. 边际成本 。边际成本（Marginal Cost）是指产品成本对产品产量无限小变化的变动部分，即成本随业务量的变动率。但在现实经济生活中，产品产量无限小的变化只能小到一个单位，低于一个单位就没有实际意义了。因此，边际成本就是产量增加或减少一个单位所引起的成本的变动量，是增量成本的一种特殊形式。在相关范围内，边际成本就是产品的单位变动成本。

3. 机会成本。机会成本（Opportunity Cost）是指企业为从事某项经营活动而放弃另一项经营活动的机会，或利用一定资源获得某种收入时所放弃的另一种收入。另一项经营活动应取得的收益或另一种收入即为正在从事的经营活动的机会成本。通过对机会成本的分析，要求企业在经营中正确选择经营项目，其依据是实际收益必须大于机会成本，从而使有限的资源得到最佳配置。机会成本是以经济资源的稀缺性和多种选择机会的存在为前提，在进行决策时，只有把可选机会可能获得的收益考虑进去，才能对所选方案的预期经济收益有全面、客观的评价。虽然机会成本不是企业发生的实际支出，但在决策分析时必须考虑，才能客观的评价方案。机会成本的特殊形式包括估算成本，也称假设成本，指需要经过假定推断才能确定的机会成本，最典型的就是利息。

4. 重置成本。重置成本（Replacement Cost）又称现行成本，是指按照目前市场条件，重新取得同样一项资产所需支付的现金或现金等价物金额。在短期经营决策的定价决策以及长期投资决策的新设备替换旧设备的决策中，需要考虑用重置成本作为相关成本。

5. 付现成本。付现成本（Out－of－pocket Cost）又叫现金支出成本。在进行短期经营决策时，付现成本是指那些由于未来某项决策所引起的需要在将来动用现金支付的有关成本。当企业资金紧张时，向市场上筹措资金又比较困难或借款利率较高时，企业面临如何以较低的成本进行采购的决策。决策时对付现成本的考虑，往往比对总成本的考虑更为重视，趋向于选择“付现成本”最小的方案来代替“总成本”最低的方案。

6. 专属成本。专属成本（Dedicated Cost）又称特定成本（Specific Cost），是指那些能够明确归属于特定决策方案的固定成本或混合成本。例如专门生产某种产品的专用设备折旧费、保险费等。若采用购买方式，则购买设备的支出就是该方案的专属成本；若采用租入方式，则设备的租金就是该方案的专属成本。此外，凡是属于某一方案新增加的固定成本都可确认为专属成本，如采购材料，到外地采购材料的差旅费支出就可确认为该采购方案的专属成本。专属成本是方案的相关成本，必须考虑。

7. 可避免成本。可避免成本（Avoidable Cost）是指在短期经营决策中并非绝对必要，通过某项决策行动可以改变的成本。如果采用某一特定方案，与此相联系的某项支出就必然发生；如果没有采用该方案，则此项支出就不会发生。例如，企业在生产能力范围内接受某一特殊订单，完成订单需要购买一台专用设备，专用设备的款项是否要发生，完全取决于特殊订单的接受与否。如果不接受就不会发生，所以可避免。

8. 可延缓成本。可延缓成本（Postponable Cost）是指管理部门已经决定要实施某一方案，方案实施中，推迟某些费用的支付，对经营活动并不会发生较大的不利影响，与该方案有关的这些成本可称为可延缓成本。即在短期经营决策中对其暂缓开支不会对企业未来的生产经营产生重大不利影响的那部分成本，如广告费、职工培训费、管理人员奖金、研究开发费等。可延缓成本是决策中必须考虑的相关成本。

（二）不相关成本

不相关成本（Irrelevant cost）是相关成本的反义，它是指与决策没有关联的成本。或者说不相关成本不随决策的改变而改变。不相关成本或者是过去已经发生的成本，或者是虽未发生，但在各种替代方案下数额相同，对未来决策没有影响，因此在决策分析中可以不考虑。不相关成本的表现形式主要有沉没成本、共同成本、不可避免成本、不可延缓成本、无差别成本等。

1. 沉没成本。沉没成本（Sink Cost）是指以往发生的与当前决策无关的费用。从决策的角度看，以往发生的费用只是造成当前状态的一个因素，当前决策所要考虑的是未来可能发生的费用及所带来的收益，而不考虑以往发生的费用。我们把这些已经发生不可能收回的支出，如时间、金钱、精力等称为“沉没成本”。沉没成本常用来和可变成本作比较，可变成本可以被改变，而沉没成本则不能被改变。

2. 共同成本。共同成本（Common Cost）是指为多种产品的生产或为多个部门的设置而共同发生的成本，应由这些产品或这些部门共同负担的成本。例如，在企业生产过程中，几种产品共同的设备折旧费、辅助车间成本等，都是共同成本。共同成本是与专属成本相对立的成本，是指应当由多个方案共同负担的固定成本或混合成本。由于共同成本的发生与特定方案的选择无关，因此，在决策时可以不予考虑，也属于比较典型的无关成本。

3. 不可避免成本。不可避免成本（Unavoidable Cost）是指同某项特定决策没有直接联系的成本。成本的发生与否，并不取决于有关方案的取舍。例如，企业在正常生产能力范围内接受某一订单，企业日常的厂房、设备的折旧费与特定订货的接受与否没有关系，不论接受还是不接受该项订货，都会发生，这些折旧费就是不可避免成本。

方案的取舍主要考察可避免成本，它是方案差别成本的组成部分。不可避免成本是目前已经客观存在的成本，它与备选方案的取舍没有直接联系。

4. 不可延缓成本。不可延缓成本（Unpostponable Cost）是指某项已经选定的方案，必须在计划期实施而不能推迟执行的某项方案的成本。不可延缓执行的方案，通常需要管理当局想方设法安排资金并加以实施。如对已造成环境污染的设备必须要安装环保装置，否则会遭到环保部门勒令停产的处罚，安装环保装置的成本就属于不可延缓成本。

5. 无差别成本。无差别成本（Non－differential Cost）是指两个或两个以上方案之间没有差别的成本。例如，两个产品的变动成本相同。

任务二　生产决策

生产决策是企业短期经营决策的重要内容，它主要针对企业短期内（或者当前经营规模范围内）是否生产、生产什么、怎样组织生产等问题进行的相关决策。典型的生产决策包括亏损产品是否需要停产的决策、零部件自制还是外购的决策、特殊订单是否接受的决策、约束资源如何最优利用的决策、产品是否进一步深加工的决策等。

一、生产决策的主要方法

企业决策可以采用的方法有多种，可根据决策对象的具体内容和性质的不同作出选择。其中，生产决策最常用的分析方法有差量分析法、边际贡献分析法、本量利分析法。

（一）差量分析法

差量分析法（Differential Analysis Method），又称为差量损益分析法、差别损益分析法，是通过分析备选方案之间的差额收入和差额成本，根据差额利润进行决策的方法。差额收入是两个方案的相关收入之差，差额成本是两个方案相关成本之差。在比较方案时，如果差量利润大于零，表明前一备选方案优于后一备选方案；反之，则表明后一备选方案优于前一备选方案。通常通过编制差量分析表来计算差额利润的高低。

这种方法在分析过程中，只考虑相关收入和相关成本，对不相关因素不予考虑，因此较为简单明了，但对于两个以上的备选方案，只能两两进行比较，逐次筛选，故比较烦琐。

（二）边际贡献分析法

边际贡献分析法（Marginal Contribution Analysis），就是通过对比各个备选方案的边际贡献额的大小来确定最优方案的决策方法。边际贡献是销售收入与变动成本的差额。在短期生产决策过程中，固定成本往往稳定不变，因此，直接比较各备选方案边际贡献额的大小就可以作出判断。但当决策中涉及追加专属成本时，就无法直接使用边际贡献大小进行比较，此时，应该使用相关损益指标，某方案的相关损益是指该方案的边际贡献额与专属成本之差，或该方案的相关收入与相关成本之差。哪个方案的相关收益大，哪个方案为优，这种相关损益分析法可以看作是边际贡献分析法的一种特例。

(三) 本量利分析法

本量利分析法（Cost－volume－profit Analysis）就是利用成本、产量和利润之间的依存关系来进行生产决策的方法。利用本量利分析的思路和各种分析指标，可以方便地分析判断各种方案对企业利润的影响程度。

二、亏损产品的决策

某种产品发生亏损是企业常常遇到的问题，所谓亏损产品是指其营业收入不能补偿其全部成本支出的产品。亏损产品按其亏损情况具体又分为两类：一类是实亏产品，即销售收入低于变动成本，这种产品生产越多，亏损越多，一般不应继续生产；另一类是虚亏产品，即销售收入高于变动成本，这种产品对企业还是有贡献的，因为它能够为企业提供一定的边际贡献，对于这一类亏损产品，应区分不同情况进行决策。对于亏损的产品或者部门，企业是否应该立即停产呢？从短期经营决策的角度，关键是看该产品或者部门能否给企业带来正的边际贡献。

【任务 7－1】 假定齐鲁公司生产 A、B、C 三种产品，其中 A 产品是亏损产品，有关资料见表 7－1。问：是否停产 A 产品？

表 7－1　　**停产前损益表**　　单位：万元

项　目	A 产品	B 产品	C 产品	合　计
营业收入	250	200	300	750
减：变动成本	210	100	210	520
边际贡献	40	100	90	230
减：固定成本	50	40	60	150
息税前利润	－10	60	30	80

固定成本是按营业收入占任务比例分摊。

从表 7－1 中可以看出，A 产品虽没有获利，但能够提供 40 万元的边际贡献，这可以补偿部分固定成本。因此，应继续生产，否则会使息税前利润减少 40 万元。可见，在企业生产能力无法转移的情况下，只要亏损产品能够提供正的边际贡献，就不应停止其生产，如果有条件，还应扩大生产，这样才能使企业利润增加；相反，若停止生产 A 产品，固定成本依然存在，不会因亏损产品的停产而改变，只能转由其他产品负担，在这种情况下，息税前利润不仅不会增加，反而会减少。如果停止生产 A 产品，息税前利润总额将由 80 万元下降到 40 万元，见表 7－2。

表 7－2　　停产后损益表　　单位：万元

项　目	B产品	C产品	合　计
营业收入	200	300	500
减：变动成本	100	210	310
边际贡献	100	90	190
减：固定成本	60	90	150
息税前利润	40	0	40

三、零部件自制还是外购的决策

对于某些行业的企业来说，零部件可以自制也可以选择向外部供应商购买。例如，汽车制造企业所需要的汽车配件，可以自行生产，也可以向外部的零部件供应商采购。零部件是自制还是外购，从短期经营决策的角度，需要比较两种方案的相关成本，选择成本较低的方案即可。在决策时还需要考虑企业是否有剩余生产能力，如果企业有剩余生产能力，不需要追加设备投资，那么只需要考虑变动成本即可；如果企业没有足够的剩余生产能力，需要追加设备投资，则新增加的专属成本也应该属于相关成本。同时还需要把剩余生产能力的机会成本考虑在内。

1. 零部件自制不需增加固定成本且自制能力无法转移。在企业已经具备的自制能力无法转移的情况下，原有的固定成本属于沉没成本，不会因零部件的自制或外购而发生变动。因此，在这项决策分析中，只需将自制方案的变动成本与外购成本进行比较。如果自制变动成本高于外购成本，则应外购；如果自制变动成本低于外购成本，则应自制。

【任务 7－2】齐鲁公司每年需用甲零部件 5 000 件，该零件既可以自制，又可以外购。若外购每件单价为 20 元。若自制，企业拥有多余的生产能力且无法转移，零件自制的相关单位成本资料如表 7－3 所示。甲零件是自制还是外购？

表 7－3　　相关单位成本资料

项　目	金额（元）
直接材料	12
直接人工	3
变动制造费用	3
固定制造费用	5
变动成本	18
生产成本	23

根据题意，由于企业拥有多余的生产能力，固定成本属于无关成本，不需考虑，自制甲零部件单位变动成本为 18 元（直接材料 12 元，直接人工 3 元，变动制造费用 3 元），外购单价为 20 元。则有：

自制总成本为：5 000×18＝90 000（元）

外购总成本为：5 000×20＝100 000（元）

企业应选择自制方案，可节约成本 10 000（100 000－90 000）元。

2. 零部件自制不需增加固定成本且自制能力可以转移 。在自制能力可以转移的情况下，自制方案的相关成本除了包括按零部件全年需用量计算的变动生产成本外，还包括与自制能力转移有关的机会成本，无法通过直接比较单位“变动生产成本与外购单价作出决策，必须采用差额分析法。

【任务 7—3】仍按【任务 7—2】资料，假定自制甲零部件的生产能力可以转移，每年预计可以获得边际贡献 30 000 元。甲零部件是自制还是外购？

根据题意，企业现具有足够的剩余生产能力，但剩余生产能力可以转移获得 30 000 边际贡献。如果选择自制甲零部件，则会放弃带来的边际贡献，可以看作自制甲零部件的机会成本为 30 000 元。

依题意编制的相关差额成本分析表如表 7—4 所示。

表 7—4 **差额成本分析表** 单位：元

项　目	自制甲零部件	外购甲零部件	差额成本
变动成本	5 000×18＝90 000	5 000×20＝100 000	−10 000
机会成本	30 000		30 000
相关成本合计	120 000	100 000	20 000

企业应选择外购方案，可节约成本 20 000 元。

3. 零部件自制但需要增加固定成本。当自制零部件时，如果企业没有多余的生产能力或多余生产能力不足，就需要增加固定成本以购置必要的机器设备。在这种情况下，自制零部件的成本，就不仅包括变动成本，而且还包括增加的固定成本。

【任务 7—4】仍按【任务 7—2】资料，假定目前齐鲁公司自制甲零部件的生产能力只有 3 000 件，若自制 5 000 件，则需租入设备一台，租金 8 000 元，这样可以达到生产能力 5 000 件，相关差额成本分析表如表 7—5 所示。

表 7—5 **差额成本分析表** 单位：元

项　目	自制甲零部件	外购甲零部件	差额成本
变动成本	5 000×18＝90 000	5 000×20＝100 000	−10 000
专属成本	8 000		8 000
相关成本合计	98 000	100 000	−2 000

从表 7—5 中可知，自制甲零部件的成本低于外购成本，差额成本为 2 000 元，公司应该选择自制甲零部件。

若齐鲁公司可以采用自制和外购相结合的方式取得甲零部件。在这种情况下，齐鲁公司可以按照生产能力自制甲零部件 3 000 件，因为其自制成本低于外购成本，超过 3 000 件的部分，则应比较外购成本与自制成本的高低。对于超过 2 000 件部分的零件，如果自制，单位成本为 22 元（18＋8 000/2 000），超过了外购的单位成本，因此，超过部分应该选择外购。这样，企业应该自制 3 000 件，同时外购 2 000 件零件。

在进行自制还是外购决策时，决策者除了要考虑相关成本因素以外，还要考虑外购产品的质量、送货的及时性、长期供货能力、供货商的新产品研发能力以及本企业有关职工的抱恕程度等因素，在综合考虑各方面因素之后才能进行最后的选择。

四、特殊订单是否接受的决策

企业往往会面对一些特殊的订货合同，这些订货合同的价格有时会低于市场价格，甚至低于平均单位成本。在决定是否接受这些特殊订货时，决策分析的基本思路是比较该订单所提供的边际贡献是否能够大于该订单所引起的相关成本。企业管理人员应针对各种不同情况，进行具体分析，并作出决策。

（1）如果特殊订单不影响正常销售的完成，即利用剩余生产能力就可以完成特殊订单，又不需要追加专属成本，而且剩余生产能力无法转移。这时，只要特殊订单的单价大于该产品的单位变动成本，就可以接受该特殊订单。

（2）如果特殊订单要求追加专属成本，其余条件同（1），则接受该特殊订单的前提条件就应该是：该方案的边际贡献大于追加的专属成本。

（3）如果相关的剩余生产能力可以转移，其余条件同（1），则应该将转移剩余生产能力的可能收益作为特殊订单的机会成本予以考虑，当特殊订单创造的边际贡献大于机会成本时，可以接受该订货。

（4）如果特殊订单影响正常销售，即剩余生产能力不够满足全部的特殊订单，从而减少正常销售，其余条件同（1），则由此而减少的正常边际贡献作为特殊订单的机会成本。当特殊订单的边际贡献足以补偿这部分机会成本时，可以接受订货。

【任务 7—5】齐鲁公司甲产品的生产能力为 15 000 件，目前的正常订货量为 10 000 件，销售单价 20 元，单位产品成本为 16 元，成本构成如表 7—6 所示。

表 7—6 **成本构成资料** 单位：元

成本项目	金额
直接材料	6
直接人工	4
变动制造费用	2
固定制造费用	4
单位产品成本	16

现有客户向该企业追加订货，且客户只愿意出价每件 14 元，请分别针对下述不同情况，分析企业是否应该接受该订单：

（1）追加订货 5 000 件。若无该追加订单，剩余生产能力无法转移。若接受该订单，不需要追加专属成本。

（2）追加订货 5 000 件。若无该追加订单，剩余生产能力无法转移。若接受该订单，需要追加专属成本 5 000 元。

（3）追加订货 6 000 件。若无该追加订单，剩余生产能力无法转移。若接受该订单，不需要追加专属成本。

（4）追加订货 6 000 件。若无该追加订单，剩余生产能力可以对外出租，可获租金 5 000 元。若接受该订单需要追加专属成本 2 000 元。

下面我们分别分析如下：

(1) 特殊订单的定价为每件 14 元，单位变动成本为 12 元 (6+4+2)，因此，接受该订单可以增加边际贡献 10 000 元，应该接受该订单。

(2) 订货可增加边际贡献 10 000 元，扣除增加的专属成本 5 000 元，可以增加利润 5 000 元，应该接受该订单。

(3) 接受订单会影响到正常销售，企业的剩余生产能力能够生产 5 000 件。其余的 1 000 件要减少正常的订货量，因此 1 000 件正常销售所带来的边际贡献应该作为接受订单的机会成本。订单的 6 000 件会带来边际贡献额 6 000× (14－12) ＝12 000 (元)，扣除 1 000 件的机会成本 1 000× (20－12) ＝8 000 (元)，增加利润＝12 000－8 000＝4 000 (元)。因此应该接受该订单。

(4) 剩余生产能力的年租金应该作为接受订单的机会成本，因此，接受订单的差额利润计算如表 7－7 所示。

表 7－7　差额利润计算表　单位：元

项　目	接受追加订货
增加的相关收入	6 000×14＝84 000
增加的变动成本	6 000×12＝72 000
增加边际贡献	12 000
减：专属成本	2 000
机会成本 (减少的正常销售)	1 000× (20－12) ＝8 000
机会成本 (租金收入)	5 000
增量收益	－3 000

接受订单带来的差额利润为－3 000 元，即减少利润 3 000 元，显然此时企业不应该接受该订单。

五、约束资源最优利用决策

约束资源，是指企业实际拥有的资源能力小于需要的资源能力的资源，即制约企业实现生产经营目标的瓶颈资源，也称最紧缺资源，如流动资金、原材料、劳动力、生产设备、技术等要素及要素投入的时间安排等。

每个单位可能都有自已的最紧缺资源，有的企业最缺关键技术人才，有的企业最缺关键设备，有的企业最缺资金，有的企业最缺水，有的企业最缺电。约束资源满足不了企业的所有需要，因资源有限，就存在企业如何来安排生产的问题，即优先生产哪种产品，才能最大限度地利用好约束资源，让企业产生最大的经济效益。我们把这种决策叫约束资源最优利用决策。这类决策也是企业在日常生产经营活动中经常会遇到的决策问题。

【小贴士】约束资源最优利用决策，通常是短期的日常的生产经营安排，因此固定成本对决策没有影响，或者影响很小。决策原则主要是考虑如何安排生产才能最大化企业总的边际贡献，这里需要运用一个核心指标：单位约束资源边际贡献，它等于单位产品边际贡献除以该单位产品耗用的约束资源量。

即：

$$单位约束资源边际贡献=\frac{单位产品边际贡献}{该单位产品耗用的约束资源量}$$

【任务 7—6】某企业生产甲、乙两种产品，这两种产品的有关数据资料如表 7—8 所示。该企业生产这两种产品时都需用同一项机器设备进行加工，该机器设备属于该企业的约束资源。该设备每月能提供的最大加工时间是 10 000 分钟。根据目前市场情况，该企业每月销售甲产品 3 000 件，甲产品每件需要该设备加工 2 分钟；该企业每月销售乙产品 6 000 件，乙产品每件需要该设备加工 1 分钟。企业生产需要该设备加工时间是每月 12 000（6 000×1+3 000×2）分钟，而该设备能提供的加工时间是每月 10 000 分钟，无法完全满足生产需要。请问该企业如何安排生产，才能最有效地利用该项机器设备？

表 7—8　　甲、乙产品相关数据　　单位：元

项　目	甲产品	乙产品
销售单价	50	60
单位变动成本	20	36
单位边际贡献	30	24
边际贡献率	60%	40%

从表 7—8 看出，生产甲产品的单位边际贡献为 30 元，生产产品 B 的单位边际贡献是 24 元。是否应该先生产甲产品呢？

从最优利用约束资源角度，我们可以看出，紧缺机器 1 分钟可以生产 1 件乙产品，创造边际贡献是 24 元；同样 1 分钟，用来生产甲产品，只能生产半件，创造的边际贡献是 30/2=15（元）。如表 7—9 所示。

表 7—9　　单位限制资源边际贡献计算表

项　目	甲产品	乙产品
单位产品边际贡献（元）	30	24
每件产品需要加工时间（分钟）	2	1
单位约束资源边际贡献（元/分钟）	15	24

从最优利用约束资源角度看，同样的时间，优先用来生产乙产品效益高。因此，该企业可以优先安排生产乙产品，剩余的机器加工资源再来安排生产甲产品。如此，应该能产生最大经济效益。如表 7—10 所示。

表 7—10　　最有效利用紧缺机器的生产安排

项　目	生产安排
乙产品的产销量	6 000 件
乙产品对紧缺机器加工时间需求	6 000×1=6 000（分钟）
能提供的紧缺机器加工时间/月	10 000 分钟
安排乙产品生产后剩余加工时间	10 000−6 000=4 000（分钟）
可用于甲产品的机器加工时间	4 000 分钟
可用于加工甲产品的产品	4 000/2=2 000（件）

如表 7－10 所示，现在最优的生产安排是优先安排生产乙产品，生产乙产品 6 000 件，剩余生产能力安排生产甲产品，可生产甲产品 2 000 件。在这样的生产安排下，该企业能产生的最大总边际贡献为 6 000×24＋2 000×30＝144 000＋60 000＝204 000（元）。该类决策最关键的指标是“单位约束资源边际贡献”。

六、产品是否进一步深加工的决策

有些企业生产的产品，既可以直接对外销售，也可以进一步加工后再出售。此时企业需要对产品是直接出售还是进一步深加工两种方案进行选择。

在这种决策类型中，进一步深加工前的半成品所发生的成本，都是无关的沉没成本。因为无论是否深加工，这些成本都已经发生而不能改变。相关成本只应该包括进一步深加工所需的追加成本，相关收入则是加工后出售和直接出售的收入之差。对这类决策通常采用差量分析的方法。

【任务 7－7】 齐鲁公司每年可生产 A 半成品 2 000 件，如果直接出售，销售单价为 50 元，单位变动成本为 37 元，全年固定成本总额 10 000 元，若把 A 半成品进一步加工为产品 B，则每件需要追加变动成本 5 元，产品的销售单价变为 60 元。下列两种情况，应分别如何决策？

（1）企业已经具备进一步加工 2 000 件 A 半产品的能力，该生产能力无法转移。如果进一步加工 A 产品，需要追加专属固定成本 6 000 元，分析结果见表 7－11。

表 7－11　　差量损益分析表　　单位：元

项　目	进一步加工	直接出售	差　量
相关收入	60×2 000＝120 000	50×2 000＝100 000	20 000
相关成本	16 000	0	16 000
其中：变动成本	5×2 000＝10 000	0	—
专属成本	6 000	0	—
差额利润			4 000

可见，继续加工比直接出售可多获利 4 000 元，因此应选择进一步深加工该产品。

（2）企业只具备进一步加工 1 000 件 A 半成品的能力，该能力可用于对外承揽加工业务，加工业务可获得边际贡献 6 000 元，分析结果见表 7－12。

表 7－12　　差量利润分析表　　单位：元

项　目	进一步加工	直接出售	差　量
相关收入	60×1 000＝60 000	50×1 000＝50 000	10 000
相关成本	11 000	0	11 000
其中：变动成本	5×1 000＝5 000	0	
机会成本	6 000	0	
差额利润			－1 000

从表 7－12 可以看出，进一步加工会减少利润 1 000 元，因此企业应该直接出售该产品。

任务三　定价决策

企业产品价格制定的是否合理，不仅直接影响产品的销路，而且同时影响企业的收入和利润。如果产品定价过高，会减少销售量；如果定价过低，则不足以保证足够的利润。因此，定价决策是企业至关重要的一项经营决策。

一、影响定价的因素

（一）价值因素

产品的价格是价值的货币表现形式，价值的大小决定了价格的高低，产品价值的大小是由凝结在产品上的社会必要劳动时间决定的。提高劳动效率，可以相对降低产品价格。

（二）成本因素

产品的成本是定价基础，只有产品的价格能够弥补已经发生的成本费用，企业才能持续的经营下去。企业在初创期，为了吸引客户，短期内产品的价格可能会低于成本，但是，从经营的持续性来看，产品的价格应该是总成本加上一定的利润构成的。产品的价格要能够弥补产品生产的原料、加工、管理、营销的成本，并能够给企业带来一定的利润空间，企业才能长久生存下去。

（三）市场供求因素

市场的供求对价格的变动有较大的影响。当产品的供大于求，价格就会向下波动；反之，价格就会向上波动。

（四）竞争因素

市场竞争程度的不同，对定价也会产生较大影响。在完全竞争市场上，企业几乎没有定价的主动性，只能接受市场价格；在不完全竞争的市场上，竞争的强度主要取决于产品生产的难易和供求关系。为了做好定价决策，企业必须充分了解竞争者的情况，最重要的是竞争对手的定价策略。

（五）政策法规因素

各个国家对市场物价的高低和变动都有限制和法律规定，同时国家会通过财政和金融等手段间接调整价格。企业在制定定价策略时需要熟悉所在地区相关的政策和法规。

二、企业的定价目标

定价目标是指企业在一定的经营环境下，通过产品的价格效应实现预期经营目标。企业的定价目标要与企业的战略目标相匹配，明确价格管理的方向，并用于指导选择合适的定价方法和价格运用策略。企业的定价目标主要有以下几种：

（一）利润最大化

利润最大化目标通常是为产品制定一个较高的价格，从而提高产品单位利润率，最终实现企业利润最大化。主要适用于在市场上处于领先或垄断地位的企业，或者在行业竞争中具有竞争优势，并能保持竞争优势的企业。

（二）保持或提高市场占有率

市场占有率是指企业产品销售额在同类产品市场销售总额中所占的比重，其大小在一定程度上反映了企业的经营状况和竞争实力。把保持和提高市场占有率作为企业产品的评价目标，产品定价按照有利于销售收入提高的原则，在此目标下产品的价格往往会低于同类产品价格，以价格赢得客户，逐步提高企业的市场份额，在一定时间内要牺牲企业的利润。因此，采用这种定价目标的企业一般要求具有较大的生产经营能力，商品的需求价格弹性较大，适用于薄利多销的企业。

（三）稳定价格

为了长期稳定的占领市场，在行业中具有主导地位的企业，往往希望价格稳定，从而获取稳定的利润。表现的形式是行业中的领头企业制定价格，其他企业的价格与其保持一定的比例关系，各企业的商品不会随便的降价。优点主要表现在创造了一个相对稳定的市场环境，避免产生价格战带来的负面效应，使其能够在一个稳定的价格下获得比较稳定的利润。该种定价策略通常适用于产品标准化的行业，如钢铁制造业等。

（四）应付和避免竞争

企业参照对市场有决定性影响的竞争对手的产品价格变化情况，随时调整本企业产品价格。在价格制定时，价格与竞争对手的价格保持一定的比例关系，不主动调整价格。该定价策略主要适用于中小企业。

（五）树立企业形象及产品品牌

企业形象及产品品牌是企业在经营中创造的重要无形资产，产品的价格，在一定程度上反映企业形象和产品形象。以树立企业形象及产品品牌为定价目标主要有两种情况：一是树立优质高价形象。某些品牌具有较高的质量认知价值，会被某一客户群所认同和接受。企业在定价时，可以制定一个较高的价格，利用产品品牌的增值效应，该种策略既可以满足消费者的心理需求，还可以使企业获得高额利润。二是树立大众化价格形象。通过大众化的价格，吸引大量的普通消费者，以扩大销量，获取利润。

三、产品基本定价方法

在企业实践中通常采用的定价方法主要包括成本加成定价法、保本点定价法、变动成本法、目标成本法等。

（一）成本加成定价法

全部成本费用加成定价法，指先计算成本基数，然后在此基础上加上一定的“成数（利润空间）”，在工业企业一般是根据成本利润率，而商业企业一般是根据销售利润率，以此获得产品目标价格。在考虑税金的情况下，有关计算公式为：

①成本利润率定价：

$$成本利润率=\frac{预测利润总额}{预测成本总额}\times 100\%$$

$$单位产品价格=\frac{单位成本\times（1+成本利润率）}{1-适用税率}$$

②销售利润率定价：

$$销售利润率=\frac{预测利润总额}{预测销售总额}\times 100\%$$

$$单位产品价格=\frac{单位成本}{1-销售利润率-适用税率}$$

上述公式中，单位成本是指单位全部成本费用，可以用单位制造成本加负担的期间费用来确定。

【任务 7-8】 齐鲁公司产品定价采用全部成本费用加成定价法制定目标价格。会计部门提供生产甲产品预计单位产品的制造成本为 200 元，计划销售 1 000 件，计划期的期间费用总额为 85 000 元，该产品适用的消费税税率为 5%。成本利润率要求达到 10%。根据上述资料，计算单位甲产品的价格为：

$$单位甲产品价格=\frac{\left(200+\frac{85\,000}{1\,000}\right)\times（1+10\%）}{1-5\%}=330（元）$$

全部成本费用加成定价法可以保证全部生产耗费得到补偿，但它很难适应市场需求变化，往往导致定价过高或过低。并且，在很多时候企业生产多种产品时，间接费用难以合理分摊，从而导致定价不准确。

（二）保本点定价法

保本点定价法的基本思想是，按照刚好能够保本的原理来制定产品销售价格，该种方法确定的价格是最低销售价格。其计算公式为：

$$单位产品价格=\frac{单位固定成本+单位变动成本}{1-适用税率}=\frac{单位完全成本}{1-适用税率}$$

【任务 7-9】 齐鲁公司生产的乙产品，采用保本点定价法。乙产品的单位变动成本是 40 元，应负担的固定成本总额为 7 500 元，本期计划销售量为 1 000 件，适用的消费税税率为 5%。根据上述资料，乙产品的价格应为：

$$单位乙产品价格=\frac{40+\frac{7\,500}{1\,000}}{1-5\%}=50（元）$$

（三）变动成本定价法

变动成本定价法，是指企业在生产能力有剩余的情况下增加生产一定数量的产品，这些增加的产品可以不负担企业的固定成本，只负担变动成本，在确定价格时产品成本仅以变动成本计算。此处变动成本是指完全变动成本，包括变动制造成本和变动期间费用。计算公式为：

$$单位产品价格=\frac{单位变动成本\times（1+成本利润率）}{1-适用税率}$$

【任务 7—10】齐鲁公司本年度接到一额外订单，订购丁产品 1 000 件，单价 200 元。企业原有的生产能力是 10 000 件，计划生产 8 000 件，预计的单位变动成本是 150 元，计划期的固定成本费用总额是 320 000 元，该产品的消费税税率为 5%，成本利润率必须达到 10%。请问：该企业计划内丁产品单位价格是多少？是否应接受这一额外订单？

根据上述资料，企业计划生产的产品价格为：

$$计划内丁产品单位价格=\frac{\left(150+\frac{320\ 000}{8\ 000}\right)\times(1+10\%)}{1-5\%}=220（元）$$

追加生产 1 000 件的单位变动成本为 150 元，则：

$$计划外单位丁产品价格=\frac{150\times(1+10\%)}{1-5\%}=173.68（元）$$

因为额外订单单价高于其变动成本计算的价格，故应接受这一额外订单。

（四）目标利润法

目标利润是指企业在预定时期内应实现的利润水平。目标利润定价法是根据预期目标利润和产品销售量、产品成本、适用税率等因素来确定产品销售价格的方法。其计算公式为：

$$单位产品价格=\frac{目标利润总额+完全成本总额}{产品销量\times(1-适用税率)}$$

$$=\frac{单位目标利润+单位完全成本}{1-适用税率}$$

【任务 7—11】齐鲁公司生产的丙产品，本期计划销售量为 20 000 件，目标利润总额为 120 000 元，完全成本总额为 830 000 元，适用的消费税税率为 5%。根据上述资料，运用目标利润法测算齐鲁公司的丙产品的单位产品价格：

$$单位丙产品价格=\frac{120\ 000+830\ 000}{20\ 000\times(1-5\%)}=50（元）$$

四、价格运用策略

企业之间的竞争在很大程度上表现为企业产品在市场上的竞争。市场占有率的大小是衡量产品市场竞争能力的主要指标。在提升产品质量的基础上，根据具体情况合理运用不同的价格策略，可以有效提高产品市场占有率和企业竞争能力。主要的价格策略有以下几种：

（一）折让定价策略

折让定价策略是指在一定条件下，以降低产品的销售价格来刺激购买者，从而达到扩大产品销售量的目的。价格的折让主要表现是折扣，一般表现为单价折扣、数量折扣、推广折扣和季节折扣等形式。单价折扣，是指给予购买者以价格上的折扣，而不管其购买数量的多少。数量折扣，即按照购买者购买数量的多少所给予的价格折扣。推广折扣，是指企业为了鼓励中间商帮助推销本企业产品而给予的价格优惠。季节折扣，即企业为鼓励购买者购买季节性商品所给予的价格优惠，鼓励购买者提早采购，减轻企业的储存压力，加速资金周转。

（二）心理定价策略

心理定价策略是指针对购买者的心理特点而采取的一种定价策略，主要有声望定价、尾数定价、双位定价和高位定价等。声望定价，是指企业按照其产品在市场上的知名度和在消费者中的信任程度来制定产品价格的一种方法。声望定价体现的是“品牌效应”，声望越高，价格越高。尾数定价，即在制定产品价格时，价格的尾数取接近整数（如 99 元）或带有一定谐音的数（如 168 元）等，主要适用于价值较小的中低档日用消费品定价。双位定价，是指在向市场以挂牌价格销售时，采用两种不同的标价来促销的一种定价方法。比如，某产品标明“原价 628 元，促销价 299 元”。这种策略适用于市场接受程度较低或销路不大好的产品。高位定价，是根据消费者“价高质优”的心理特点实行高标价促销的方法。

（三）组合定价策略

组合定价策略是针对相关产品组合所采取的一种方法。它根据相关产品在市场竞争中的不同情况，使互补产品价格有高有低，或使组合售价优惠。对于具有互补关系的相关产品，可以采取降低部分产品价格而提高互补产品价格，以促进销售，提高整体利润，如便宜的整车与高价的配件等。对于具有配套关系的相关产品，可以对组合购买进行优惠，比如配套的服装等。组合定价策略可以扩大销售量，节约流通费用，有利于企业整体效益的提高。

（四）寿命周期定价策略

寿命周期定价策略是根据产品从进入市场到退出市场的生命周期，分阶段确定不同价格的定价策略。产品在市场中的寿命周期一般分为推广期、成长期、成熟期和衰退期。推广期产品需要获得消费者的认同，进一步占有市场，应采用低价促销策略；成长期的产品有了一定的知名度，销售量稳步上升，可以采用中等价格；成熟期的产品市场知名度处于最佳状态，可以采用高价促销，但由于市场需求接近饱和，竞争激烈，定价时必须考虑竞争者的情况，以保持现有市场销售量；衰退期的产品市场竞争力下降，销售量下滑，应该降价促销或维持现价并辅之以折扣等其他手段，同时，积极开发新产品，保持企业的市场竞争优势。

课程素养 7—2

民法典——守诚信

守诚信是中华民族传统美德。《管子》云：“诚信者，天下之结也。”言出必行、一诺千金的诚信精神历来为人所称颂。财产交换、商品流转等民事活动尤其强调诚信为本，不能见利忘义。民法典将诚信原则作为基本原则，要求民事活动秉持诚实、恪守承诺。许多具体规定也从诚信原则出发来解释当事人的意思表示，进而确定各方权利义务。

（来源：学习强国）

项目总结

本项目共有三个任务，详细讲解了短期经营决策相关的基础知识、生产决策和定价决策。

任务一，主要学习决策的各种分类方法，短期经营决策的程序以及和短期经营决策相关的特殊成本的概念。

任务二，主要学习短期经营决策的主要方法、亏损产品的决策、零部件自制还是外购的决策、特殊订单是否接受的决策、约束资源最优利用决策和产品是否进一步深加工的决策。

任务三，主要学习影响定价的因素、企业的定价目标、产品基本定价方法和价格运用策略。

职业能力训练

一、单项选择题

1. 短期经营决策不包括（　　）。

A. 定价决策　　B. 投资决策

C. 特殊订单决策　　D. 产品生产决策

2. 短期经营决策的主要特点是（　　）。

A. 在既定的规模条件下决定如何有效地进行资源的配置，以获得最大的经济效益

B. 涉及固定资产投资

C. 涉及经营规模的改变

D. 需要结合长期生产考虑

3. 下列属于非相关成本的是（　　）。

A. 机会成本　　B. 共同成本

C. 专属成本　　D. 可避免成本

4. 根据管理会计的理论，短期经营决策分析的目标是（　　）。

A. 股东财富最大化　　B. 企业价值最大化

C. 企业短期利润最大化　　D. 企业长期盈利能力最大化

5. 在决策时，因选择了最优方案而放弃了次优方案所丧失的潜在收益，是所选方案的（　　）。

A. 增量成本　　B. 专属成本

C. 沉没成本　　D. 机会成本

6. 当生产量发生无限小的变化时所增加的成本是（　　）。

A. 增量成本　　B. 专属成本

C. 边际成本　　D. 机会成本

7. 甲公司有 A 和 B 两种方案可供选择，A 方案的利润为 15 万元，B 方案的利润为 12 万元。现在甲公司选择 B 方案的机会成本是（　　）万元。

A. 3　　B. 27　　C. 15　　D. 12

8. 甲企业有一台生产设备，原价 10 万元，累计折旧 8 万元，目前账面价值为 2 万元。如果甲企业打算将该生产设备用于一个新项目，目前账面价值 2 万元属于（　　）。

A. 相关成本　　B. 机会成本　　C. 重置成本　　D. 沉没成本

9. 下列各方法中不属于生产决策主要方法的是（　　）。

A. 边际贡献分析法　　B. 差量分析法

C. 净现值分析法　　D. 本量利分析法

10. 在生产能力允许的范围内接受特殊订货的条件是（　　）。

A. 特殊订货有新增加的边际贡献
B. 特殊订货所增加的边际贡献大于所增加的固定成本
C. 特殊订货所增加的边际贡献大于减少正常生产的边际贡献
D. 特殊订货所增加的边际贡献小于减少正常生产的边际贡献

11. 企业有剩余生产能力的情况下，满足（　　）条件，即可接受客户的追加订货。
A. 客户出价大于产品的完全成本　　B. 客户出价小于产品的单位变动成本
C. 客户出价大于产品的单位变动成本　　D. 以上都错

12. 亏损产品必须停产的条件是（　　）。
A. 亏损产品的边际贡献大于零
B. 亏损产品的边际贡献小于零
C. 亏损产品的营业收入大于变动成本
D. 亏损产品的边际贡献大于零，但小于固定成本

13. 某企业需要甲零件，若外购，单价为 20 元/件。若自制，单位产品的变动成本为 10 元/件，每年需追加固定成本 20 000 元。当需要量为 2 500 件时，应选择（　　）。
A. 自制　　B. 外购
C. 自制或外购均可　　D. 以上均错

14. 自制方案固定成本为 1 500 元，外购方案固定成本为 800 元，若 A 部件成本平衡点为 2 000 件时，在采用自制方案时，则 A 部件的需用量应为（　　）。
A. 800 件　　B. 1 500 件
C. 1 800 件　　D. 2 500 件

15. 某零件外购单价 10 元，自制单位变动成本 6 元，自制增加专属成本 2 000 元，则该零件的成本平衡点的业务量为（　　）。
A. 200 件　　B. 400 件
C. 500 件　　D. 800 件

16. 在不增加新的生产能力的情况下，如果追加订货影响正常销售，即剩余生产能力不够生产全部的追加订货，从而追加订单会减少正常销售，则是否接受该追加订货的分析思路是（　　）。
A. 当追加订货的销售收入足以补偿减少的正常销售收入时，则可以接受该追加订货
B. 当追加订货的边际贡献足以补偿减少的正常边际贡献时，则可以接受该追加订货
C. 当追加订货的息税前利润足以补偿减少的正常息税前利润时，则可以接受该追加订货
D. 当追加订货的净利润足以补偿减少的正常净利润时，则可以接受该追加订货

17. 从短期经营决策的角度，零部件是自制还是外购决策，分析的基本思路是（　　）。
A. 比较两种方案的相关成本，选择成本较低的方案
B. 比较两种方案的相关成本，选择成本较高的方案
C. 比较两种方案的相关收入，选择收入较低的方案
D. 比较两种方案的相关收入，选择收入较高的方案

18. 某企业生产 A 产品，公司预测该产品将为企业带来 1 500 万元的收益，销售部门预

计 A 产品全年销售额为 10 000 万元。生产部门预计单位产品成本为 300 元，该产品适用的消费税税率为 5%，运用销售利润率定价法，该企业的单位产品价格为（　　）元。

A. 352.94　　B. 375
C. 412.55　　D. 325

19. 在企业生产能力有剩余的情况下，为额外订单的定价可以采取的成本基础为（　　）。

A. 完全成本　　B. 全部成本
C. 固定成本　　D. 变动成本

20. 某公司只生产 A 产品，该产品单位直接材料成本为 5 元，单位直接人工成本为 3.5 元，单位变动制造费用为 1.8 元，单位固定制造费用为 5.5 元，单位变动销售及管理费用为 2.6 元，单位固定销售及管理费用 1 元，成本加成率为 50%，按照完全成本加成法确定的目标销售价格为（　　）元。

A. 13.5　　B. 23.7　　C. 15.8　　D. 18

21. 从管理会计的角度，长期来看，产品销售定价的基本规则是（　　）。

A. 销售收入必须足以弥补全部的生产成本
B. 销售收入必须足以弥补全部的生产、行政管理和营销成本
C. 销售收入必须足以弥补全部的生产成本，并为投资者提供合理的利润
D. 销售收入必须足以弥补全部的生产、行政管理和营销成本，并为投资者提供合理的利润

22. 企业按照其产品在市场上的知名度和消费者中的信任程度来制定产品价格的方法，属于心理定价策略中的（　　）。

A. 高位定价　　B. 双位定价
C. 尾数定价　　D. 声望定价

23. 下列各项中，一般不作为以成本为基础的转移定价计价基础的是（　　）。

A. 全部成本　　B. 固定成本
C. 变动成本　　D. 变动成本加固定制造费用

24. 某企业生产甲产品，预计单位产品的制造成本为100 元，计划销售 10 000 件，计划期的期间费用总额为 900 000 元，该产品适用的消费税税率为 5%，成本利润率必须达到 20%，根据以上信息，运用成本利润率定价法测算甲产品的单位价格应为（　　）元。

A. 240　　B. 253.33　　C. 239.4　　D. 220

25. 某企业生产乙产品，本期计划销售量为 10 000 件，应负担的固定成本总额为 500 000元，单位产品变动成本为 100 元，适用的消费税税率为 5%，根据上述资料，运用保本点定价法测算的单位乙产品的价格应为（　　）元。

A. 157.9　　B. 162.3　　C. 166.6　　D. 173.2

二、多项选择题

1. 短期经营决策过程主要步骤包括（　　）。

A. 明确决策问题和目标　　B. 收集相关资料并制定备选方案
C. 对备选方案作出评价，选择最优方案　　D. 决策方案的实施与控制

2. 下列属于沉没成本的是（　　）。

A. 退出生产领域的固定资产

B. 由多个方案共同负担的成本

C. 与决策有关的新增固定资产折旧费

D. 在半成品深加工决策中，半成品本身的固定成车和变动成本

3. 属于短期经营决策内容的有（　　）。

A. 产品开发决策　　B. 设备更新改造决策

C. 亏损产品转、停产决策　　D. 零、部、配件取得方式的决策

4. 下列属于相关成本的有（　　）。

A. 重置成本　　B. 沉没成本

C. 专属成本　　D. 边际成本

5. 短期经营决策的方法主要有（　　）。

A. 差量分析法　　B. 销售利润率法

C. 边际贡献分析法　　D. 本量利分析法

6. 典型的生产决策包括（　　）。

A. 亏损产品是否停产的决策　　B. 是否对客户赊销的决策

C. 特殊订单是否接受的决策　　D. 约束资源最优利用决策

7. 在产品是否应进一步深加工的决策中，相关成本包括（　　）。

A. 进一步深加工所需的共同成本

B. 进一步深加工前的半成品所发生的直接材料、直接人工

C. 进一步深加工所需的专属固定成本

D. 进一步深加工所需的追加成本

8. 关于约束资源最优利用决策，下列说法中不正确的有（　　）。

A. 决策原则是主要考虑如何安排生产才能最大化企业总的边际贡献

B. 决策原则是主要考虑如何安排生产才能最大化企业总的净利润

C. 应该优先安排生产单位限制资源的边际贡献最大的产品

D. 应该优先安排生产单位限制资源的销售利润最大的产品

9. A 公司生产多种产品，其中甲、乙两种产品是亏损的，甲产品单价为 100 元，单位变动成本为 80 元；乙产品单价为 20 元，单位变动成本为 22 元。在短期内，是否停产甲产品或乙产品不会影响固定成本。该公司正确的决策有（　　）。

A. 立即停产甲产品　　B. 继续生产甲产品

C. 立即停产乙产品　　D. 继续生产乙产品

10. 下列关于价格运用策略的说法中，不正确的有（　　）。

A. 单价折扣是按照购买数量的多少给予的价格折扣，目的是鼓励购买者多购买商品

B. 尾数定价适用于高价的优质产品

C. 推广期一般应采用高价促销策略

D. 对于具有互补关系的相关产品，可以降低部分产品价格而提高互补产品价格

11. 使用以成本为基础的定价方法时，可以作为产品定价基础的成本类型有（　　）。

A. 变动成本　　　　B. 制造成本
C. 完全成本　　　　D. 固定成本

12. 影响产品价格的因素主要包括（　　）。
A. 价值因素　　　　B. 成本因素
C. 市场供求因素　　　　D. 政策法规因素

13. 价格运用策略中，使用产品寿命周期定价策略，应采用低价策略的是（　　）。
A. 推广期　　　　B. 成长期
C. 成熟期　　　　D. 衰退期

14. 下列关于价格运用策略的说法中，不正确的有（　　）。
A. 现金折扣是按照购买数量的多少给予的价格折扣，目的是鼓励购买者多购买商品
B. 尾数定价适用于高价的优质产品
C. 推广期一般应采用高价促销策略
D. 对于具有互补关系的相关产品，可以降低部分产品价格而提高互补产品价格

三、判断题

1. 价值的大小决定着价格的高低，是影响定价的基本因素。（　　）

2. 决策分析的实质就是要从各种备选方案中作出选择，选出未来活动的最优方案。（　　）

3. 机会成本是指应由中选的最优方案负担的，按所放弃的其他方案最低收益计算的部分资源损失。（　　）

4. 对于那些应当停止生产的亏损产品来说，不存在是否应当增产的问题。（　　）

5. 按照管理会计的理论，即使追加订货的价格低于正常订货的单位完全生产成本，也不能轻易作出拒绝接受该项决定。（　　）

6. 在有关业务量不确定的情况下，可以利用成本无差别点分析法进行零部件是自制或外购决策。（　　）

7. 采用成本无差别点分析法时，方案决策标准为：当业务量小于成本无差别点时，应选择固定成本大、单位变动成本小的方案；当业务量大于成本无差别点时，应选择固定成本小、单位变动成本大的方案。（　　）

8. 固定资产折旧费属于沉没成本，因此在决策中不予考虑。（　　）

9. 亏损产品生产能力无法转移时，只要亏损产品贡献毛益大于零就不应停产。（　　）

10. 生产决策中运用边际贡献分析法，就是通过对比各备选方案所提供的单位边际贡献的大小来确定最优方案。（　　）

11. 当特殊订货不冲击正常生产任务时，如果不追加专属成本且剩余能力无法转移时，要特殊订货单价大于单位变动成本，就应该接受订货。（　　）

12. 凡是该批订货的单价低于按完全成本法计算的单位成本，均不宜接受。（　　）

13. 产品定价的完全成本加成定价法，就是在完全成本的基础上，加合理利润来定价。这里的合理利润的确定，通常是根据销售利润率得出的。（　　）

四、业务题

1. A公司现有设备的生产能力为5 000小时，可以用于生产甲、乙两种产品，生产的产品都能全部销售出去，有关资料如表7—13所示。

表7—13　成本资料表

项　目	甲产品	乙产品
单位产品工时定额（元/件）	5	4
单价（元）	100	80
单位直接材料（元）	60	50
单位直接人工（元）	15	8
单位变动制造费用（元）	5	2
固定制造费用（元）	2 000	

要求：计算该企业应该生产哪种产品？

2. 甲公司原生产A产品，现准备开发B产品或C产品。根据现有生产能力测试，开发B产品，不影响A产品的生产，但需购买专用设备一台，价值5 000元；若开发C产品，A产品需减产1/2。有关资料如表7—14所示。

表7—14　产品有关资料　单位：元

项目	A产品	B产品	C产品
销售收入	80 000	100 000	120 000
变动成本	40 000	40 000	50 000
固定制造费用	30 000		

要求：甲公司应开发哪种产品？

3. B公司生产甲、乙、丙三种产品，其中丙产品亏损。有关资料如表7—15所示。

表7—15　甲、乙、丙产品经营成果分析　单位：元

项　目	甲产品	乙产品	丙产品	合　计
销售收入	120 000	210 000	90 000	420 000
变动成本	50 000	120 000	70 000	240 000
边际贡献	70 000	90 000	20 000	180 000
固定成本	60 000	70 000	30 000	160 000
税前利润	10 000	20 000	(10 000)	20 000

备注：固定成本按三种产品的销售收入比例分配。

要求：

(1) 决策公司的丙产品是否应停产；

(2) 如果丙产品停产后，闲置设备对外出租，每年可获得租金收入60 000元；如果转产丁产品，每年预计实现销售100 000元，变动成本70 000元，请问该公司应该作何选择。

4. 乙公司生产A产品，每年需要耗用甲零件2 000件。该企业目前的剩余生产能力可

自制该零件，自制零件的单位完全生产成本为：直接材料 20 元，直接人工 13 元，变动制造费用 5 元，单位固定制造费用 4 元。若外购，甲零件的单价为 40 元，运费为 10 000 元，试问：

（1）若企业的剩余生产能力不能转移，只能用于自制零部件时，且不需要追加专属设备，企业应自制还是外购零部件？

（2）若企业的剩余生产能力不能转移，用于自制零部件时，需要追加价值 20 000 元的专属设备，这时企业应自制还是外购零部件？

（3）若企业的剩余生产能力可以用于出租，年租金为 10 000 元，那么企业是自制还是外购？

5. C 公司每年生产甲半成品 2 000 件，甲半成品单位变动成本为 5 元，固定成本为 3 000 元，单位售价为 12 元，如果再继续加工出售产成品，单价为 18 元，但需追加单位变动成本 3 元，追加固定成本 5 000 元，若不深加工，可将追加的资金购买股票，期望获得股利 3 000 元。

要求：

判断甲半成品是直接出售还是深加工后再出售？

项目八
项目投资决策

会计思维：报表逻辑，统筹一体

企业的每项业务活动对资产状况、经营成果和现金流量的影响都要从报表要素增减的角度进行统筹一体化考虑。

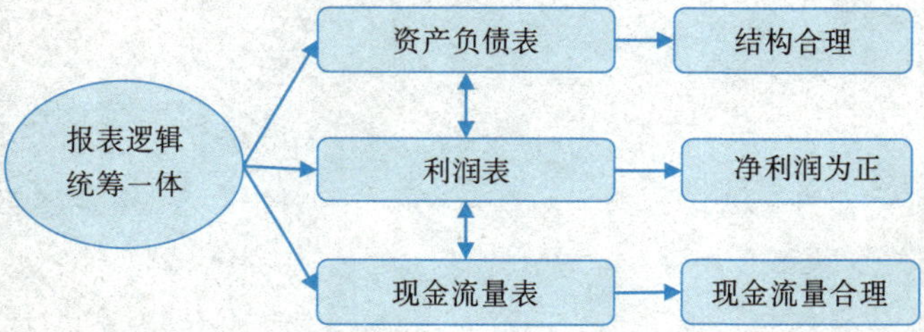

报表统筹一体逻辑图

企业的资产负债表、利润表、现金流量表各要素之间是相互影响和依存的，经营中每项业务都要从整体上，统筹考虑对报表各要素的影响，要用全局、整体、联系的逻辑去思考问题，来解决公司业务和财务的问题，不能有失偏颇。

避免资产负债表思维误区：企业资产多，一定利润高。

避免利润表思维误区：企业收入高，一定利润高。

避免现金流量表思维误区：企业利润高，一定很有钱。

报表的会计逻辑是“公司盈利机制＝损益结构”与“现金收支结构＝现金流量结构”。

以餐饮产业为例，可以将每家店铺利润表中的销售数字和业务利润与前一年的同一个月份比较，看看是增加了还是减少了，或比较每位员工的平均销售额如何变化，或者调查每平方米店面的月份销售数字变化等。

为了在竞争中获胜产生利益留下金钱，而利用会计数字思考的方法。在 PDCA 循环的时候作为行动“基准”的思考方式，了解“损益结构”和“现金流量结构”，思考如何增加利益与现金并采取行动。

损益结构＝企业的赚钱逻辑＝营业收入－营业成本－相关费用＝营业利润

现金流量结构＝企业的现金收支结构＝现金收入－现金支出＝现金余额

企业的经营依赖于“会计思维”和“财务报表”，类似于机器的仪表盘和车辆的方向盘，而机器的操纵者就是企业经营者和业务最前线的你。

企业在进行投资时，一定要对努力后没有利润的项目立马停止。销售规模变大时，一定要小心“应收账款”产生的商业信用，产生的现金流量结构的负数，紧紧盯住损益结构和现金流量结果的平衡。

项目导航

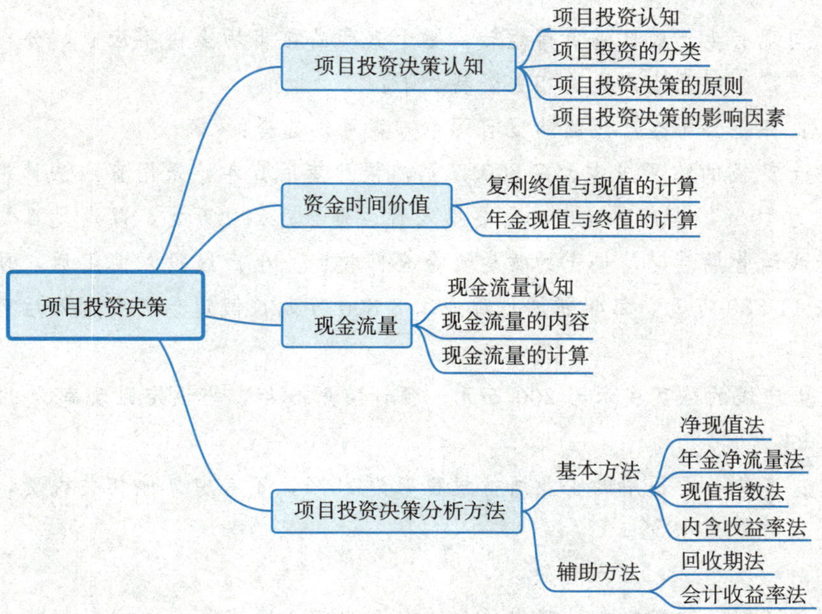

项目目标

素养目标	知识目标	能力目标
• 培养学生树立正确的价值观和高尚的道德情操 • 培养学生积极向上、奋发有为、持续价值创造的工匠精神	• 熟悉项目投资决策 • 掌握资金时间价值内涵 • 掌握项目现金流量的内容 • 掌握项目投资决策的方法	• 会运用资金时间价值 • 会计算项目的现金流量 • 会运用项目投资决策方法进行决策

课程素养 8－1

创新精神

创新精神是一种勇于抛弃旧思想旧事物、创立新思想新事物的精神。例如：不满足已有认识，不断追求新知；不满足现有的生活生产方式、方法、工具、材料、物品，根据实际需要或新的情况，不断进行改革和革新；不墨守成规，敢于打破原有框框，探索新的规律，新的方法；不迷信书本、权威，敢于根据事实和自己的思考，同书本和权威质疑；不盲目效仿别人。企业文化建设要与企业的创新有机结合起来，为企业创新提供适宜的环境和充足的营养。创新是企业文化的精髓，是企业长盛不衰的法宝。企业文化只有把创新的基因置入员工当中去，才是真正能够让企业长盛不衰的企业文化。

（来源：百度百科）

案例导入

齐鲁公司现有生产线已满负荷运转，鉴于其产品在市场上供不应求，公司准备购置一条新生产线，公司及生产线的相关资料如下：

资料一：齐鲁公司生产线的购置有两个方案可供选择：

A方案生产线的购买成本为7 200万元，预计使用6年，采用直线法计提折旧，预计净残值率为10%，生产线投产时需要投入营运资金1 200万元，以满足日常经营活动需要，生产线运营期满时，垫支的营运资金全部收回，生产线投入使用后，预计每年新增营业收入11 880万元，每年新增付现成本8 800万元，假定生产线购入后可立即投入使用。

B方案生产线的购买成本为200万元，预计使用6年，当设定贴现率为12%时净现值为3 228.94万元。

资料二：齐鲁公司适用的企业所得税税率为25%，不考虑其他相关税费，公司要求的最低投资收益率为12%。

试问：

能否根据资料一和资料二计算出A、B方案的年金净流量，并据以判断齐鲁公司应该选择哪个方案，并说明理由。

任务一 项目投资决策认知

一、项目投资认知

项目投资是公司为了提高总的经营能力和获利能力而进行的时间超过一年或超过一年的一个营业周期以上的投资。

项目投资具有以下特征：①投入资金量大；②影响时间长；③资金回收慢；④投资风险高。

因此，进行项目投资时应保持谨慎态度，遵循一定的决策程序，考虑到各种影响因素，科学地进行项目投资决策，实现企业的长期稳定发展。

二、项目投资的分类

将企业的投资项目进行科学分类，有利于分清投资的性质，按不同的特点和要求进行决策，加强投资管理。

1. 按投资活动与企业本身的生产经营活动的关系，企业投资可以划分为直接投资和间接投资。

直接投资（Direct Investment）是将资金直接投放于形成生产经营能力的实体性资产，直接谋取经营利润的企业投资。

间接投资（Indirect Investment）是将资金投放于股票、债券等权益性资产上的企业投资。

2. 按投资对象的存在形态和性质，企业投资可以划分为项目投资和证券投资。

项目投资（Project Investment），是指企业通过投资购买具有实质内涵的经营资产，包括有形资产和无形资产，形成具体的生产经营能力，开展实质性的生产经营活动，谋取经营利润的投资。项目投资属于直接投资。

证券投资（Securities Investment），企业投资购买证券资产，通过证券资产所赋予的权利，间接控制被投资企业的生产经营活动，获得投资收益的投资。证券投资属于间接投资。

3. 按投资活动对企业未来生产经营前景的影响，投资可以划分为发展性投资和维持性投资。

发展性投资（Developmental Investment），是指对企业未来的生产经营发展全局有重大影响的企业投资，也称为战略性投资。

维持性投资（Maintenance Investment），是为了维持企业现有的生产经营正常顺利进行，不会改变企业未来生产经营发展全局的企业投资。

4. 按投资活动资金投出方向，企业投资可以划分为对内投资和对外投资。

对内投资（Inward Investment），是指在本企业范围内部的资金投放，用于购买和配置各种生产经营所需的经营性资产。对内投资都是直接投资。

对外投资（External Investment），是指向本企业范围以外的其他单位的资金投放。对外投资多以现金、有形资产、无形资产等资产形式，通过联合投资、合作经营、换取股权、购买证券资产等投资方式，向企业外部其他单位投放资金。主要是间接投资，也可能是直接投资。

5. 按投资项目之间的相互关联关系，企业投资可以划分为独立投资和互斥投资

独立投资（Independent Investment）是相容性投资，各个投资项目之间互不关联，互不影响，可以同时并存。

互斥投资（Mutually Exclusive Investment）是非相容性投资，各个投资项目之间相互关联，相互替代，不能同时并存。因此，互斥投资项目决策考虑的是各方案之间的排斥性，也许每个方案都是可行方案，但互斥决策，需要从中选择最优方案。

三、项目投资决策的原则

要确定一个项目投资决策是否可行，需要采用一定决策方法，评价项目的经济可行性，项目投资决策评价要遵循以下原则。

1. 具体问题具体分析原则。评价指标自身特征的差异，导致其适用范围不同，因此应根据不同的项目类型和项目之间的关系进行分析，决定运用何种评价指标。

2. 确保财务可行性原则。无论项目投资的数目有多少，项目之间的关系如何？所有项目投资决策的首要标准就是财务可行性，运用财务决策评价指标，对具体项目进行财务可行性评价，是项目投资决策的重要环节。

3. 分清主次指标原则。对于同一项目进行财务可行性评价时，运用不同指标评价，可能导致相互矛盾的结论，在这种情况下，需要分清主要指标，次要指标和辅助指标，并以主要指标的评价结论为准。

4. 讲求效益原则。在项目投资时，要以效益最大化为目标，充分考虑经济效益，环境效益和社会效益，项目投资以经济效益最大化作为基本的衡量标准，同时重视对社会环境的影响，此外，从承担社会责任角度出发，项目投资应遵循社会效益最佳原则，使项目投资对劳动就业和社会稳定等作出贡献。

四、项目投资决策的影响因素

进行项目投资决策时，应主要考虑现金流量、资金时间价值、资本成本和风险价值四个因素。

1. 现金流量。项目投资初期会发生现金流出，项目建成后通过销售产品形成现金流入，比较现金流入能否高于现金流出是决策的前提条件，如果一个项目现金流入，不能弥补现金流出，那么这个项目就不能实施。

2. 资金时间价值。项目投资的时间比较长，资金在不同时点的价值量不等位，科学合理的评价某一项目投资的可行性，需要考虑资金时间价值。

3. 资本成本。企业使用的资金不管是自有的还是外借的，都要付出代价，这就是资本成本，如果一个项目的投资收益率小于资本成本，该项目就不能实施。

4. 风险因素。项目投资的风险，投资过程中可能出现收益或损失的不确定性，主要来自资金、技术、政治等诸多因素，在项目投资决策中，应加以充分考虑。

任务二　资金时间价值

资金时间价值（Time Value of Money）也称货币的时间价值，是指资金在经过一段时间的投资和再投资所增加的价值。

一、复利终值与现值的计算

复利是本金和利息都计息的一种计息方式，每经过一个计息期都要将所生利息加入本金再计算，逐期滚算，俗称：“利滚利”。

（一）复利终值

复利终值，是指现在的本金按复利计算将来的本利和。

例如，某人将 10 000 元存入银行，利率为 10%，那么一年后的本利和为：

$F=P\times(1+i)=10\ 000\times(1+10\%)=11\ 000$（元）

第二年：$F=P\times(1+i)\times(1+i)=11\ 000\times(1+10\%)=12\ 100$（元）

第 n 年：$F=P\times(1+i)^n=P\times(F/P,\ i,\ n)$

式中：F——终值或本利和

P——本金或现值

i——利率，又称折现率或贴现率

n——期数

公式中 $(1+i)^n$ 通常称为利率为 i，期数为 n 的“复利终值系数”，通常用符号 $(F/P,\ i,\ n)$ 表示，其数值可通过查阅复利终值系数表附录 1 取得。

公式中的计息期 n 可按年计算，也可按季或月计算，只要公式中的 i 是同期的利率即可。

【任务 8－1】某人在银行存入 10 000 元，年利率为 5%。

要求：计算 5 年后的复利终值。

解：$F=10\ 000\times(1+5\%)^5$

$=10\ 000\ (\mathrm{F/P},\ 5\%,\ 5)$

$=10\ 000\times1.276\ 3$

$=12\ 763$（元）

即现在存入 10 000 元五年后的本利和为 12 763 元。

（二）复利现值

复利现值，是指将未来一定时期的资金折合成现在的价值。即已知未来的本利和，求最初的本金，其计算实际上是复利终值计算的逆运算。这种由终值求现值的做法称为贴现或折现，贴现时使用的利率称为贴现率或折现率。

复利现值的计算公式：

$$P=F\times(1+i)^{-n}=F\times(P/F,\ i,\ n)$$

公式中的 $(1+i)^{-n}$ 是复利现值系数，通常称为利率为 i，期数为 n 的“复利现值系数”，通常用符号 $(P/F,\ i,\ n)$ 表示，其数值可通过查阅复利现值系数表附录 2 取得，其查阅方法与复利终值系数表相同。

【任务 8－2】某人打算在五年后从银行取出 12 763 元，年利率为 5%。

要求：计算现在应存入银行的金额。

解：$P=12\ 763\times(1+5\%)^{-5}$

$=12\ 763\times(P/F,\ i,\ n)$

$=12\ 763\times0.7835$

$=10\ 000$（元）

二、年金现值与终值的计算

在一定的期限内，相同的时间间隔，连续发生的一系列等额收（付）款项称为年金，通常用 A 表示。

年金的特点：每次发生的间隔相等；连续发生，不能中断；每次发生的金额相等。

年金的种类：普通年金、预付年金、递延年金和永续年金。普通年金是年金的最基本形式，它是指从第 1 期起，在一定时期内每期期末等额收付的系列款项，又称为后付年金。预付年金是指从第 1 期起，在一定时期内每期期初等额收付的系列款项，又称即付年金或先付年金。递延年金由普通年金递延形成，递延的期数称为递延期。永续年金是普通年金的极限形式，当普通年金的收付次数为无穷大时即为永续年金。永续年金的第一次等额收付发生在第 1 期期末。

普通年金是年金计算的基础，下面主要介绍普通年金的计算。

1. 普通年金终值。普通年金终值 F_A 是指一定期限内每期期末等额收（付）款项的复利终值之和。即已知每期收（付）额为 A，支付期为 n，利率为 i，求复利终值 F_A。

普通年金终值的计算公式为：

$$F_A = A + A \times (1+i) + A \times (1+i)^2 + A \times (1+i)^3 + \cdots + A \times (1+i)^{n-1}$$

$$F_A = A \times \frac{(1+i)^n - 1}{i} = A \times (F/A, i, n)$$

公式中的 $\frac{(1+i)^n - 1}{i}$ 称为普通年金终值系数，通常用（F/A，i，n）表示，其含义是每期支付的普通年金 1 元，当利率为 i，经过 n 期后的最终价值，可查阅年金终值系数表附录 3 取得。

【任务 8－3】 某人每年年末向银行存款 10 万元，年利率为 5%。

要求：计算 5 年后的银行存款总额。

解：$F_A = 10 \times \frac{(1+5\%)^{-5} - 1}{5\%}$

$= 10 \times (F/A, 5\%, 5)$

$= 10 \times 5.5256$

$= 55.256$（万元）

2. 普通年金现值。普通年金现值 P_A 是指一定期限内各期期末等额收（付）款项的复利现值之和。即已知收（付）期 n，利率 i，年金 A，求现在所需要的本金 P_A。

普通年金现值的计算公式为：

$$P_A = A \times (1+i)^{-1} + A \times (1+i)^{-2} + A \times (1+i)^{-3} + \cdots + A \times (1+i)^{-n}$$

$$P_A = A \times \frac{1-(1+i)^{-n}}{i} = A \times (P/A, i, n)$$

公式中的 $\frac{1-(1+i)^{-n}}{i}$ 称为普通年金现值系数，通常用（P/A，i，n）表示，其含义是当利率为 i，期数为 n 时的 1 元普通年金现值，可查阅年金现值系数表附录 4 取得。

【任务 8－4】 某人出国 5 年，请你代付房租，每年年末支付租金 10 000 元，设银行存款利率为 10%，他应当现在给你在银行存入多少钱？

解：$P_A = 10\,000 \times \frac{1-(1+10\%)^{-5}}{10\%}$

$= 10\,000 \times (P/A, 10\%, 5)$

$$=10\ 000 \times 3.7908$$

$$=37\ 908 \text{（元）}$$

即此人在出国时，至少存入银行 37 908 元才能支付 5 年的房租费用。

任务三　项目现金流量

一、现金流量认知

现金流量（Cash Flow），是指一项投资引起的未来一定期间现金支出和现金收入的数量。现金流量是投资项目可行性分析的主要分析对象，净现值、内含收益率、回收期等财务评价指标，均是以现金流量为对象进行可行性评价的。相对于项目会计期间的盈亏状况，项目的现金流量状况更能反应投资方案的可行性。

二、现金流量的内容

现金流量分为现金流出量、现金流入量和现金净流量

现金流入量－现金流出量＝现金净流量

现金流入量是指因项目投资所引起的现金流入。主要包括：(1) 营业收入，项目建成投产，其生产的产品所创造的收入；(2) 回收固定资产残值；(3) 收回垫支的营运资金。

现金流出量是指因项目投资所引起的现金支出，主要包括：(1) 建设投资，是指在投资期内发生的固定资产、无形资产等资产上的购入、建造、运输、安装、调试、运行等方面的现金支出，如购置成本、运输费、安装费等；(2) 营运资金垫支，是指投资项目形成生产力，需要在原材料、在产品、产成品等流动资产上的垫支；(3) 所得税支出，只有扣除所得税的现金流量才能真正使用。

现金净流量（Net Cash Flow，NCF）是投资项目现金流入量与现金流出量之间的差额，其数额是项目进行决策评价的重要依据。

三、现金流量的计算

投资项目从整个经济寿命周期看，分为：投资期、营业期、终结期，现金流量的计算也可按周期进行。

1. 投资期。投资期的现金流量主要是现金流出量，包括资产投资与营运资金垫支，如固定资产投资、无形资产投资、流动资产投资等。

2. 营业期。营业期是投资项目的主要阶段，既有现金流入量，也有现金流出量。现金流入量主要是项目投产后所产生的营业收入，现金流出量主要是营运各年的付现营运成本。营业期内某一年发生的大修理支出，如果会计处理在本年内一次性作为损益性支出，则直接作为该年付现成本；如果跨年摊销处理，则本年作为投资性的现金流出量，摊销年份以非付现成本形式处理。营业期内某一年发生的改良支出是一种投资，应作为该年的现金流出量，以后年份通过折旧收回。

营业现金净流量计算公式为：

营业现金净流量（NCF）＝营业收入－付现成本－所得税
＝税后营业利润＋非付现成本
＝收入×（1－所得税税率）－付现成本×（1－所得税税率）＋非付现成本×所得税税率

式中，非付现成本主要是固定资产年折旧费用、长期资产摊销费用、资产减值损失等。其中，长期资产摊销费用主要有跨年的大修理摊销费用、改良工程折旧摊销费用、筹建费摊销费用等。

3. 终结期。终结阶段的现金流量主要是现金流入量，包括固定资产变价净收入、垫支营运资金的收回和停止使用的土地变价收入等。

【小贴士】 通常认为项目投资期引起的现金流出量发生在每期期初，营业期和终结期的现金流量发生在每期期末。

【任务 8－5】 甲公司购置一台设备，价款为 220 000 元，使用期 5 年，预计净残值为 20 000 元，直线法计提折旧。使用该设备，每年为公司增加营业收入 100 000 元，新增付现成本 20 000 元，所得税税率 25％。

要求：计算每年的现金流量。

解：每年的折旧＝$\frac{220\ 000-20\ 000}{5}$＝40 000（元）

所得税＝（100 000－20 000－40 000）×25％＝10 000（元）

第 1 年：现金流出量＝220 000（元）

第 2－4 年：现金流入量＝100 000（元）

现金流出量＝20 000＋10 000＝30 000（元）

现金净流量＝100 000－30 000＝70 000（元）

第 5 年：现金流入量＝100 000＋20 000＝120 000（元）

现金流出量＝20 000＋10 000＝30 000（元）

现金净流量＝120 000－30 000＝90 000（元）

任务四 项目投资决策分析方法

当确定了项目投资所需要的相关现金流量和必要收益率等信息后，就要考虑采用一定的决策方法评价项目的经济可行性，以决定是否采纳或否决一个方案。

投资项目评价使用的基本方法是现金流量折现法，主要有净现值法、年金净流量法、现值指数法和内含收益率法，此外还有一些辅助方法，主要是回收期法和会计收益率法，如图 8－1 所示。

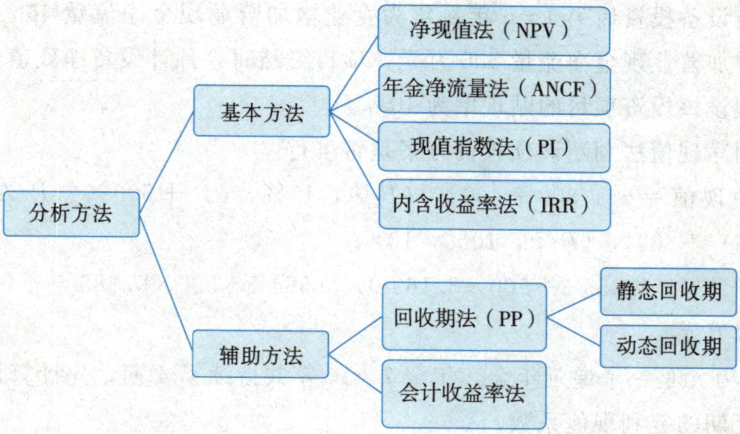

图 8－1　项目投资决策分析基本方法

一、基本方法

（一）净现值法

1. 内涵及运算。净现值（Net Present Value，NPV）是指项目投资未来取得的现金流量按照资本成本或企业要求达到的收益率折算为现值，减去初始投资的现值以后的余额，即未来报酬的总现值与初始投资的现值之差额。其计算公式为：

净现值＝未来现金流入的现值－未来现金流出的现值

$$净现值=\sum_{t=0}^{n}\frac{I_t}{(1+i)^t}-\sum_{t=0}^{n}\frac{O_t}{(1+i)^t}$$

式中：n——项目期限；

I_t——项目第 t 年的现金流入量；

O_t——项目第 t 年的现金流出量；

i——资本成本。

通过以上公式计算可知，净现值实际上就是求项目整个计算期内现金净流量的现值和。

2. 决策原则。

对于独立项目决策，如果净现值≥0 时，项目投资具有财务可行性；否则不可行。

对于互斥项目决策，应选择净现值≥0 且净现值最大的项目投资。

3. 优缺点。净现值法的主要优点：考虑了资金的时间价值，使现金流入量与流出量具有可比性，利用了现金流量信息，体现了流动性与收益性的统一。

净现值法的主要缺点：净现值反映一个项目，按现金流量计量的净收益现值，是一个金额的绝对值，在比较投资额不同的项目时有一定的局限性。

【任务 8－6】甲公司为了扩大生产能力，拟购买一台新设备，该投资项目相关资料如下：

资料一：新设备的投资额为 1 800 万元，经济寿命期为 10 年。采用直线法计提折旧，预计期末净残值为 300 万元。假设设备购入即可投入生产，不需要垫支营运资金，该企业计提折旧的方法、年限、预计净残值等与税法规定一致。

资料二：新设备投资后第1—6年每年为企业增加营业现金净流量400万元，第7—10年每年为企业增加营业现金净流量500万元，项目终结时，预计设备净残值全部收回。

资料三：假设该投资项目的贴现率为10％。

要求：采用净现值法判断该项投资方案是否可行。

解：项目净现值＝－1 800＋400×（P/A，10％，6）＋500×（P/A，10％，4）×（P/F，10％，6）＋300×（P/F，10％，10）

＝－1 800＋400×4.355 3＋500×3.169 9×0.564 5＋300×0.385 5

＝952.47（万元）

解析：500万元是一个递延年金，年金7—10年共持续了4期，先计算出第6年末的价值，再乘以6年期的复利现值系数。

结论：因为该项举债购置固定设备方案的净现值大于零，所以该项投资具有财务可行性。

（二）年金净流量法

1. 内涵及计算。投资项目的未来现金净流量与原始投资额的差额，构成该项目的现金净流量总额。项目期间内全部现金净流量总额的总现值或总终值折算为等额年金的平均现金净流量，称为年金净流量（ANCF）。年金净流量的计算公式为：

$$年金净流量=\frac{现金净流量总现值}{年金现值系数}$$
$$=\frac{现金净流量总终值}{年金终值系数}$$

式中，现金净流量总现值即为NPV。

2. 决策原则。

对于独立项目决策，当年金净流量≥0时，项目投资具有财务可行性；否则不可行。

对于互斥项目决策，应选择年金净流量≥0且年金净流量最大的项目投资。

3. 优缺点。年金净流量法是净现值法的辅助方法，在各方案寿命期相同时，实质上就是净现值法。因此它适用于期限不同的投资方案决策。但同时，它也具有与净现值法同样的缺点，不便于对原始投资额不相等的独立投资方案进行决策。

【任务8—7】承前【任务8—6】资料。

要求：计算项目的年金净流量。

$$年金净流量=\frac{952.47}{(P/A，10\%，10)}=\frac{952.47}{6.144\ 6}=155.01（万元）$$

（三）现值指数法

1. 内涵及计算。现值指数（Present Value Index，PVI），是指投资项目的未来现金净流量现值与原始投资额现值之比。其计算公式为：

$$现值指数=\frac{未来现金净流量现值}{原始投资额现值}$$

2. 决策原则。

对于独立项目决策，当现值指数≥1时，项目投资具有财务可行性；否则不可行。

对于互斥项目决策，应选择现值指数≥1且现值指数最大的方案。

3. 优缺点。

现值指数法的主要优点：现值指数消除了投资额的差异。

现值指数法的主要缺点：无法消除项目期限的差异。

【任务 8－8】承前【任务 8－6】资料。

要求：采用现值指数法，判断该项投资方案的可行性。

解：未来现金流入的现值＝2 752.47（万元）

初始投资的现值＝1 800（万元）

$$现值指数=\frac{2\ 752.47}{1\ 800}=1.53$$

结论：现值指数大于1，则该项目投资具有财务可行性。

（四）内含收益率法

1. 内涵及计算。内含收益率（Internal Rate of Return，IRR）是指能够使未来现金流入现值等于未来现金流出量现值的折现率，或者说是使项目净现值为零的折现率。

$$当净现值=\sum_{t=0}^{n}\frac{I_t}{(1+i)^t}-\sum_{t=0}^{n}\frac{O_t}{(1+i)^t}=0时，$$

i＝内含收益率

内含收益率分两种情况计算：

（1）未来每年现金净流量相等时。每年现金净流量相等，是一种年金形式，通过查年金现值系数表，可以计算出未来现金净流量现值，令其净现值为0，有：

未来每年现金净流量×年金现值系数－原始投资额现值＝0

计算出净现值为零时的年金现值系数后，通过查年金现值系数表，即可找出相应的贴现率i，该贴现率就是方案的内含收益率。

【任务 8－9】齐鲁公司拟购入一台新型设备，购价为160万元，使用年限10年，无残值。该方案的最低投资收益率要求为12%（以此作为贴现率），使用新设备后，估计每年产生现金净流量30万元。要求：用内含收益率指标评价该方案是否可行？

令：300 000×年金现值系数－1 600 000＝0

得：年金现值系数＝5.333 3

现已知方案的使用年限为10年，查年金现值系数表，可查得：期数10，系数5.333 3所对应的贴现率在12%～14%之间，采用插值法公式 $\frac{i-i_1}{i_2-i_1}=\frac{B-B_1}{B_2-B_1}$，解出 $i=\frac{B-B_1}{B_2-B_1}\times(i_2-i_1)+i_1$，从而求得内含收益率 i 的值。其中 B_1 是 $i=12\%$ 对应的年金现值系数5.650 2，其中 B_2 是 $i=14\%$ 对应的年金现值系数5.216 1，i 对应的年金现值系数 B 是5.333 3，从而解出 $i=13.46\%$，高于要求的最低收益率12%，所以项目可行。

（2）未来每年现金净流量不相等时。如果投资方案的每年现金净流量不相等，各年现金净流量的分布就不是年金形式，不能采用直接查年金系数表的方法来计算内含收益率，而需采用逐次测试法。

第一步：先估计一个折现率，并据此计算方案的净现值。

如果净现值大于0，说明方案的内含收益率超过估计的折现率，应提高折现率。

如果净现值小于0，说明方案的内含收益率低于估计的折现率，应降低折现率。

第二步：根据内含收益率，是使投资方案净现值等于0的折现率的原理，采用插值法，计算出该投资方案的内含收益率。

【任务8－10】鲁华公司有一项投资方案，需一次性投资120 000元，使用年限为4年，每年现金净流量分别为30 000元，40 000元，50 000元，35 000元。

要求：计算该投资方案的内含收益率，并据以评价该方案是否可行。

由于该方案每年的现金净流量不相同，需逐次测试计算方案的内含收益率。计算过程如表8－1所示。

表8－1　净现值的逐次测算　单位：元

年份	每年现金净流量	第一次测算8%		第二次测算12%		第三次测算10%	
1	30 000	0．9259	27 777	0．8929	26 787	0．9091	27 273
2	40 000	0．8573	34 292	0．7972	31 888	0．8264	33 056
3	50 000	0．7938	39 690	0．7118	35 590	0．7513	37 565
4	35 000	0．735	25 725	0．6355	22 243	0．683	23 905
未来现金净流量现值合计			127 484		116 508		121 799
减：原始投资额现值			120 000		120 000		120 000
净现值			7 484		－3 492		1 799

第一次测算，采用折现率8%，净现值为正数，说明方案的内含收益率高于8%。

第二次测算，采用折现率12%，净现值为负数，说明方案的内含收益率低于12%。

第三次测算，采用折现率10%，净现值仍为正数，但已接近于零，因而可以估算方案的内含收益率在10%～12%之间，进一步运用插值法计算方案的内含收益率为10.68%，因此，企业如果要求的最低收益率低于10.68%则项目可行，否则项目不可行。

$$\frac{i-10\%}{12\%-10\%}=\frac{0-1799}{-3492-1799}\quad i=10.68\%$$

【小贴士】内含收益率也可通过Excel中IRR函数来计算，结果更精确。

2. 决策原则。

对于独立项目决策，当内含收益率≥资本成本或必要收益率时，项目投资具有财务可行性；否则不可行。

对于互斥项目决策，应选择内含收益率≥资本成本或必要收益率，且内含收益率最大的项目投资。

3. 优缺点。

内含收益率法的主要优点：考虑了资金时间价值，反映项目投资的真实收益率，能够对投资额不同的项目进行优先排序，便于决策。

内含收益率法的主要缺点：计算过程比较复杂，特别是每年现金净流量不相等的项目投资，一般要经过多次测算才能得到结果。

二、辅助方法

（一）回收期法

1. 内涵及计算。

（1）静态回收期（非折现回收期）：是指投资引起的现金流入累计到与投资额相等所需要的时间，它代表收回投资所需要的年限。

①未来每年现金净流量相等时

$$静态回收期=\frac{原始投资额}{每年现金净流量}$$

②未来每年现金净流量不相等时。在此情况下，应把未来每年的现金净流量逐年加总，根据累计现金流量来确定回收期。可依据如下公式进行计算（设 M 是回收原始投资额的前一年）：

$$静态回收期=M+\frac{第\ M\ 年的尚未收回额}{第(M+1)年的现金净流量}$$

（2）动态回收期（折现回收期）。动态回收期需要将投资引起的未来现金净流量进行贴现，以未来现金净流量的现值等于原始投资额现值时所经历的时间。

①未来每年现金净流量相等时：

在这种年金形式下，假定动态回收期为 n 年，则：

$$(P/A,i,n)=\frac{原始投资额现值}{每年现金净流量}$$

计算出年金现值系数后，通过查年金现值系数表，采用插值法，即可推算出动态回收期。

②未来每年现金净流量不相等时：

此种情况下，应把每年的现金净流量逐一贴现并加总，根据累计现金流量现值确定回收期。可依据如下公式进行计算（设 M 是回收原始投资额现值的前一年）：

$$动态回收期=M+\frac{第\ M\ 年的尚未收回额的现值}{第(M+1)年现金净流量的现值}$$

2. 决策原则。

对于独立项目决策，当投资回收期≤期望投资回收期时，项目投资具有财务可行性；否则不可行。

对于互斥项目决策，在投资回收期≤期望投资回收期的项目决策中，选择投资回收期最短的项目投资。

【任务 8－11】某长期投资项目累计的净现金流量和现金净流量资料如表 8－2 所示。

表 8－2　　**某长期投资项目现金流量资料**　　单位：万元

年份	0	1	2	3	4	5	6
累计的现金净流量	－100	－300	－200	－150	－20	30	200
现金净流量	－100	－200	100	50	130	50	170

要求：（1）计算该项目包括建设期的静态回收期。

（2）若折现率为 10%，计算该项目的动态回收期。

解：（1）包括建设期的静态回收期＝4＋20/50＝4.4（年）。

（2）如表8－3长期投资项目的现金流量计算资料

表8－3 长期投资项目的现金流量计算资料 单位：万元

年份	0	1	2	3	4	5	6
现金净流量	－100	－200	100	50	130	50	170
复利现值系数	1.0000	0.9091	0.8264	0.7513	0.6830	0.6209	0.5645
各年的折现现金净流量	－100.00	－181.82	82.64	37.57	88.79	31.05	95.97
累积的各年现金净流量现值	－100.00	－281.82	－199.18	－161.61	－72.82	－41.77	54.20

动态回收期＝5＋41.77/95.97＝5.44（年）

因此，当企业要求的回收期小于计算的回收期时，项目不可行；反之则项目可行。

3. 优缺点。

回收期法的主要优点：回收期法计算简便，并容易为决策人所正确理解。

回收期法的主要缺点：没有考虑回收期以后的现金流量，也就是没有衡量盈利性，促使公司接受短期项目，放弃有战略意义的长期项目。

（二）会计收益率法

1. 内涵及计算。会计收益率是项目寿命期的预计年均收益额与项目原始投资额的百分比。会计收益率法在计算时使用会计报表上的数据，以及普通会计的收益和成本观念。

$$会计收益率=\frac{年平均净收益}{原始投资额}\times 100\%$$

2. 决策原则。

对于独立项目决策，当会计收益率≥项目投资收益率，项目投资具有财务可行性；否则就不可行。

对于互斥项目决策，在满足会计收益率≥期望投资收益率的项目投资中，选择会计收益率最大的项目投资。

3. 优缺点。

会计收益率法的主要优点：它是一种衡量盈利性的简单方法，概念易于理解；使用财务报告的数据，容易取得；考虑了整个项目寿命周期。

会计收益率法的主要缺点：使用账面收益，而非现金流量忽视折旧对现金流量的影响；忽视了净收益的时间分布对于项目经济价值的影响。

【任务8－12】某公司拟购入一台设备，需投资200 000元，可用4年，无残值，各年的利润分别为20 000元、30 000元、50 000元、50 000元。

要求：计算会计收益率

$$解：会计收益率=\frac{\frac{20\,000+30\,000+50\,000+50\,000}{4}}{200\,000}\times 100\%=18.75\%$$

因此，当企业要求的投资收益率小于计算的会计收益率时，则项目可行；反之则项目不可行。

课程素养 8－2

苟日新，日日新，又日新

“苟日新，日日新，又日新”是商朝的开国君主成汤刻在浴盆上的警词，旨在激励自己自强不息，创新不已。文中三个“新”字，本义是指洗澡除去肌肤上的污垢，使身体焕然一新，在《礼记·大学》中引申为精神上的弃旧图新。因此，这句话的意思是：如果能每天除旧更新，就要天天除旧更新，不间断地更新又更新。

生活从不眷顾因循守旧、满足现状者，从不等待不思进取、坐享其成者，而是将更多机遇留给善于和勇于创新的人们。在党的十八届五中全会上，习近平总书记提出“创新、协调、绿色、开放、共享”新发展理念，其中“创新”居于五大发展理念之首。

项目总结

本项目共有四个任务，详细讲解了项目投资决策的相关基础知识及其分析方法。

任务一，主要学习项目投资的内涵、项目投资的分类、项目投资决策的原则及影响项目投资决策的因素。

任务二，主要学习资金时间价值的内涵，复利的终值和现值、年金的终值和现值等内容。

任务三，主要学习现金流量的相关内容和计算。

任务四，主要学习项目投资决策的分析方法，包括基本方法和辅助方法，基本方法有净现值法、年金净流量法、现值指数法和内含收益率法；辅助方法有回收期法和会计收益率法。

职业能力训练

一、单项选择题

1. 将企业投资划分为发展性投资与维持性投资所依据的分类标准是（　　）。

A. 按投资活动与企业本身的生产经营活动的关系

B. 按投资对象的存在形态和性质

C. 按投资活动对企业未来生产经营前景的影响

D. 按投资项目之间的相互关联关系

2. 不管其他投资方案是否被采纳和实施，其收入成本都不因此受到影响的投资与其他投资项目彼此间是（　　）。

A. 互斥方案　　B. 独立方案

C. 互补方案　　D. 互不相容方案

3. 某公司从本年度起每年年末存入银行一笔固定金额的款项，若按复利利用最简便算法计算第 n 年末可以从银行取出的本利和，则应选用的时间价值系数是（　　）。

A. 复利终值数　　B. 复利现值系数

C. 普通年金终值系数　　D. 普通年金现值系数

4. 下列各项中，不属于投资项目现金流出量内容的是（　　）。

A. 固定资产投资　　B. 折旧与摊销

C. 无形资产投资　　D. 新增经营成本

5. 某投资项目某年的营业收入为 600 000 元，付现成本为 400 000 元，折旧额为 100 000 元，所得税税率为 25%，则该年营业现金净流量为（　　）元。

A. 75 000　　B. 100 000

C. 175 000　　D. 250 000

6. 某投资项目只有第一年年初产生现金净流出，随后各年均产生现金净流入，且其动态回收期短于项目的寿命期，则该投资项目的净现值（　　）。

A. 大于 0　　B. 无法判断　　C. 等于 0　　D. 小于 0

7. 已知某投资项目的原始投资额现值为 100 万元，净现值为 25 万元，则该项目的现值指数为（　　）。

A. 0.25　　B. 0.75　　C. 1.05　　D. 1.25

8. 下列说法中不正确的是（　　）。

A. 内含收益率是方案本身的投资收益率

B. 内含收益率是使方案净现值等于零的折现率

C. 内含收益率是使方案现值指数等于零的折现率

D. 内含收益率是能够使未来每年现金净流量现值等于原始投资额现值的折现率

9. 若某投资项目的建设期为零，则直接利用年金现值系数计算该项目内含收益率指标所要求的前提条件是（　　）。

A. 投产后净现金流量为普通年金形式　　B. 投产后净现金流量为递延年金形式

C. 投产后各年的净现金流量不相等　　D. 在建设起点没有发生任何投资

10. 某投资项目折现率为 10%时，净现值 100 万元，折现率为 14%时，净现值为−150 万元，则该项目内含收益率为（　　）。

A. 0.116　　B. 0.124　　C. 0.126 7　　D. 0.113 3

11. 已知某投资项目按 14%折现率计算的净现值大于零，按 16%折现率计算的净现值小于零，则该项目的内含收益率肯定（　　）。

A. 大于 14%，小于 16%　　B. 小于 14%

C. 等于 15%　　D. 大于 16%

12. 如果某投资项目在建设起点一次性投入资金，随后每年都有正的现金净流量，在采用内含报酬率对该项目进行财务可行性评价时，下列说法正确的是（　　）。

A. 如果内含报酬率大于折现率，则项目净现值大于 1

B. 如果内含报酬率大于折现率，则项目现值指数大于 1

C. 如果内含报酬率小于折现率，则项目现值指数小于 0

D. 如果内含报酬率等于折现率，则项目动态回收期小于项目寿命期

13. 下列各项因素，不会对投资项目内含报酬率指标计算结果产生影响的是（　　）。

A. 原始投资额　　B. 资本成本

C. 项目计算期　　D. 现金净流量

14. 静态回收期是（　　）。

A. 净现值为零的年限　　B. 现金净流量为零的年限

C. 累积净现值为零的年限　　D. 累积现金净流量为零的年限

15. 某公司计划投资建设一条新生产线，投资总额为60万元，预计新生产线投产后每年可为公司新增净利润4万元，生产线的年折旧额为6万元，则该投资的静态回收期为（　　）年。

A. 5　　B. 6　　C. 10　　D. 15

16. 某投资项目需在开始时一次性投资50 000元，其中固定资产投资45 000元，营运资金垫支5 000元，没有建设期。各年营业现金净流量分别为10 000元、12 000元、16 000元、20 000元、21 600元、14 500元，则该项目的静态投资回收期是（　　）年。

A. 3.35　　B. 3.40　　C. 3.60　　D. 4.00

17. 某投资项目各年的预计净现金流量分别为：$NCF_0=-200$万元，$NCF_1=-50$万元，$NCF_{2-3}=100$万元，$NCF_{4-11}=250$万元，$NCF_{12}=150$万元，则该项目包括建设期的静态投资回收期为（　　）。

A. 2.0年　　B. 2.5年　　C. 3.2年　　D. 4.0年

18. 采用静态回收期法进行项目评价时，下列表述错误的是（　　）。

A. 若每年现金净流量不相等，则无法计算静态回收期

B. 静态回收期法没有考虑资金时间价值

C. 若每年现金净流量相等，则静态回收期等于原始投资额除以每年现金净流量

D. 静态回收期法没有考虑回收期后的现金流量

19. 在对某独立投资项目进行财务评价时，下列各项中，并不能据以判断该项目具有财务可行性的是（　　）。

A. 以必要报酬率作为折现率计算的项目，现值指数大于1

B. 以必要报酬率作为折现率计算的项目，净现值大于0

C. 项目静态投资回收期小于项目寿命期

D. 以必要报酬率作为折现率，计算的年金净流量大于0

20. 在对投资规模不同的两个独立投资项目进行评价，应优先选择（　　）。

A. 净现值大的方案　　B. 项目周期短的方案

C. 投资额小的方案　　D. 内含收益率大的方案

二、多项选择题

1. 下列各项财务评价指标中，属于动态评价指标的有（　　）。

A. 净现值　　B. 现值指数

C. 静态回收期　　D. 内含收益率

2. 下列关于投资项目营业现金净流量预计的各种做法中，正确的有（　　）。

A. 营业现金净流量等于税后经营利润加上非付现成本

B. 营业现金净流量等于营业收入减去付现成本再减去所得税

C. 营业现金净流量等于营业收入减去营业成本再减去所得税

D. 营业现金净流量等于税后收入减去税后付现成本再加上非付现成本引起的税负减少额

3. 在考虑所得税影响的情况下，下列可用于计算营业现金净流量的算式中，正确的有（　）。

A. 税后营业利润＋非付现成本

B. 营业收入－付现成本－所得税

C. （营业收入－付现成本）×（1－所得税税率）

D. 营业收入×（1－所得税税率）＋非付现成本×所得税税率

4. 若净现值为负数，表明该投资项目（　）。

A. 各年利润小于 0，不可行

B. 它的投资收益率不一定小于 0

C. 它的投资收益率小于 0，不可行

D. 它的投资收益率没有达到预定的折现率，不可行

5. 影响项目内含收益率的因素包括（　）。

A. 银行贷款利率　　B. 投资项目的现金流量

C. 投资项目的有效年限　　D. 企业要求的最低投资收益率

6. 评价投资方案的静态回收期指标的主要缺点有（　）。

A. 不能考虑货币时间价值

B. 不能衡量企业的投资风险

C. 不能衡量投资方案投资收益率的高低

D. 没有考虑超过原始额投资额以后的现金流量

7. 在其它因素不变的情况下，下列财务评价指标中，指标数值越大表明项目可行性越强的有（　）。

A. 净现值　　B. 现值指数　　C. 内含报酬率　　D. 动态回收期

8. 如果其他因素不变，一旦贴现率提高，则下列指标中数值将会变小的有（　）。

A. 净现值　　B. 现值指数

C. 内含收益率　　D. 动态回收期

9. 下列投资项目财务评价指标中，考虑了货币时间价值因素的有（　）。

A. 静态回收期　　B. 净现值　　C. 内含报酬率　　D. 现值指数

10. 以下指标中，考虑了全部项目现金净流量的有（　）。

A. 内含收益率　　B. 净现值　　C. 年金净流量　　D. 动态投资回收期

三、判断题

1. 随着折现率的提高，未来某一款项的现值将逐渐增加。（　）

2. 假定在经营期不发生提前回收流动资金的情况，则在终结点回收的流动资金应等于各年垫支的流动资金投资额的合计数。（　）

3. 对单个投资项目进行财务可行性评价时，利用净现值法和现值指数法所得出的结论是一致的。（　）

4. 投资项目是否具有财务可行性，完全取决于该项目在整个寿命周期内获得的利润总额是否超过整个项目投资成本。（　　）

5. 利用动态指标对同一个投资项目进行决策和评价，会得出完全相同的结论。（　　）

6. 一般情况下，使某项投资方案的净现值小于零的贴现率，一定高于该投资方案的内含收益率。（　　）

7. 如果项目的全部投资均于建设起一次投入，且建设期为零，运营期每年净现金流量相等，则计算内含收益率所使用的年金现值系数等于该项目投资回收期期数。（　　）

8. 包括建设期的静态投资回收期应等于累计现金净流量为零时的年限再加上建设期。（　　）

9. 动态回收期和静态回收期都没有考虑超过原始投资额（或现值）的现金净流量。（　　）

10. 在评价投资项目的财务可行性时，如果静态投资回收期或投资收益率的评价结论与净现值指标的评价结论发生矛盾，应当以净现值指标的结论为准。（　　）

四、业务题

1. 某企业拟进行一项固定资产投资，资本成本率为 6%，表 8－4 项目的现金流量表（部分）如下：

表 8－4　现金流量表（部分）　单位：万元

项目＼年份	投资期		营业期					合　计
	0	1	2	3	4	5	6	
现金净流量	－1 000	－1 000	100	1 000	(B)	1 000	1 000	2 900
累计现金净流量	－1 000	－2 000	－1 900	(A)	900	1 900	2 900	—
现金净流量现值	－1 000	－943.4	(C)	839.6	1 425.8	747.3	705	1 863.3
累计现金净流量现值	－1 000	－1 943.4	－1 854.4	－1 014.8	(D)	1 158.3	1 863.3	—

要求：(1) 计算上表中用英文字母表示的数值。

(2) 计算或确定下列指标：

①原始投资额现值；

②净现值；

③现值指数；

④静态回收期；

⑤动态回收期。

2. 某企业计划开发一个新项目，该项目的寿命期为 5 年，需投资固定资产 120 000 元，需垫支营运资金 100 000 元，5 年后可收回固定资产残值为 15 000 元，用直线法计提折旧。投产后，预计每年的营业收入可达 120 000 元，相关的直接材料和直接人工等变动成本为 64 000元，每年的设备维修费为 5 000 元。该公司要求的最低投资收益率为 10%，适用的所得税税率为 25%。［已知：$(P/A, 10\%, 4)=3.169\ 9$，$(P/A, 12\%, 4)=3.037\ 3$，$(P/A, 14\%, 4)=2.913\ 7$，$(P/F, 10\%, 5)=0.620\ 9$，$(P/F, 12\%, 5)=0.567\ 4$，(P/

F，14%，5）＝0.519 4。]

要求：

（1）计算净现值，并利用净现值法对是否开发该项目作出决策。

（2）计算现值指数，并利用现值指数法对是否开发该项目进行决策。

（3）计算内含收益率，并利用内含收益率法对是否开发该项目作出决策。

（4）根据上面的决策结果，说明对于单一项目决策的时候，应该选择哪一种指标作为决策依据。

项目九 业绩评价

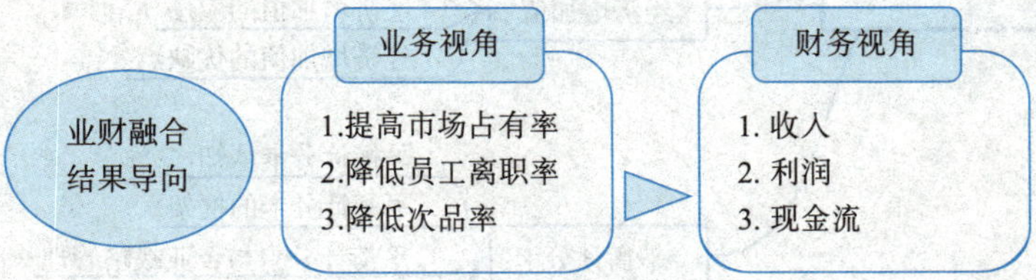

业财融合，结果导向

按照结果导向思维，企业经营的结果是要实现收入，获得利润，取得现金流，资产增加，财务经营的结果要从企业经营中产生。业务考虑的是经营的过程，财务是经营的结果。所有的业务活动，最终都要体现在一定的财务变量上。

平衡计分卡（Balanced Score Card，BSC）使具体的业务变量与财务变量对应起来，把战略落实。平衡计分卡的核心变量是财务变量。要追求财务绩效，就要服务于客户，用业务流程来支撑客户，其中学习和发展是保证。

BSC将企业、组织的战略目标层层分解，分解成具体业务指标，让业务指标依照战略目标，实现财务目标。

企业通过将多个KPI巧妙组合在一起，使与战略相关的数字可视化，就能以此作出正确的决定。每家企业自身的战略和身处的环境都不同，所以必须为不同的企业量身定做不同的系统，并没有适用于所有企业的正确答案。

但每个企业和部门要想从一张白纸的状态设计出符合自身情况的KPI组合是非常困难的。因此BSC应运而生，BSC是20世纪90年代初期由哈佛商学院的罗伯特·卡普兰教授和诺顿提出来的。这个将KPI平衡组合作为战略实行和业绩评价的工具，如今已经应用在全世界范围内的诸多企业之中。

能够促进BSC顺利展开的关键点有：

①领导层要明确导入BSC的目的，并且与员工共享；

②制作易于理解的战略地图和BSC；

③对BSC的意义、使用方法以及成果等进行交流；

④培养公司内部的推进负责人；

⑤让BSC与日常业务联系起来，持续进行监控和反馈；

⑥利用IT系统进行适当的支持；

⑦提高公正性和透明度。

项目导航

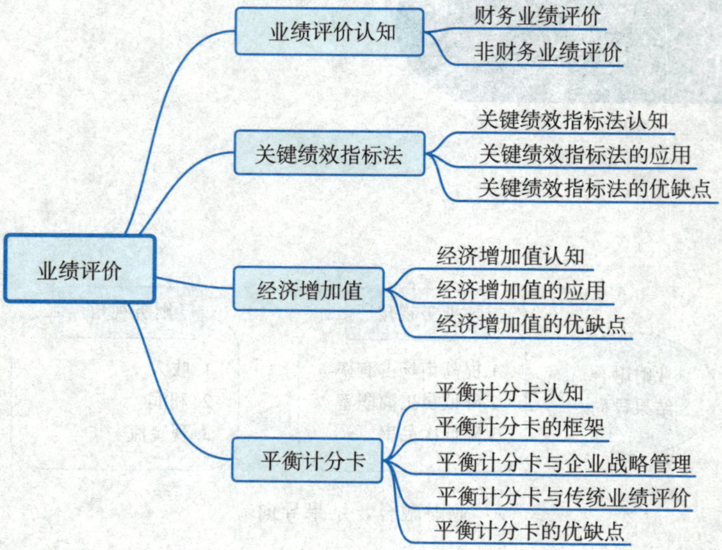

项目目标

素养目标	知识目标	能力目标
• 培养学生客观、公正、全面的业绩评价观 • 培养学生立德为先、知行合一、惜时好学、苦练技能	• 熟悉财务业务评价和非财务业务评价 • 掌握关键绩效指标法的应用 • 掌握经济增加值的计算原理与方法 • 熟悉平衡计分卡框架及应用 • 了解各种绩效评价方法的优缺点	• 会运用关键绩效指标法进行业绩评价 • 会应用经济增加值进行业绩评价 • 会应用平衡计分卡进行业绩评价

课程素养9-1

推动现代产业高质量发展

“加快构建以国内大循环为主体、国内国际双循环相互促进的新发展格局”是党中央立足于国内外形势做出的重要谋划，也是发展现代产业体系、实现产业高质量发展的重要支撑。现阶段我国产业发展取得瞩目成就的同时，也存在着内需动力不足和外需不稳定性增强的双重抑制。在“十四五”期间，要充分发挥国内超大规模市场优势，以现代产业体系助推产业高质量发展。

加快培育内需体系。全面促进消费规模扩大和结构升级，增强消费对产业发展的基础性作用。扩大国内有效投资，增强投资对供给结构优化的关键性作用。

提高供给结构适配性。新发展格局下形成需求牵引供给、供给创造需求的良性循环，要与时俱进深化供给侧结构性改革，通过改善供给结构和质量增强供需适配性。

深化产业环境改革。建设现代化产业体系要发挥改革的制度创新作用，在市场失灵的关键领域和外部性较强的经济活动中协调好产业政策和竞争政策的关系。

强化基础支撑建设。统筹推进产业基础能力、现代化基础设施和流通体系建设是实现产业高质量发展的前提。

（来源：中国社会科学报）

案例导入

华润集团有限公司是一家在香港注册和运营的多元化控股企业集团，建立了以平衡计分卡为总体框架的业绩评价体系，以关键绩效指标为构成要素，以经济增加值为核心理念，以业绩合同为表现形式构建而成。完整的业绩评价体系由业绩考核指标、能力素质两部分组成。业绩考核指标包括量化指标和非量化指标两部分，量化指标包含定量指标和可以量化的定性指标。根据利润中心不同的行业性质和发展战略，建立战略导向的业绩评价体系，以业绩评价引导战略执行，按评价结果确定利润中心奖惩。从财务、顾客、流程和学习四个维度建立的关键业绩指标，使企业不仅要与过去比，还要与行业平均水平比，与行业标杆企业比；不仅要看营业额、利润、ROE等财务指标，还要比客户和员工满意度、员工专业技能提高程度、社会贡献度、环保安全等软指标；不仅要重视短期效益，还要关注企业中长期战略目标的实现程度等。业绩评价体系的成功实施，得益于系统之间能够形成一个相互协调、联动的集成化的战略管理体系。

思考：华润集团业绩评价体系的优势有哪些？

任务一　业绩评价认知

业绩评价，是指企业运用系统的工具方法，对一定时期内企业营运效率与效果进行综合评判的管理活动。业绩评价可以分为财务业绩评价和非财务业绩评价。

一、财务业绩评价

财务业绩评价（Financial Performance Evaluation）是根据财务信息来评价管理者业绩的方法，常见的财务评价指标包括净利润、资产收益率、经济增加值（EVA）等。作为一种传统的评价方法，其一方面可以反映企业的综合经营成果，同时也容易从会计系统中获得相应的数据，操作简便，易于理解。但财务业绩评价也有其不足之处，首先财务业绩体现的是企业当期的财务成果，反映的是企业的短期业绩，无法反映管理者在企业的长期业绩改善方面所作的努力。其次，财务业绩是一种结果导向，即只注重最终的财务结果，而对达成该结果的改善过程则欠考虑。最后，财务业绩通过会计程序产生的会计数据进行考核，而会计数据则是根据公认的会计原则产生的，受到稳健性原则有偏估计的影响，因此，可能无法公允地反映管理层的真正业绩。

二、非财务业绩评价

非财务业绩评价，是指根据非财务信息指标来评价管理者业绩的方法。比如与企业内部营运相关的指标：市场份额、关键客户订货量、顾客满意度、顾客忠诚度等。与企业内部营运相关的指标：及时送货率、存货周转率、产品或服务质量（缺陷率）、周转时间等。反映学习与成长的指标：员工满意度、员工建议次数、员工拥有并熟练使用电脑比率、员工第二专长人数、员工流动率等。非财务业绩评价的优点是可以避免财务业绩评价只侧重过去、比较短视的不足；非财务业绩评价体现长远业绩，外部对企业的整体评价。非财务业绩评价的缺点是一些关键的非财务业绩指标往往比较主观，数据的收集比较困难，评价指标数据的可靠性难以保证。

任务二　关键绩效指标法

一、关键绩效指标法认知

关键绩效指标法，是指基于企业战略目标，通过建立关键绩效指标（Key Performance Indicator，简称 KPI）体系，将价值创造活动与战略规划目标有效联系，并据此进行绩效管理的方法。关键绩效指标，是对企业绩效产生关键影响力的指标，是通过对企业战略目标、关键成果领域的绩效特征分析，识别和提炼出的最能有效驱动企业价值创造的指标。

关键绩效指标法可单独使用，也可与经济增加值法、平衡计分卡等其他方法结合使用。关键绩效指标法的应用对象可以是企业、所属单位（部门）和员工。

二、关键绩效指标法的应用

企业应用关键绩效指标法，应综合考虑绩效评价期间宏观经济政策、外部市场环境、内部管理需要等因素，构建指标体系。

战略目标是确定关键绩效指标体系的基础，关键绩效指标反映战略目标，对战略目标实施效果进行衡量和监控。企业应清晰识别价值创造模式，按照价值创造路径识别出关键驱动因素，科学地选择和设置关键绩效指标。

企业应用关键绩效指标法，一般按照制定以关键绩效指标为核心的绩效计划、制定激励计划、执行绩效计划与激励计划、实施绩效评价与激励、编制绩效评价与激励管理报告等程序进行。

企业制定绩效计划，包括构建指标体系、分配指标权重、确定绩效目标值、选择计分方法和评价周期、拟定绩效责任书等。

(一) 关键绩效指标体系的制定程序

企业构建关键绩效指标体系，一般按照以下程序进行：

第一，制定企业级关键绩效指标。企业应根据战略目标，结合价值创造模式，综合考虑内外部环境等因素，设定企业级关键绩效指标。

第二，制定所属单位（部门）级关键绩效指标。根据企业级关键绩效指标，结合所属单位（部门）关键业务流程，按照上下结合、分级编制、逐级分解的程序，在沟通反馈的基础上，设定所属单位（部门）级关键绩效指标。

第三，制定岗位（员工）级关键绩效指标。根据所属单位（部门）级关键绩效指标，结合员工岗位职责和关键工作价值贡献，设定岗位（员工）级关键绩效指标。

(二) 关键绩效指标的类型

企业的关键绩效指标一般可分为结果类和动因类两类指标。结果类指标是反映企业绩效的价值指标，主要包括投资回报率、净资产收益率、经济增加值、息税前利润、自由现金流等综合指标；动因类指标是反映企业价值关键驱动因素的指标，主要包括资本性支出、单位生产成本、产量、销量、客户满意度、员工满意度等。

1. 结果类指标。

（1）投资资本回报率。投资资本回报率是指企业一定会计期间取得的息前税后利润占其所使用的全部投资资本的比例，反映企业在会计期间有效利用投资资本创造回报的能力。一般计算公式如下：

投资资本回报率＝[税前利润×（1－所得税税率）＋利息支出]÷投资资本平均余额×100％

投资资本平均余额＝（期初投资资本＋期末投资资本）÷2

投资资本＝有息债务＋所有者（股东）权益

（2）净资产收益率。净资产收益率（也称“权益净利率”）是指企业一定会计期间取得的净利润占其所使用的净资产平均数的比例，反映企业全部资产的获利能力。一般计算公式如下：

净资产收益率＝净利润÷平均净资产×100％

（3）经济增加值回报率。经济增加值回报率是指企业一定会计期间内经济增加值与平均资本占用的比值。一般计算公式如下：

经济增加值回报率＝经济增加值÷平均资本占用×100％

（4）息税前利润。息税前利润是指企业当年实现税前利润与利息支出的合计数。一般计算公式如下：

息税前利润＝税前利润＋利息支出

（5）自由现金流量。现金流量是指企业一定会计期间经营活动产生的净现金流量超过付现资本性支出的金额，反映企业可动用的现金。一般计算公式如下：

自由现金流量＝经营活动净现金流量－付现资本性支出

2. 动因类指标。

（1）资本性支出。资本性支出是指企业发生的、其效益涉及两个或两个以上会计年度的各项支出。

(2) 单位生产成本。单位生产成本是指生产单位产品而平均耗费的成本。

(3) 产量。产量是指企业在一定时期内生产出来的产品的数量。

(4) 销量。是指企业在一定时期内销售商品的数量。

(5) 客户满意度。客户满意度是指客户期望值与客户体验的匹配程度，即客户通过对某项产品或服务的实际感知与其期望值相比较后得出的指数。客户满意度收集渠道主要包括问卷调查、客户投诉、与客户的直接沟通、消费者组织的报告、各种媒体的报告和行业研究的结果等。

(6) 员工满意度。员工满意度是指员工对企业的实际感知与其期望值相比较后得出的指数。主要通过问卷调查、访谈调查等方式，从工作环境、工作关系、工作内容、薪酬福利、职业发展等方面进行衡量。

(三) 关键绩效指标选取的方法

关键绩效指标应含义明确、可度量、与战略目标高度相关。指标的数量不宜过多，每一层级的关键绩效指标一般不超过 10 个。

关键绩效指标选取的方法主要有关键成果领域分析法、组织功能分解法和工作流程分解法。关键成果领域分析法，是基于对企业价值创造模式的分析，确定企业的关键成果领域，并在此基础上进一步识别关键成功要素，确定关键绩效指标的方法。组织功能分解法，是基于组织功能定位，按照各所属单位（部门）对企业总目标所承担的职责，逐级分解和确定关键绩效指标的方法。工作流程分解法，是按照工作流程各环节对企业价值贡献程度，识别出关键业务流程，将企业总目标层层分解至关键业务流程相关所属单位（部门）或岗位（员工），确定关键绩效指标的方法。

(四) 关键绩效指标的权重及目标值

关键绩效指标的权重分配应以企业战略目标为导向，反映被评价对象对企业价值贡献或支持的程度，以及各指标之间的重要性水平。单项关键绩效指标权重一般设定在 5%—30%之间，对特别重要的指标可适当提高权重。对特别关键、影响企业整体价值的指标可设立“一票否决”制度，即如果某项关键绩效指标未完成，无论其他指标是否完成，均视为未完成绩效目标。

企业确定关键绩效指标目标值，一般参考以下标准：

(1) 依据国家有关部门或权威机构发布的行业标准或参考竞争对手标准；

(2) 参照企业内部标准，包括企业战略目标、年度生产经营计划目标、年度预算目标、历年指标水平等；

(3) 不能按前两项方法确定的，可根据企业历史经验值确定。

关键绩效指标的目标值确定后，应规定因内外部环境发生重大变化、自然灾害等不可抗力因素对绩效完成结果产生重大影响时，对目标值进行调整的办法和程序。一般情况下，由被评价对象或评价主体测算确定影响额度，向相应的绩效管理工作机构提出调整申请，报薪酬与考核委员会或类似机构审批。

三、关键绩效指标法的优缺点

关键绩效指标法的主要优点：一是使企业业绩评价与战略目标密切相关，有利于战略目标的实现；二是通过识别的价值创造模式把握关键价值驱动因素，能够更有效地实现企业价值增值目标；三是评价指标数量相对较少，易于理解和使用，实施成本相对较低，有利于推广实施。

关键绩效指标法的主要缺点：关键绩效指标的选取需要透彻理解企业价值创造模式和战略目标，有效识别核心业务流程和关键价值驱动因素，指标体系设计不当将导致错误的价值导向或管理缺失。

任务三　经济增加值

一、经济增加值认知

剩余收益概念出现以后，陆续衍生出各种不同版本的用于业绩评价的指标，其中最引人注目的是经济增加值。经济增加值（Economic Value Added，EVA）是美国思腾思特（Stern Stewart）管理咨询公司开发并于20世纪90年代中后期推广的一种价值评价指标。

经济增加值法，是指以经济增加值为核心，建立绩效指标体系，引导企业注重价值创造，并据此进行绩效管理的方法。

经济增加值，是指税后净营业利润扣除全部投入资本的成本后的剩余收益。经济增加值及其改善值是全面评价经营者有效使用资本和为企业创造价值的重要指标。经济增加值为正，表明经营者在为企业创造价值；经济增加值为负，表明经营者在损毁企业价值。

【小贴士】经济增加值法较少单独应用，一般与关键绩效指标法、平衡计分卡等其他方法结合使用。

企业应用经济增加值法，应树立价值管理理念，明确以价值创造为中心的战略目标，建立以经济增加值为核心的价值管理体系，使价值管理成为企业的核心管理制度。企业应综合考虑宏观环境、行业特点和企业的实际情况，通过价值创造模式的识别，确定关键价值驱动因素，构建以经济增加值为核心的指标体系。企业应建立清晰的资本资产管理责任体系，确定不同被评价对象的资本资产管理责任。企业应建立健全会计核算体系，确保会计数据真实可靠、内容完整，并及时获取与经济增加值计算相关的会计数据。企业应加强融资管理，关注筹资来源与渠道，及时获取债务资本成本、股权资本成本等相关信息，合理确定资本成本。企业应加强投资管理，把能否增加价值作为新增投资项目决策的主要评判标准，以保持持续的价值创造能力。

二、经济增加值的应用

经济增加值的计算公式为：

经济增加值＝税后净营业利润－平均资本占用×加权平均资本成本

其中：税后净营业利润衡量的是企业的经营盈利情况；平均资本占用反映的是企业持续投入的各种债务资本和股权资本；加权平均资本成本反映的是企业各种资本的平均成本率。

（一）税后净营业利润

税后净营业利润等于会计上的税后净利润加上利息支出等会计调整项目后得到的税后利润。

计算经济增加值时，需要进行相应的会计项目调整，以消除财务报表中不能准确反映企业价值创造的部分。会计调整项目的选择应遵循价值导向性、重要性、可控性、可操作性与行业可比性等原则，根据企业实际情况确定。常用的调整项目有：

（1）研究开发费、大型广告费等一次性支出但收益期较长的费用，应予以资本化处理，不计入当期费用。

（2）反映付息债务成本的利息支出，不作为期间费用扣除，计算税后净营业利润时扣除所得税影响后予以加回。

（3）营业外收入、营业外支出具有偶发性，应将当期发生的营业外收支从税后净营业利润中扣除。

（4）将当期减值损失扣除所得税影响后予以加回，并在计算资本占用时相应调整资产减值准备发生额。

（5）递延税金不反映实际支付的税款情况，应将递延所得税资产及递延所得税负债变动影响的企业所得税从税后净营业利润中扣除，相应调整资本占用。

（6）其他非经常性损益调整项目，如股权转让收益等。

（二）平均资本占用

平均资本占用是所有投资者投入企业经营的全部资本，包括债务资本和股权资本。其中债务资本包括融资活动产生的各类有息负债，不包括经营活动产生的无息流动负债。股权资本中包含少数股东权益。资本占用除根据经济业务实质相应调整资产减值损失、递延所得税等，还可根据管理需要调整研发支出、在建工程等项目，引导企业注重长期价值创造。

（三）加权平均资本成本

加权平均资本成本是债务资本成本和股权资本成本的加权平均，反映了投资者所要求的必要报酬率。加权平均资本成本的计算公式如下：

$$K_W = K_d \frac{DC}{TC}(1-T) + K_S \frac{EC}{TC}$$

其中：TC 代表资本占用，EC 代表股权资本，DC 代表债务资本；T 代表所得税税率；K_w代表加权平均资本成本，K_d代表债务资本成本，K_s代表股权资本成本。

债务资本成本是企业实际支付给债权人的税前利率，反映的是企业在资本市场中债务融资的成本率。如果企业存在不同利率的融资来源，债务资本成本应使用加权平均值。

股权资本成本是在不同风险下，所有者对投资者要求的最低回报率。通常根据资本资产定价模型确定，计算公式为：

$$K_s = R_f + \beta\ (R_m - R_f)$$

其中：R_f为无风险收益率，R_m为市场预期回报率，$R_m - R_f$为市场风险溢价。β是企业股票相对于整个市场的风险指数。上市企业的β值，可采用回归分析法或单独使用最小二乘法等方法测算确定，也可以直接采用证券机构等提供或发布的β值；非上市企业的β值，可采用类比法，参考同类上市企业的β值确定。

企业级加权平均资本成本确定后，应结合行业情况、不同所属单位（部门）的特点，通过计算（能单独计算的）或指定（不能单独计算的）的方式确定所属单位（部门）的资本成本。通常情况下，企业对所属单位（部门）所投入资本即股权资本的成本率是相同的，为简化资本成本的计算，所属单位（部门）的加权平均资本成本一般与企业保持一致。

根据《中央企业负责人年度经营业绩考核实施方案》及《中央企业负责人经济增加值考核实施方案》，国务院国有资产监督管理委员会对中央企业的年度经营业绩考核中，年度指标分为基本指标、分类指标和约束性指标，其中基本指标包括净利润和经济增加值。经济增加值是指经核定的企业税后净营业利润减去资本成本后的余额，其计算公式为：

经济增加值＝税后净营业利润－资本成本

＝税后净营业利润－调整后资本×平均资本成本率

税后净营业利润＝净利润＋（利息支出＋研究开发费用调整项）×（1－25%）

调整后资本＝平均所有者权益＋平均带息负债－平均在建工程

平均资本成本率＝债务资本成本率×平均带息负债/（平均带息负债＋平均所有者权益）×（1－25%）＋股权资本成本率×平均所有者权益/（平均带息负债＋平均所有者权益）

其中，利息支出是指企业财务报表中“财务费用”项下的“利息支出”；研究开发费用调整项是指企业财务报表中“期间费用”项下的“研发费用”和当期确认为无形资产的开发支出；在建工程是指企业财务报表中的符合主业规定的“在建工程”；带息负债是指企业带息负债情况表中的带息负债合计；企业经营业务主要在国（境）外的，25%的企业所得税税率可予以调整。

资本成本率按差异化原则确定：(1) 对主业处于充分竞争行业和领域的商业类企业股权资本成本率原则上定为6.5%，对主业处于关系国家安全、国民经济命脉的重要行业和关键领域、主要承担重大专项任务的商业类企业股权资本成本率原则上定为5.5%，对公益类企业股权资本成本率原则上定为4.5%。对军工、电力、农业等资产通用性较差的企业，股权资本成本率下浮0.5个百分点。(2) 债务资本成本率＝利息支出总额÷平均带息负债。利息支出总额是指带息负债情况表中的“利息支出总额”，包括费用化利息和资本化利息。(3) 资本负债率高于上年且在65%（含）至70%的科研技术企业、70%（含）至75%的工业企业或75%（含）至80%的非工业企业，平均资本成本率上浮0.2个百分点；资产负债率高于上年且在70%（含）以上的科研技术企业、75%（含）以上的工业企业或80%（含）以上的非工业企业，平均资本成本率上浮0.5个百分点。

【任务9－1】 甲公司是一家中央电力企业，采用经济增加值业绩考核办法进行业绩计量和评价，有关资料如下：

(1) 20×1年甲公司的净利润为40亿元；费用化利息支出为12亿元，资本化利息支出为16亿元；研发费用为20亿元，当期无确认为无形资产的开发支出。

(2) 20×1年甲公司的年末无息负债为200亿元，年初无息负债为150亿元；年末带息负债为800亿元，年初带息负债为600亿元；年末所有者权益为900亿元，年初所有者权益为700亿元；年末在建工程为180亿元，年初在建工程为220亿元。

根据上述资料：计算甲公司20×1年的经济增加值。

解：

(1) 计算税后净营业利润：

税后净营业利润＝净利润＋（利息支出＋研究开发费用调整项）×（1－25%）

研究开发费用调整项＝研发费用＋当期确认为无形资产的开发支出＝20＋0＝20（亿元）

税后净营业利润＝40＋（12＋20）×（1－25%）＝64（亿元）

(2) 计算调整后资本：

调整后资本＝平均所有者权益＋平均带息负债－平均在建工程

平均所有者权益＝（900＋700）/2＝800（亿元）

平均带息负债＝（800＋600）/2＝700（亿元）

平均在建工程＝（180＋220）/2＝200（亿元）

调整后资本＝800＋700－200＝1300（亿元）

(3) 计算平均资本成本率：

平均资本成本率＝债权资本成本率×平均带息负债/（平均带息负债＋平均所有者权益）×（1－25%）＋股权资本成本率×平均所有者权益/（平均带息负债＋平均所有者权益）

债权资本成本率＝利息支出总额/平均带息负债

利息支出总额＝费用化利息支出＋资本化利息支出＝12＋16＝28（亿元）

债权资本成本率＝28/700＝4%

因甲公司作为电力企业，其主业处于关系国家安全、国民经济命脉的重要行业和关键领域，且电力行业资产通用性较差。

股权资本成本率＝5.5%－0.5%＝5%

平均资本成本率＝4%×700/（700＋800）×（1－25%）＋5%×800/（700＋800）＝4.07%

年末资产负债率＝（200＋800）/（200＋800＋900）＝1000/1900＝52.63%

年初资产负债率＝（150＋600/（150＋600＋700）＝750/1450＝51.72%

资产负债率虽然高于上年但低于65%，故不属于需要调整的情况。

(4) 计算经济增加值：

经济增加值＝税后净营业利润－资本成本＝税后净营业利润－调整后资本×平均资本成本率

经济增加值＝64－1300×4.07%＝64－52.91＝11.09（亿元）

三、经济增加值法优缺点

经济增加值法的主要优点：考虑了所有资本的成本，更真实地反映了企业的价值创造能力；实现了企业利益、经营者利益和员工利益的统一，激励经营者和所有员工为企业创造更多价值；能有效遏制企业盲目扩张规模以追求利润总量和增长率的倾向，引导企业注重长期价值创造。

经济增加值法的主要缺点：一是仅对企业当期或未来1—3年价值创造情况的衡量和预判，无法衡量企业长远发展战略的价值创造情况；二是计算主要基于财务指标，无法对企业的营运效率与效果进行综合评价；三是不同行业、不同发展阶段、不同规模等的企业，其会计调整项和加权平均资本成本各不相同，计算比较复杂，影响指标的可比性。

任务四　平衡计分卡

一、平衡计分卡认知

传统的业绩评价模式只注重财务指标的分析，对于指导和评价企业如何通过投资于客户、供应商、雇员、生产程序、技术和创新等创造未来的价值具有滞后性，平衡计分卡打破了这种模式，增加了用于评估企业未来投资价值好坏的具有前瞻性的先行指标。另外，《财富》杂志指出，只有不到10%的企业战略能被有效地执行，真正的问题不是战略的优劣，至少70%的原因是战略执行力不够。而战略执行失败的原因是由沟通障碍、管理障碍、资源障碍和人员障碍造成的。哈佛商学院教授卡普兰和诺顿提出了平衡计分卡，有效解决了业绩评价问题和成功实施战略的问题。

平衡计分卡，是指基于企业战略，从财务、客户、内部业务流程、学习与成长四个维度，将战略目标逐层分解转化为具体的、相互平衡的绩效指标体系，并据此进行绩效管理的方法。平衡计分卡通常与战略地图等其他工具结合使用。平衡计分卡适用于战略目标明确、管理制度比较完善、管理水平相对较高的企业。平衡计分卡的应用对象可为企业、所属单位（部门）和员工。

二、平衡计分卡的框架

平衡计分卡通过财务指标和非财务指标相结合，将企业的业绩评价同企业战略发展联系起来，设计出了一套能使企业高管迅速且全面了解企业经营状况的指标体系，用来表达企业进行战略性发展所必须达到的目标，把任务和决策转化成目标和指标。平衡计分卡的目标和指标来源于企业的愿景和战略，这些目标和指标从四个维度来考察企业的业绩，即财务、顾客、内部业务流程、学习与成长，因此，平衡计分卡是将组织的战略落实为可操作的衡量指标和目标值的一种新型绩效管理体系，具体框架如图9—1所示。

1. 财务维度。其目标是解决“股东如何看待我们?”这一类问题。表明我们的努力是否对企业的经济收益产生了积极的作用。企业价值最大化，离不开相关财务指标的衡量，而财务维度指标包括利润、收入、现金流量、投资回报率等。财务方面是其他三个方面的出发点和归宿点。

2. 客户维度。这一维度回答的是“客户如何看待我们?”的问题。客户是企业之本，是现代企业的利润来源，客户感受理应成为企业的关注焦点，应当从时间、质量、服务效率及成本等方面了解市场份额、顾客需求和顾客满意度。客户方面体现了公司与外界、部门与其他单位变化的反映。

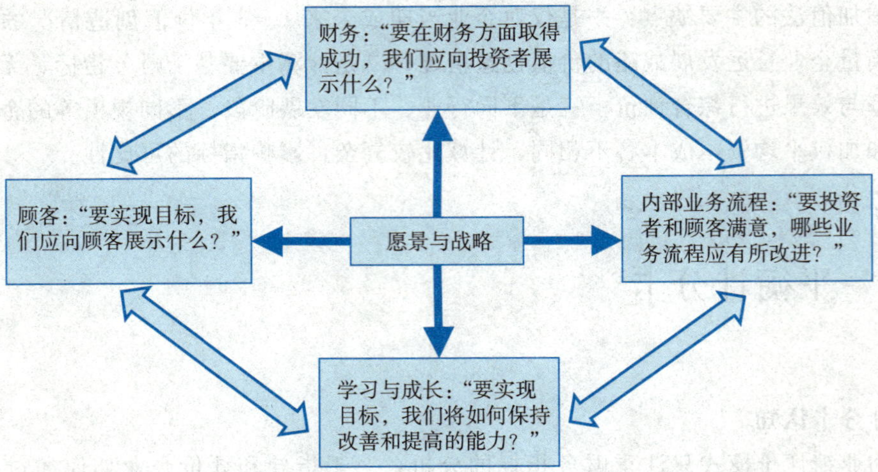

图 9－1 平衡计分卡框架

3. 内部业务流程维度。内部业务维度着眼于企业的核心竞争力，回答的是"我们的优势是什么"的问题。企业想按时间向顾客交货，满足现在和未来顾客的需要，必须以优化企业的内部业务流程为前提。因此，企业应当甄选出那些对客户满意度有最大影响的业务程序（包括影响时间、质量、服务和生产率的各种因素），明确自身的核心竞争能力，并把它们转化成具体的测评指标，内部过程是公司改善经营业绩的重点。

4. 学习和成长维度。其目标是解决"我们是否能持续为客户提高并创造价值?"这一类问题。只有持续提高员工的技术素质和管理素质，才能不断的开发新产品，为客户创造更多价值并提高经营效率，企业才能打入新市场，增加红利和股东价值。企业的学习与成长来自于员工、信息系统和企业程序等。根据经营环境和利润增长点的差异，企业可以确定不同的产品创新、过程创新和生产水平提高指标。如新产品开发周期、员工满意度、平均培训时间、再培训投资和关键员工流失率等。

平衡计分卡的各个组成部分是以一种集成的方式来设计的，公司现在的努力与未来的前景之间存在着一种"因果"关系，在企业目标与业绩指标之间存在着一条"因果关系链"。从平衡计分卡，管理者能够了解并分析影响企业整体目标的各种关键因素。它有助于管理者对整个业务活动的发展过程持续保持关注，并确保现在的实际经营业绩与公司的长期战略保持一致。

根据这四个不同的角度，平衡计分卡中的"平衡"包括外部评价指标（如股东和客户对企业的评价）和内部评价指标（如内部经营过程、新技术学习等）的平衡；成果评价指标（如利润、市场占有率等）和导致成果出现的驱动因素评价指标（如新产品投资开发等）的平衡；财务评价指标（如利润等）和非财务评价指标（如员工忠诚度、客户满意程度等）的平衡；短期评价指标（如利润指标等）和长期评价指标（如员工培训成本、研发费用等）的平衡。

【任务 9－2】晨明快餐店是一家处于成长期的快餐连锁经营公司，其主要采取堂食和网络订购的方式销售快餐。该公司决定采用平衡计分卡来计量企业的绩效。该平衡计分卡共包括四个方面，每个方面首要的两个计量指标如下：

（1）财务角度：收入的增长；顾客订单的增加。

（2）顾客角度：订单到交货所需的时间；顾客对餐品的满意度。

（3）内部业务流程角度：处理单个订单的时间；新产品信息在网站上更新的速度。

（4）创新与学习角度：提供餐品的数量；快餐订货所覆盖的区域。

三、平衡计分卡与企业战略管理

战略管理立足于企业的长远发展，是企业管理的高级阶段，根据外部环境及自身特点，围绕战略目标，采取一定的竞争战略，以求取得竞争优势。平衡计分卡突破了传统业绩评价系统的局限性，把财务指标与非财务指标同企业的战略联系在一起，明确企业的愿景目标，协助管理人员建立一个能得到大家广泛认同的愿景和战略，并将这些愿景和战略转化为一系列相互联系的衡量指标，促使各级部门采取有利于实现愿景和战略的行动，将部门目标和个人目标同企业长期战略相联系。

1. 平衡计分卡和战略管理的关系。平衡计分卡和战略管理的关系由图 9－2 表示。

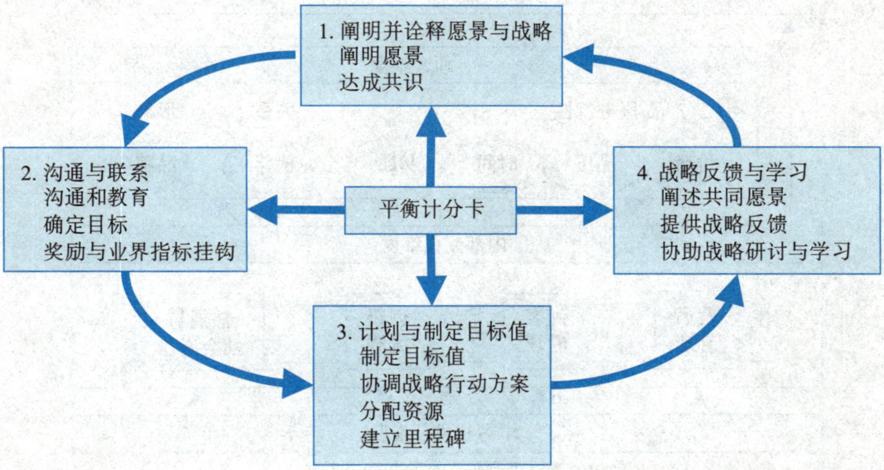

图 9－2 平衡计分卡与战略管理之间的关系

平衡计分卡把战略规划中所制定的目标作为考核的一个基准；另外，平衡计分卡作为一个有效的战略执行系统，它通过图 9－2 里的四个程序，使得管理者把长期行为与短期行为联系在一起，具体的程序包括：

（1）阐释并诠释愿景与战略。愿景，指为企业所要达到的远期目标。阐释并诠释愿景，有助于达成共识，并让它成为企业所有成员的共同理想和目标。

（2）沟通与联系。在企业中，通过沟通与联系，将部门目标和个人目标联系起来。

（3）计划与制定目标值。制定计划，确定目标值，协调各部门实施战略行动方案，实现业务计划和财务计划一体化。

（4）战略反馈与学习。它帮助企业以一个组织的形式获得战略型学习与改进的能力。

2. 平衡计分卡的要点。要把平衡计分卡同企业战略更好的结合，需要做到以下几点：

（1）平衡计分卡的四个程序互为因果，最终实现企业战略目标。平衡计分卡不仅仅是业绩衡量指标的结合，更是各个指标之间互相联系、互相补充，围绕企业战略建立的因果关系链。

（2）平衡计分卡除有具体的业绩衡量指标，还包括这些衡量指标的驱动因素。这有助于说明怎样行动才能实现目标，并使其顺利实施。一个有效地平衡计分卡需要把企业的战略结果同驱动因素结合起来。

（3）平衡计分卡应与财务指标联系起来，平衡计分卡必须强调经营成果，帮助企业实现最终的目标，创造更多的财富。

3. 战略地图架构。组织的战略主要说明如何设法为股东、顾客创造出价值。因此，假如组织的无形资产代表了75%以上的价值，那么，有关战略的形成以及执行就必须很明确地针对无形资产的动员与整合问题有所交代。图9－3所示的战略地图，为如何连接无形资产与价值创造的流程提供了一个架构。

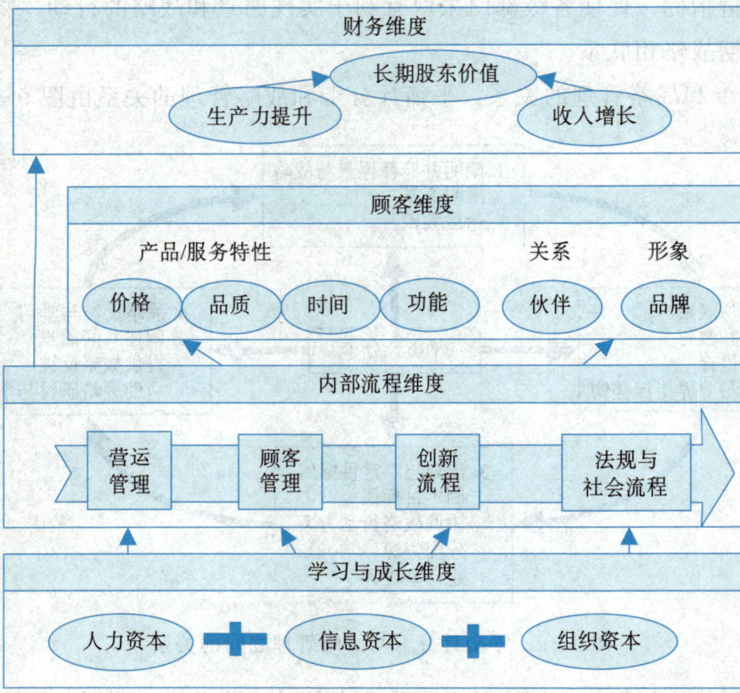

图9－3　战略地图架构

（1）财务维度：长短期对立力量的战略平衡。战略地图保留了财务层面，是因为它们是企业的最终目标。财务绩效的衡量结果，代表了企业战略贯彻实施对公司营运数字改善的贡献高低。财务方面的目标一般都与获利能力的衡量相关。公司财务绩效的改善，主要是利用收入的增长与生产力的提升两种基本途径。

（2）顾客维度：战略本是基于差异化的价值主张。企业采取追求收入增长的战略，必须在顾客层面中选定价值主张。此价值主张说明了企业如何针对其目标顾客群创造出具有差异化而又可持续长久的价值。

基本上，所有的组织都希望能就常见的顾客衡量指标（如顾客满意度等）加以改进，不仅满足和维系顾客，更应标明特定的顾客群，作为企业成长和获利的标的。例如，有的公司会采用低价战略，满足并维系对价格非常敏感的顾客群。在公司确实了解目标顾客群的身份特性后，可根据所提出的价值主张来确定目标与衡量项目。价值主张界定了公司打算针对目标顾客群所提供的产品、价格、服务以及形象的独特组合。因此，价值主张应能达到宣扬公司如何优于竞争者，或者显著不同于竞争者的目的。

（3）内部流程维度：价值是由内部流程创造的。内部流程完成了组织战略的两个重要部分：针对顾客的价值主张生产与交货；为财务层面中的生产力要件进行流程改善与成本降低的作业，内部流程由运营管理流程、顾客管理流程、创新管理流程和法规与社会流程四个流程组成。

（4）学习与成长维度：无形资产的战略性整合。战略地图的学习与成长层面，主要说明组织的无形资产及它们在战略中扮演的角色。我们将无形资产归纳为人力资本、信息资本、组织资本三类。

四、平衡计分卡与传统业绩评价

1. 从“制订目标—执行目标—实际业绩与目标值差异的计算与分析—采取纠正措施”的目标管理系统来看，传统的业绩考核注重对员工执行过程的控制，平衡计分卡则强调目标制订的环节。平衡计分卡方法认为，目标制订的前提应当是员工有能力为达成目标而采取必要的行动方案，因此设定业绩评价指标的目的不在于控制员工的行为，而在于使员工能够理解企业的战略使命并为之付出努力。

2. 传统的业绩评价与企业的战略执行脱节。平衡计分卡把企业战略和业绩管理系统联系起来，是企业战略执行的基础架构。

3. 平衡计分卡在财务、客户、内部流程以及学习与成长四个方面建立公司的战略目标。用来表达企业在生产能力竞争和技术革新竞争环境中所必须达到的、多样的、相互联系的目标。

4. 平衡计分卡帮助公司及时考评战略执行的情况，根据需要（每月或每季度）适时调整战略、目标和考核指标。

5. 平衡计分卡能帮助公司有效地建立跨部门团队合作，促进内部管理过程的顺利进行。

五、平衡计分卡的优缺点

平衡计分卡的主要优点：（1）战略目标逐层分解并转化为被评价对象的绩效指标和行动方案，使整个组织行动协调一致；（2）从财务、客户、内部业务流程、学习与成长四个维度确定绩效指标，使绩效评价更为全面完整；（3）将学习与成长作为一个维度，注重员工的发展要求和组织资本、信息资本等无形资产的开发利用，有利于增强企业可持续发展的动力。

平衡计分卡的主要缺点：（1）专业技术要求高，工作量比较大，操作难度也较大，需要持续地沟通和反馈，实施比较复杂，实施成本高；（2）各指标权重在不同层级及各层级不同指标之间的分配比较困难，且部分非财务指标的量化工作难以落实；（3）系统性强、涉及面广，需要专业人员的指导、企业全员的参与和长期持续地修正与完善，对信息系统、管理能力有较高的要求。

课程素养 9—2

公平正义

公平正义是人类文明的重要标志，是衡量一个国家或社会文明发展的标准。社会和谐、人际和睦，无疑以公平正义为重要条件。公平是指按照一定的社会标准、正当的秩序合理地待人处事，是制度、系统、大型活动的重要道德品质。公平包含公民参与经济、政治和社会其他生活的机会公平、过程公平和结果分配公平。正义包括社会正义、政治正义和法律正义等。公平正义是每一个现代社会孜孜以求的理想和目标，因此，许多国家都在尽可能加大公共服务和社会保障力度的同时，高度重视机会和过程的公平。构筑一个公平正义的社会，需要全社会进行长期努力，要提高全体公民的文化、道德、法制等方面的素质，使人们有渴求公平正义的意识、参与公平正义的能力和依法追求公平正义的行为。

（来源：百度百科）

项目总结

本项目共有四个任务，详细讲解了企业的财务业绩评价。

任务一，主要学习财务业绩和非财务业绩的概念及其优缺点。

任务二，主要学习关键绩效指标法的认知、应用及其优缺点。

任务三，主要学习经济增加值的基本内涵，经济增加值计算原理与具体应用，以及经济增加值的优缺点。

任务四，主要学习平衡计分卡的概念及其框架，平衡计分卡与企业战略管理的关系，平衡计分卡与传统业绩评价的区别，以及平衡计分卡的优缺点。

职业能力训练

一、单项选择题

1. 关于财务业绩评价的优缺点，下列说法不正确的是（　　）。

A. 数据的收集比较困难，评价指标数据的可靠性难以保证

B. 只注重最终的财务结果，而对达成该结果的改善过程则欠考虑

C. 容易从会计系统中获得相应的数据，操作简便，易于理解，因此被广泛使用

D. 受到会计数据稳健性原则有偏估计的影响，因此可能无法公允地反映管理层的真正业绩

2. 企业应用关键绩效指标法的程序中与其他业绩评价方法的关键不同点是（　　）。

A. 制定激励计划

B. 实施绩效评价与激励

C. 编制绩效评价报告与激励管理报告

D. 制定以关键绩效指标为核心的绩效计划

3. 企业的关键绩效指标一般可分为结果类和动因类两类指标，下列属于结果类指标的

是（　　）。

A. 自由现金流量　　B. 资本性支出

C. 销量　　D. 客户满意度

4. 下列有关表述中不属于关键绩效指标法优点的是（　　）。

A. 指标体系分层级确定，不会导致错误的价值导向

B. 使企业业绩评价与企业战略目标密切相关，有利于企业战略目标的实现

C. 通过识别价值创造模式把握关键价值驱动因素，能够更有效地实现企业价值增值目标

D. 评价指标数量相对较少，易于理解和使用，实施成本相对较低，有利于推广实施

5. 下列有关经济增加值评价的特点的说法中，不正确的是（　　）。

A. 经济增加值不便于比较不同规模公司的业绩

B. 经济增加值考虑了所有资本的成本，更真实地反映了企业的价值创造能力

C. 经济增加值的吸引力主要在于它把资本预算、业绩评价和激励报酬结合起来

D. 经济增加值克服了投资报酬率处于成长阶段较低，而处于衰退阶段可能较高的缺点

6. 下列关于经济增加值评价的优缺点的说法中，不正确的是（　　）。

A. 在经济增加值的框架下，公司可以向投资人宣传他们的目标和成就，投资人也可以用经济增加值选择最有前景的公司

B. 在计算经济增加值时，对于净收益应作哪些调整以及资本成本的确定等，尚存在许多争议

C. 经济增加值需要做一系列的调整，不能直接与股东财富的创造联系起来

D. 经济增加值是股票分析家手中的一个强有力的工具

7. 甲公司下属B部门采用经济增加值作为公司内部的业绩评价指标。已知该部门平均资本占用为60 000元，部门税前经营利润为12 000元，该部门适用的所得税税率为25%，加权平均税后资本成本为10%，则该部门的经济增加值为（　　）元。

A. 4 000　　B. 7 000　　C. 9 000　　D. 3 000

8. 按照平衡计分卡，解决“顾客如何看待我们”的问题时，下列指标中可以利用的有（　　）。

A. 顾客满意度　　B. 投资回报率　　C. 生产周期　　D. 平均培训时间

9. 下列关于平衡计分卡与传统业绩评价区别的说法中不正确的是（　　）。

A. 平衡计分卡注重对员工执行过程的控制，传统的业绩考核则重视目标制定的环节

B. 平衡计分卡把企业战略和业绩管理系统联系起来

C. 平衡计分卡帮助公司及时考评战略执行的情况

D. 平衡计分卡在财务、客户、内部流程、学习与成长四个维度建立公司的战略目标

10. 从“制订目标一执行目标一实际业绩与目标值差异的计算与分析一采取纠正措施”的目标管理系统来看，传统的业绩考核注重对员工执行过程的控制，平衡计分卡则强调（　　）。

A. 目标评价　　B. 执行目标

C. 目标制订的环节　　D. 采取纠正措施

11. 一家处于起步期的餐饮企业，其业务主要为通过电话定购的方式销售日本特色食

品，例如生鱼片和寿司。该公司决定采用平衡计分卡来计量来年的绩效。下列选项中，属于学习和成长维度计量的是（　　）。

A. 权益净利率　　　　B. 客户满意度

C. 生产负荷率　　　　D. 新产品开发周期

12. 按照平衡计分卡，着眼于企业的核心竞争力，解决“我们的优势是什么”的问题时可以利用的指标是（　　）。

A. 产出比率　　　　B. 经济增加值

C. 员工满意度　　　　D. 顾客满意度指数

13. 按照平衡计分卡，其目标是解决“我们是否能继续提高并创造价值”的问题的维度是（　　）。

A. 财务维度　　　　B. 顾客维度

C. 学习和成长维度　　　　D. 内部业务流程维度

14. 按照平衡计分卡，着眼于企业的核心竞争力，解决“我们的优势是什么”的问题（　　）。

A. 可以利用财务维度的考核指标

B. 可以利用内部业务流程维度的考核指标

C. 可以利用顾客维度的考核指标

D. 可以利用学习和成长维度的考核指标

15. 下列各项中，属于平衡计分卡内部业务流程维度的业绩评价指标的是（　　）。

A. 投资报酬率　　B. 客户保持率　　C. 生产负荷率　　D. 培训计划完成率

二、多项选择题

1. 下列有关非财务业绩评价与财务业绩评价相比的特点表述正确的有（　　）。

A. 财务业绩评价不能直接计量财务结果的改善过程，非财务业绩评价可以计量财务结果的改善过程

B. 财务业绩评价是短期的计量，非财务业绩评价可以计量公司的长期业绩

C. 非财务业绩评价相比财务业绩评价综合性强

D. 财务业绩评价相比非财务业绩评价数据不好获得

2. 常见的非财务业绩评价指标有（　　）。

A. 员工满意度　　B. 市场份额　　C. 存货周转率　　D. 市净率

3. 下列关于关键绩效指标法表述正确的有（　　）。

A. 对特别关键、影响企业整体价值的指标可设立“一票否决”制度

B. 关键绩效指标法能够将价值创造活动与战略规划目标有效联系

C. 关键绩效指标法应单独使用，不能与经济增加值法、平衡计分卡等其他方法结合使用

D. 关键绩效指标法是企业绩效评价方法，其缺陷在于难以用于企业内部的部门业绩评价

4. 下列属于关键绩效指标法特点的是（　　）。
A. 评价指标数量相对较多
B. 指标体系设计不当将导致错误的价值导向和管理缺失
C. 使企业业绩评价与企业战略目标密切相关，有利于企业战略目标的实现
D. 通过识别价值创造模式把握关键价值驱动因素，能够更有效的实现企业价值增值目标
5. 下列关于《暂行办法》中对经济增加值的计算的说法中，不正确的有（　　）。
A. 经济增加值＝税后净营业利润－资本成本
B. 税后净营业利润＝净利润＋利息支出×（1－25%）
C. 经济增加值＝税后净营业利润－调整后资本×平均资本成本率
D. 调整后资本＝平均所有者权益＋平均负债合计－平均无息流动负债
6. 下列各项关于经济增加值的说法中，正确的有（　　）。
A. 经济增加值为正表明经营者为股东创造了价值
B. 经济增加值便于不同规模公司的业绩比较
C. 计算经济增加值使用的资本成本应随资本市场变化而调整
D. 经济增加值是税后净营业利润扣除全部投入资本的成本后的剩余收益
7. 下列关于经济增加值评价特点的表述中，正确的有（　　）。
A. 经济增加值仅仅是一种业绩评价指标
B. 可以用经济增加值衡量企业长远发展战略的价值创造情况
C. 经济增加值有许多和投资报酬率一样误导使用人的缺点
D. 经济增加值的吸引力主要在于它把资本预算、业绩评价和激励报酬结合起来了
8. 下列关于平衡计分卡的表述正确的有（　　）。
A. 平衡计分卡把企业战略和业绩管理系统联系起来，是企业战略执行的基础架构
B. 平衡计分卡能够帮助公司有效地建立跨部门团队合作，促进内部管理过程的顺利进行
C. 平衡计分卡在财务、客户、内部流程以及学习与成长四个方面建立公司的战略目标
D. 传统的业绩考核注重对员工执行过程的控制，平衡计分卡则强调对员工执行结果的考核
9. 为了使平衡计分卡同企业战略更好地结合，必须做到（　　）。
A. 有效的平衡计分卡，仅是各种业绩衡量指标的有机结合
B. 平衡记分卡的四个方面应互为因果，最终结果是实现企业的战略
C. 平衡计分卡应该最终和非财务指标联系起来，因为企业的最终目标是顾客满意
D. 平衡计分卡中不能只有具体的业绩衡量指标，还应包括这些具体衡量指标的驱动因素
10. 平衡计分卡使管理者能够把长期行为与短期行为联系在一起的程序包括（　　）。
A. 阐释并诠释愿景与战略　　B. 战略反馈与学习
C. 计划与制定目标值　　D. 沟通与联系
11. 甲公司用平衡计分卡进行业绩考评，下列各种维度中，平衡计分卡需要考虑的有

（　　）。

A. 顾客维度　　B. 债权人维度　　C. 股东维度　　D. 学习与成长维度

12. 平衡计分卡的框架中包括四个维度，即财务维度、顾客维度、内部业务流程维度、学习与成长维度。根据这四个不同的角度，平衡计分卡中的“平衡”包括（　　）。

A. 外部评价指标和内部评价指标的平衡

B. 成果评价指标和导致成果出现的驱动因素评价指标的平衡

C. 财务评价指标和非财务评价指标的平衡

D. 短期评价指标和中长期评价指标的平衡

13. 甲公司采用平衡计分卡进行业绩衡量，则下列指标中属于从财务维度考虑的有（　　）。

A. 自由现金流量　　B. 息税前利润

C. 客户保持率　　D. 员工满意度

14. 下列各项中，属于平衡计分卡框架中常用的内部业务流程维度指标的有（　　）。

A. 客户获得率　　B. 交货及时率

C. 产品合格率　　D. 员工生产率

15. 下列各项中，属于平衡计分卡学习和成长维度业绩评价指标的有（　　）。

A. 新产品开发周期　　B. 员工满意度

C. 培训计划完成率　　D. 产品合格率

16. 平衡计分卡与传统业绩评价的区别体现在（　　）。

A. 传统的业绩考核注重对员工执行过程的控制，平衡计分卡则强调采纳纠正措施

B. 传统的业绩评价只是企业战略执行的基础架构，而平衡计分卡把企业战略和业绩管理系统联系起来

C. 平衡计分卡在财务、客户、内部流程以及学习与成长四个方面建立公司的战略目标

D. 平衡计分卡能够帮助公司有效地建立跨部门团队合作，促进内部管理过程的顺利进行

三、判断题

1. 财务业绩是一种结果导向，可以公允地反映管理层的真正业绩。（　　）

2. 非财务业绩评价的是一些关键的非财务业绩指标往往比较主观，数据的收集比较困难，评价指标数据的可靠性难以保证。（　　）

3. 关键绩效指标法只可以单独使用。（　　）

4. 关键绩效指标法评价指标数量相对较多，易于理解和使用，实施成本相对较高。（　　）

5. 关键绩效指标的选取需要透彻理解企业价值创造模式和战略目标，有效识别核心业务流程和关键价值驱动因素，指标体系设计不当将导致错误的价值导向或管理缺失。（　　）

6. 经济增加值是指营业利润扣除全部投入资本的成本后的剩余收益。（　　）

7. 经济增加值可以对企业的营运效率与效果进行综合评价。（　　）

8. 平衡计分卡，是指基于企业战略，从财务、客户、内部业务流程、学习与成长四个维度，将战略目标逐层分解转化为具体的、相互平衡的绩效指标体系，并据此进行绩效管理

的方法。（　）

9. 平衡计分卡是将组织的战略落实为可操作的衡量指标和目标值的一种新型绩效管理体系。（　）

10. 企业在业绩评价时，可以多种业绩评价方法共同使用。（　）

四、业务题

1. 甲公司是一家中央企业上市公司，依据国资委《中央企业负责人经营业绩考核办法》采用经济增加值进行业绩考核。20×1 年公司净利润 10 亿元，费用化利息支出 3 亿元、研发支出 2 亿元全部计入损益；调整后资本 100 亿元，资本成本率 6%。企业所得税税率 25%。

计算公司 20×1 年的经济增加值。

2. 甲公司是一家国有控股上市公司，采用经济增加值作为业绩评价指标，目前，控股股东正对甲公司 20×2 年度的经营业绩进行评价，相关资料如下：

（1）甲公司 20×1 年末和 20×2 年末资产负债表如下：　单位：万元

项　目	20×2 年	20×1 年	项　目	20×2 年	20×1 年
货币资金	405	420	应付账款	1 350	1 165
应收票据	100	95	应付职工薪酬	35	30
应收账款	2 050	2 040	应交税费	100	140
其他应收款	330	325	其他应付款	140	95
存货	2 300	2 550	长期借款	2 500	2 500
固定资产	4 600	4 250	优先股	1 200	1 200
在建工程	2 240	1 350	普通股	5 000	5 000
			留存收益	1 700	900
合计	12 025	11 030	合计	12 025	11 030

（2）甲公司 20×2 年度利润相关资料如下：　单位：万元

项　目	20×2 年
管理费用	1 950
其中：研究与开发费	360
财务费用	220
其中：利息支出	200
营业外收入	400
净利润	1 155

（3）甲公司 20×2 年的营业外收入均为非经常性收益。

（4）甲公司长期借款还有 3 年到期，年利率 8%，优先股 12 万股，每股面额 100 元，票面股息率 10%，普通股 β 系数 1.2。

（5）无风险报酬率 3%，市场组合的必要报酬率 13%，公司所得税税率 25%。

要求：

(1) 以账面价值平均值为权数计算甲公司的加权平均资本成本；

(2) 计算 20×2 年甲公司调整后税后净营业利润、调整后资本和经济增加值。(注：除平均资本成本率按要求 (1) 计算的加权平均资本成本外，其余按国务院国有资产监督管理委员会的相关规定计算)；

(3) 思考经济增加值作为业绩评价指标的优点和缺点。

3. 甲公司为主业处于充分竞争行业和领域的商业类企业，采用经济增加值业绩考核办法进行业绩计量和评价，有关资料如下：

(1) 20×1 年甲公司的净利润为 30 亿元；费用化利息支出为 9 亿元，资本化利息支出为 12 亿元；研发费用为 15 亿元，当期确认为无形资产的开发支出为 2 亿元。

(2) 20×1 年甲公司的年末无息负债为 150 亿元，年初无息负债为 120 亿元；年末带息负债为 600 亿元，年初带息负债为 450 亿元；年末所有者权益为 700 亿元，年初所有者权益为 600 亿元；年末在建工程为 150 亿元，年初在建工程为 200 亿元。

(3) 甲公司适用的所得税税率为 25%。

要求：根据国资委关于经济增加值的相关规定计算下列指标。

(1) 计算税后净营业利润；

(2) 计算调整后资本；

(3) 计算平均资本成本率；

(4) 计算经济增加值。

项目十
风险管理

企业风险是指对企业的战略与经营目标实现产生影响的不确定性。一般用事件后果和发生可能性的组合来表达。

企业风险构成基本要素包括风险因素、风险事件和损失。其中，风险因素是指促使某一风险事件发生，或增加其发生的可能性、或提高其损失程度的原因或条件。

风险事件是指造成损失的偶发事故。企业经营中的风险事件的发生有时直接导致企业经营失败，如巴林银行经营失误。损失是指非故意的、非预期的、非计划的经济价值的减少。损失又分为直接损失和间接损失，直接损失是指风险事件导致的财产毁损和人身伤害，间接损失是指由直接损失引起的其他损失，包括额外费用损失、收入损失和责任损失等。

随着市场化程度和多元化经营的深化，风险管理成为各类企业的重要课题。特别是近年来，由于不确定性上升，企业警惕“灰犀牛”“黑天鹅”等事件带来的风险，并避免由此带来的损失尤为重要。同时，由于风险是影响企业实现战略目标的各种因素和事项，可能给企业带来不利影响，但许多情况下，风险也可能孕育着机会，风险和机遇并存。

项目导航

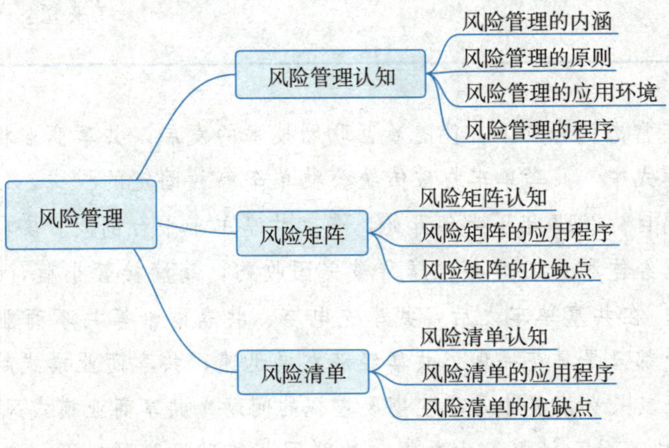

项目目标

素养目标	知识目标	能力目标
•培养学生树立安全责任意识和风险防范意识 •培养学生掌握新知识、新技术、新方法的思维和勤学苦练的工作态度	•了解风险管理的内涵、管理的原则 •了解风险矩阵和风险清单的优缺点 •熟悉风险管理的应用环境和程序 •掌握风险矩阵和风险清单的应用程序	•会进行风险管理的环境分析 •会使用风险矩阵进行风险分析 •会使用风险清单进行风险分析

课程素养 10－1

居安思危

成语出自春秋·左丘明《左传·襄公十一年》："《书》曰：'居安思危'，思则有备，有备无患。"意思是，处在安定的环境而想到可能会出现的危难。孟子说，生于忧患，死于安乐。对于个人来说如此，对于一个国家来说则更是如此。居安思危是一种超前的危机意识和忧患意识，人的一生当中不可能始终是一帆风顺，总会有曲折与风雨相伴，坎坷与逆境相随。所以，面对任何事情，人们都应当做到未雨绸缪，这样在遇到突发情况时才不至于手忙脚乱。在和平时期，要有居安思危的应变措施，在做好物质准备的同时，思想上还要常守不虞之戒，牢记失戒的教训，只有做到居安思危，才能有备无患，防患于未然。

生活在太平盛世，社会给我们提供了和平的生活环境，学校给我们提供了优良的学习环境，家庭给我们提供了安详的亲情环境，但是危险是不是就不存在了呢？我们要想顺利成长，拥有光明的未来，成为社会的栋梁，首先就要保护好自己，树立高度的安全意识。

（来源：中华优秀传统文化）

案例导入

在我国经济新常态的背景下，伴随着互联网技术的发展，共享商业模式迅速崛起。在众多的共享商业模式中，共享单车打破传统公共单车停放固定的模式，以更为先进、方便的出行方式备受瞩目。2017 年下半年开始，多家共享单车平台倒闭。实际上，共享单车在一线城市的投放已经饱和。2018 年，摩拜被美团收购，滴滴接管小蓝，ofo 将车辆抵押给阿里借款 17 亿元。在共享单车之后，共享充电宝、共享雨伞等共享商业模式也一个个倒下，众多共享产业都只是昙花一现。共享经济发展迅速，共享商业模式越来越多，然而如何减少损失，保证其长久发展才是现在需要重视的问题。共享商业模式风险的特征有：

1. 传播速度快。受云计算、大数据、物联网、移动互联网以及人工智能等颠覆性创新的推动，共享商业模式以前所未有的速度扩张。互联网实现线上线下的融合，同时也加快了风险的传播。

2. 涉及行业广泛。传统商业模式不断被颠覆，共享商业模式是许多创业者的最佳选择，从共享单车到共享汽车、共享住房、共享充电宝、共享雨伞等等，共享商业模式几乎渗透到各行各业。

3. 影响因素复杂。互联网经济体系下，由于消费群众不受控制、区域禁锢也被打破、影响因素复杂，市场变化难以掌控。

风险管理作为共享经济的核心，意味着在网络信息大数据氛围中的持续健康发展，不能靠传统思维的盲目扩展，也不能以建立资金池为目的，最重要的是注重如何才能健康、有效、持续地发展。

试分析：如何建立共享商业模式的风险管控体系？

（资料来源：赵栓文，简洁，“共享商业模式风险管理探究——以共享单车为例”，会计之友，2019（16）：18—23）

任务一 风险管理认知

一、风险管理的内涵

企业风险，是指对企业的战略与经营目标实现产生影响的不确定性。需要注意的是，企业风险管理并不能替代内部控制。风险管理，是指企业为实现风险管理目标，对企业风险进行有效识别、评估、预警和应对等管理活动的过程。

风险管理领域应用的管理会计工具方法，一般包括风险矩阵、风险清单等。企业可结合自身的风险管理目标和实际情况，单独或综合应用不同风险管理工具方法。

二、风险管理的原则

企业进行风险管理，一般应遵循以下原则：

1. 融合性原则。企业风险管理应与企业的战略设定、经营管理与业务流程相结合。

2. 全面性原则。企业风险管理应覆盖企业所有的风险类型、业务流程、操作环节和管理层级与环节。

3. 重要性原则。企业应对风险进行评价，确定需要进行重点管理的风险，并有针对性地实施重点风险监测，及时识别、应对。

4. 平衡性原则。企业应权衡风险与回报、成本与收益之间的关系。

企业可根据风险的来源、影响、性质、责任主体等不同标准，建立符合风险管理需要的，满足系统性、完整性、层次性、可操作性、可扩展性等要求的风险分类框架。

三、风险管理的应用环境

企业应强化风险管理意识，形成与本企业经营状况相适应的风险管理理念，培育和塑造良好的风险管理文化，建立风险管理培训、传达、监督和激励约束机制，将风险管理意识转化为员工的共同认识和自觉行动。

企业应根据相关法律法规的要求和风险管理的需要，建立组织架构健全、职责边界清晰的风险管理结构，明确董事会、监事会、管理层、业务部门、风险管理责任部门等在风险管理中的职责分工，建立风险管理决策、执行、监督与评价等职能既相互分离与制约，又相互协调的运行机制。

企业应建立健全能够涵盖风险管理主要环节的风险管理制度体系。通常包括风险管理决策制度、风险识别与评估制度、风险监测预警制度、应急处理制度、风险管理评价制度、风险管理考核制度等。

企业应加强信息技术在风险管理中的应用，建立与业务财务相融合的信息系统。

四、风险管理的程序

企业应用风险管理工具方法，一般按照设定目标，识别和分析风险，对风险进行检测、预警和应对，沟通风险信息，考核和评价风险管理等程序进行，如图 10－1 所示。

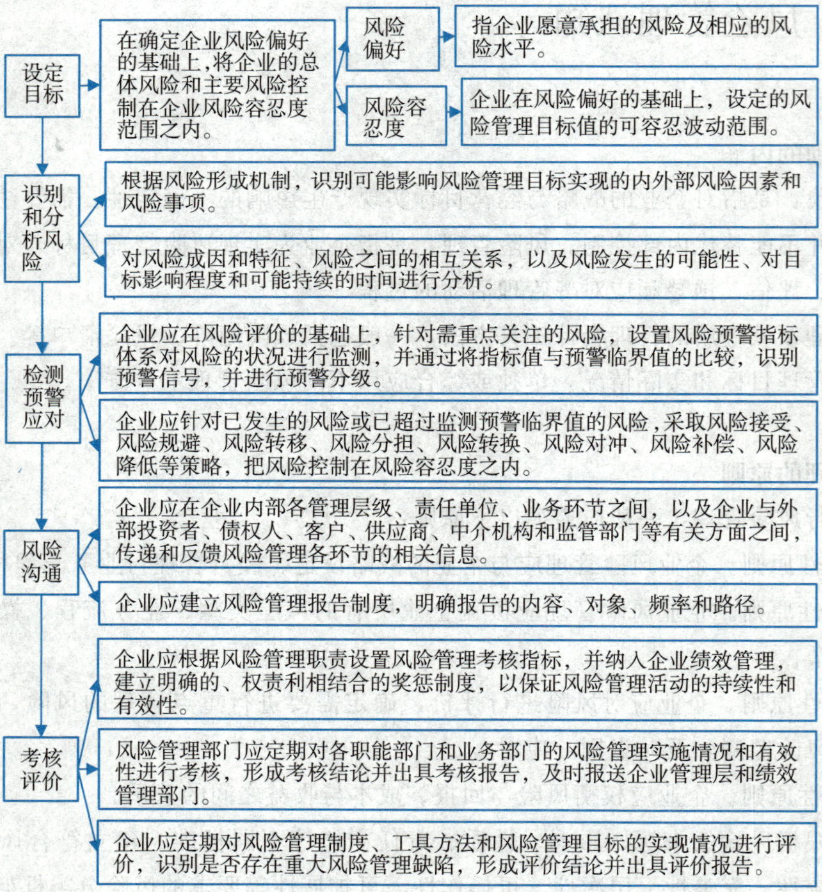

图 10－1　风险管理流程图

任务二　风险矩阵

一、风险矩阵认知

风险矩阵，是指按照风险发生的可能性和风险发生后果的严重程度，将风险绘制在矩阵图中，展示风险及其重要性等级的风险管理工具方法。风险矩阵的基本原理是，根据企业风险偏好，判断并度量风险发生可能性和后果严重程度，计算风险值，以此作为主要依据在矩阵中描绘出风险重要性等级。企业应用风险矩阵，应明确应用主体（企业整体、下属企业或部门），确定所要识别的风险，定义风险发生可能性和后果严重程度的标准，以及定义风险重要性等级及其表示形式。风险矩阵适用于表示企业各类风险重要性等级，也适用于各类风险的分析评价和沟通报告。

二、风险矩阵的应用程序

企业应用风险矩阵工具方法，一般按照绘制风险矩阵坐标图（包括确定风险矩阵的横纵坐标、制定风险重要性等级标准、分析与评价各项风险、在风险矩阵中描绘出风险点），沟通报告风险信息和持续修订风险矩阵图等程序进行。

风险矩阵坐标，是以风险后果严重程度为横坐标、以风险发生可能性为纵坐标的矩阵坐标图。企业可根据风险管理精度的需要，确定定性、半定量或定量指标来描述风险后果严重程度和风险发生可能性。

风险后果严重程度的横坐标等级可定性描述为“微小”“较小”“较大”“重大”等（也可采用1、2、3、4等M个半定量分值），风险发生可能性的纵坐标等级可定性描述为“不太可能”“偶尔可能”“可能”“很可能”等（也可采用1、2、3、4等N个半定量分值），从而形成M×N个方格区域的风险矩阵图（见图10－2所示），也可以根据需要通过定量指标更精确地描述风险后果严重程度和风险发生可能性。

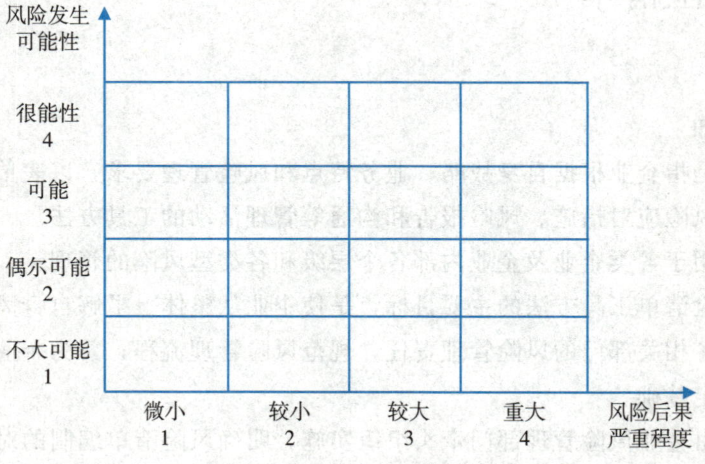

图10－2　风险矩阵图

企业在确定风险重要性等级时，应综合考虑风险后果严重程度和发生可能性，以及企业的风险偏好，将风险重要性等级划分为可忽视的风险、可接受的风险、要关注的风险和重大的风险等级别。

对于使用半定量和定量指标描绘的矩阵，企业可将风险后果严重程度和发生可能性等级的乘积（即风险值）划分为与风险重要性等级相匹配的区间。为了突出风险矩阵的可视化效果，企业可以将不同重要性等级的风险用不同的标识进行区分。

企业在逐项分析和评价需在风险矩阵中展示的风险时，应注意考虑各风险的性质和企业对该风险的应对能力，对单个风险发生的可能性和风险后果严重程度的量化应注重参考相关历史数据。企业在综合职能部门和业务部门等相关方意见后，得到每一风险发生可能性和后果严重程度的评分结果。

企业应将每一风险发生的可能性和后果严重程度的评分结果组成的唯一坐标点标注在建立好的风险矩阵图中，标明各点的含义并给风险矩阵命名，完成风险矩阵的绘制。

企业应将绘制完成的风险矩阵及时传递给企业管理层、各职能部门和业务部门。企业还可将风险矩阵纳入企业风险管理报告，以切实指导风险预警和应对活动，提高风险管理效果。

企业应根据风险管理的需要或企业管理层的要求，定期或不定期地更新风险矩阵所展示的各类风险及其重要性等级。

三、风险矩阵的优缺点

风险矩阵的主要优点：为企业确定各项风险重要性等级提供了可视化的工具。

风险矩阵的主要缺点：一是需要对风险重要性等级标准、风险发生可能性、后果严重程度等做出主观判断，可能影响使用的准确性；二是应用风险矩阵所确定的风险重要性等级是通过相互比较确定的，因而无法将列示的个别风险重要性等级通过数学运算得到总体风险的重要性等级。

任务三　风险清单

一、风险清单认知

风险清单，是指企业根据自身战略、业务特点和风险管理要求，以表单形式进行风险识别、风险分析、风险应对措施、风险报告和沟通等管理活动的工具方法。

风险清单适用于各类企业及企业内部各个层级和各类型风险的管理。

企业应用风险清单工具方法的主要目标，是使企业从整体上了解自身风险概况和存在的重大风险，明晰各相关部门的风险管理责任，规范风险管理流程，并为企业构建风险预警和风险考评机制奠定基础。

风险清单应由企业风险管理部门牵头组织实施，明确风险清单编制的对象和流程，建立培训、指导、协调、考核和监督机制。各部门对与本部门相关的风险清单的有效性负直接责任，有效性包括风险清单使用的效率和效果等。

二、风险清单的应用程序

企业应用风险清单工具方法，一般按照编制风险清单、沟通与报告、评价与优化等程序进行。

（一）编制风险清单

企业一般按企业整体和部门两个层级编制风险清单。企业整体风险清单的编制一般按照构建风险清单基本框架、识别风险、分析风险、制定重大风险应对措施等程序进行；部门风险清单的编制可根据企业整体风险清单，梳理出与本部门相关的重大风险，依照上述流程进行。

【小贴士】中小企业编制风险清单，也可不区分企业整体和部门。

企业风险清单基本框架（见表10－1、表10－2）一般包括风险识别、风险分析、风险应对三部分。风险识别部分主要包括风险类别、风险描述、关键风险指标等要素；风险分析部分主要包括可能产生的后果、关键影响因素、风险责任主体、风险发生可能性、风险后果严重程度、风险重要性等级等要素；风险应对部分主要包括风险应对措施等要素。企业构建风险清单基本框架时，可根据管理需要，对风险识别、风险分析、风险应对中的要素进行调整。

表10－1　　企业整体风险清单

风险识别								风险分析						风险应对
风险类别						风险描述	关键风险指标	可能产生的后果	关键影响因素	风险责任主体	风险发生可能性	风险后果严重程度	风险重要性等级	风险应对措施
一级风险		二级风险		……										
编号	名称	编号	名称	编号	名称									
1	战略风险	1.1												
		1.2												
		…												
2	营运风险	2.1												
		2.2												
		…												
3	财务风险	3.1												
		3.2												
		…												
	……													

表 10－2　　　　**部门风险清单**

风险识别								风险分析						风险应对
风险类别						风险描述	关键风险指标	可能产生的后果	关键影响因素	风险责任主体	风险发生可能性	风险后果严重程度	风险重要性等级	风险应对措施
一级风险		二级风险		……										
编号	名称	编号	名称	编号	名称									
1	业务 1	1.1	流程 1											
		1.2	流程 2											
		…	……											
2	业务 2	2.1												
		2.2												
		…												
	……													

1. 风险识别。

风险管理部门应从全局角度识别可能影响风险管理目标实现的因素和事项，建立风险信息库，在各相关部门的配合下共同识别风险。风险识别过程应遵循全面系统梳理、全员参与、动态调整的原则，对识别出的风险进行详细描述，明确关键风险指标等。

2. 风险分析。

风险管理部门应对识别出的风险进行归类、编号，根据风险性质、风险指标是否可以量化等进行归类，并以此为基础填制完成风险清单基本框架中风险类别、风险描述、关键风险指标等要素。

风险管理部门应根据已填列的风险识别部分的内容，在与相关部门沟通后，分析各类风险可能产生的后果，确定引起该后果的关键影响因素及责任主体，并填制完成风险清单基本框架中可能产生后果、关键影响因素、风险责任主体等要素。

各责任主体可基于风险偏好和风险应对能力，逐项分析风险清单中各类风险发生的可能性和后果严重程度，确定风险重要性等级，并填制风险发生可能性、风险后果严重程度、风险重要性等级等要素。

3. 风险应对。

风险管理部门应以风险重要性等级结果为依据确定企业整体的重大风险，报企业风险管理决策机构批准后反馈给相关责任主体。

风险管理部门应会同各责任主体结合企业的风险偏好、风险管理能力等制定相应的风险管理应对措施，填制风险清单基本框架中风险应对措施要素，由此填制完成企业整体风险清单。

风险管理部门及各责任主体可对企业整体重大风险进行进一步的分析，也可直接对各部门相关的业务流程进行细化分解，形成相关部门的风险清单。

各部门应用风险清单进行风险管理的程序与企业整体风险清单类似，但应加强流程细节分析，突出具体应对措施，力求将风险管理切实落到业务流程和岗位责任人。

（二）沟通与报告

风险管理部门应将风险清单所呈现的风险信息及时传递给相关责任主体，确保各责任主体准确理解相关的风险信息，有效开展风险管理活动。为提高风险清单应用的有效性，风险管理部门可将其纳入企业风险管理报告。

（三）评价与优化

风险管理部门应会同各责任主体定期或不定期地根据企业内外部环境变化，对风险清单是否全面识别风险并准确分类、是否准确分析风险成因及后果、是否采取了恰当的风险应对措施等进行评估，及时对风险清单进行更新调整。

三、风险清单的优缺点

风险清单的主要优点：能够直观反映企业风险情况，易于操作，能够适应不同类型企业、不同层次风险、不同风险管理水平的风险管理工作。

风险清单的主要缺点：风险清单所列举的风险往往难以穷尽，且风险重要性等级的确定可能因评价的主观性而产生偏差。

课程素养 10－2

国家安全观

统筹发展和安全，增强忧患意识，做到居安思危，是我们党治国理政的一个重大原则。必须坚持国家利益至上，以人民安全为宗旨，以政治安全为根本，统筹外部安全和内部安全、国土安全和国民安全、传统安全和非传统安全、自身安全和共同安全，完善国家安全制度体系，加强国家安全能力建设，坚决维护国家主权、安全、发展利益。

（来源：学习强国）

项目总结

本项目共有三个任务，详细讲解了企业风险管理。

任务一，主要学习风险管理的内涵、风险管理的原则、风险管理的应用环境和风险管理的程序。

任务二，在风险矩阵认知学习的基础上，掌握风险矩阵工具的应用程序，了解风险矩阵的优缺点。

任务三，在风险清单认知学习的基础上，掌握风险清单工具的应用程序，了解风险清单的优缺点。

职业能力训练

一、单项选择题

1. 下列关于风险的表述中，不正确的是（　　）。

A. 风险与机遇并存　　B. 风险是最有可能的结果

C. 风险与战略相关　　D. 风险既具有主观性也具有客观性

2. 下列关于风险的表述中，正确的是（　　）。

A. 未来结果的不确定性　　B. 损失的大小

C. 损失的分布　　D. 收益的分布

3. 风险矩阵适用于表示企业各类风险（　　），也适用于各类风险的分析评价和沟通报告。

A. 发生可能性　　B. 重要性等级

C. 发生频率　　D. 程度

4. 企业应建立健全能够涵盖风险管理（　　）的风险管理制度体系。

A. 主要环节　　B. 全部环节

C. 部分环节　　D. 次要环节

5. 风险矩阵的基本原理是，根据（　　），判断并度量风险发生可能性和后果严重程度，计算风险值，以此作为主要依据在矩阵中描绘出风险重要性等级。

A. 企业风险偏好　　B. 风险目标

C. 风险程度　　D. 风险清单

6.（　　）是风险管理的首要环节。

A. 风险识别　　B. 风险控制

C. 风险沟通　　D. 风险评价

7.（　　）可以把风险控制在可承受的范围内。

A. 经济目标　　B. 社会责任目标

C. 收益稳定目标　　D. 安全状况目标

8. 风险矩阵坐标，以（　　）为纵坐标。

A. 风险等级　　B. 风险规避能力

C. 风险发生可能性　　D. 风险后果严重程度

9. 风险管理的作用不包括（　　）。

A. 识别风险　　B. 控制风险

C. 规避风险　　D. 消除风险

10. 风险评估不包括的主要内容有（　　）。

A. 风险应对　　B. 风险识别

C. 风险分析　　D. 风险评价

二、多项选择题

1. 风险管理，是指企业为实现风险管理目标，对企业风险进行有效（　　）管理活动的过程。

A. 识别　　B. 评估

C. 预警　　D. 应对

2. 企业进行风险管理，一般应遵循（　　）原则。

A. 融合性原则　　B. 全面性原则

C. 重要性原则　　D. 平衡性原则

3. 下列各项中，属于全面风险管理特征的有（　　）。

A. 战略性　　B. 全员化

C. 专业性　　D. 系统性

4. 企业风险管理应与企业的（　　）相结合。

A. 战略设定　　B. 经营管理

C. 业务流程　　D. 管理层级

5. 企业应权衡（　　）之间的关系。

A. 风险与回报　　B. 成本与收益

C. 战略与经营目标　　D. 业务流程与操作环节

6. 风险管理领域应用的管理会计工具方法，一般包括（　　）等。

A. 风险矩阵　　B. 风险清单

C. 战略地图　　D. 价值链管理

7. 在确定企业风险偏好的基础上，将企业的（　　）控制在企业风险容忍度范围之内。

A. 风险矩阵　　B. 风险清单

C. 总体风险　　D. 主要风险

8. 风险转移的形式主要有（　　）。

A. 风险出售　　B. 合同转移

C. 保险转移　　D. 风险抵押

9. 企业风险清单基本框架一般包括（　　）。

A. 风险识别　　B. 风险评价

C. 风险分析　　D. 风险应对

10. 企业对待风险的态度可分为（　　）。

A. 风险厌恶　　B. 风险中立

C. 风险追求　　D. 风险对抗

三、判断题

1. 企业风险，是指对企业的战略与经营目标实现产生影响的不确定性。（　　）

2. 企业风险管理并不能替代内部控制。（　　）

3. 企业风险管理应覆盖企业主要的风险类型、业务流程、操作环节和管理层级与环节。（　　）

4. 风险管理目标是在确定企业风险偏好的基础上，将企业的总体风险和主要风险控制在企业风险偏好范围之内。（　　）

5. 风险矩阵，是指按照风险发生的可能性和风险发生后果的严重程度，将风险绘制在矩阵图中，展示风险及其重要性等级的风险管理工具方法。（　　）

6. 应用风险矩阵所确定的风险重要性等级是通过相互比较确定的，可以将列示的个别风险重要性等级通过数学运算得到总体风险的重要性等级。（　　）

7. 风险矩阵的基本原理是，根据企业风险偏好，判断并度量风险发生可能性和后果严重程度，计算风险值，以此作为主要依据在矩阵中描绘出风险重要性等级。（　　）

8. 风险强度是指风险的影响程度，即风险值。（　　）

9. 风险管理的目标是不惜一切代价降低风险。（　　）

10. 风险事前控制的目的是降低损失的概率，事中和事后的控制的目的是减少实际发生的损失。（　　）

项目十一
管理会计报告

伴随着我国经济供给侧结构性改革以及企业转型升级的深化，人们对支持决策的会计信息要求迅速提高。因此，管理会计被政府提到了战略高度，全面推进管理会计体系建设，成为推进国家治理体系和治理能力现代化的重要举措。然而，目前管理会计报告体系研究的不足，严重制约着管理会计的发展，也深刻影响着企业的经营决策与管理控制。财政部对管理会计报告体系的指导思想和重要原则，以决策信息支持与价值创造为核心要求，通过考察提炼构建出基于战略层、经营层、作业层三层面的管理会计报告体系。该管理会计报告体系在一条报告主线、业务与财务一体化、纵横交错的信息生成与传递形成有机整体三个方面的创新，不仅为管理会计理论体系的发展提供了重要支持，也为我国企业构建与企业经营决策、管理控制息息相关的管理会计报告体系提供了良好借鉴。

项目导航

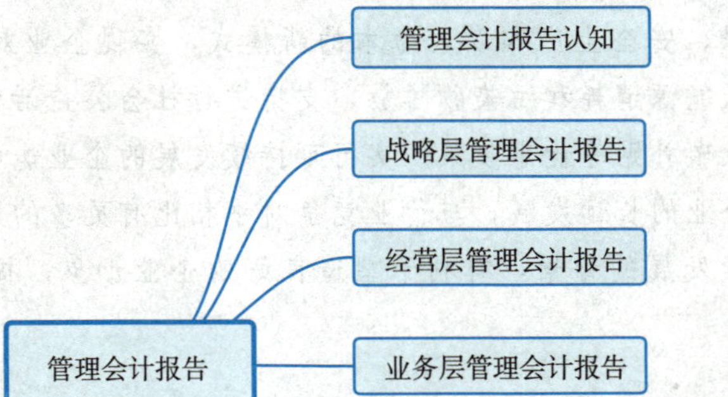

项目目标

素养目标	知识目标	能力目标
• 培养学生总结凝练、报告汇总和参与管理的意识，严谨、细致、认真的工作态度 • 培养学生发现问题，分析问题的职业敏感性和工作规范性	• 熟悉管理会计报告的相关内容 • 掌握管理会计报告的编制 • 熟悉企业管理会计报告的流程 • 了解企业管理会计报告信息系统	• 会编制战略层管理会计报告 • 会编制经营层管理会计报告 • 会编制业务层管理会计报告

课程素养 11－1

宝钢股份可持续发展理论下的企业管理会计报告体系

宝钢股份通过成本精细化管理和财务合理安排来进行经济维度的管理，以节约能源和生态保护作为环境维度管理会计报告的主要切入点，在社会发展维度注重职工权益、薪酬福利、职业规划、健康和安全、社会公益等方面加强管理。在每一个维度下以报告和报表的形式再进行细分，最终形成宝钢股份可持续发展理论下的管理会计报告，将企业的利润最大化目标转为综合目标最大化，使宝钢股份注重节约能源、研发创新、质量效益、环境友好和社会责任，为企业管理者的经营决策提供准确的信息。同时，对经济、环境和社会三个维度下的业绩制定和完成情况进行核实和评价，实现企业整体目标最大化。企业采用可持续发展理论下管理会计报告模式能够有效提高企业价值，为保证管理会计报告的顺利实施，需要企业建立现代化的信息平台和实施有效的保障制度。宝钢股份以可持续发展为管理会计价值创造的基础，建立节能环保、安全生产和以人为本的新模式，实现企业对资源和能源的高效利用。国家鼓励企业降低能源消耗和污染物排放，支持进行社会公益活动，对可持续理念下的企业给予税收减免和低碳补贴等优惠政策。实行可持续发展的企业能够综合考虑企业内外部环境的变化，有利于企业的长远发展，与行业竞争对手相比有更多的发展机遇，企业的可持续发展契合全球可持续发展的背景，有利于塑造良好的企业形象，提高企业在市场中的竞争力。

（来源：财会研究）

案例导入

得力文具成立于1988年，经过20余年的发展，现已是一家专业从事办公文具制造的中国民营企业500强公司，在国内轻工文教行业排名第一。得力文具的管理层提出了“创建世界一流的文具企业”的愿景，以“为消费者提供性价比最优的产品，让办公学习更得力”为使命。经过多年的经营，得力文具已经在研发、生产、产品、渠道、物流等方面引领行业的发展，现主要以品牌经营为主，为消费者提供办公采购一站式服务。

在办公文具行业，产品可以小到是几分钱的橡皮擦、票夹等，而产业链无限大，大到无法用一个确切的范围来界定，其范围可以包括传统的小文具、办公用品，也可以涵盖IT产品、办公家具、体育用品等。这个行业产业的集中度与竞争度还远不如家电、医药等其他行业，这是一个还存在着集中与整合机会的行业。得力文具处于该行业的领先地位，有其独特的管理特征。

得力文具基于管理会计主体的组织架构，构建组织的内部管理报告体系：

1. 战略层的内部管理报告其主要通过《集团经营业绩报告》来体现，内容涵盖外部环境分析、总体业绩分析、营销与生产业绩分析、营运资金分析、投融资分析和利税分析等模块。

2. 管理层内部管理报告。其主要由针对产品供应商的生产体系与商品采购体系的经营业绩报告和针对国内外营销体系的经营业绩报告构成。

3. 操作层的管理报告。其主要以各渠道、各销售分公司和各工厂、商品采购部门为管理主体出具经营业绩报告。在该层级的管理报告中，多以图表、表格等简单明了的方式进行表达。

4. 专题项目。该部分主要是针对一些重大的管控项目进行单独的报告，比如月度、年度的资金预算报告；按照不同的属性与维度对费用进行归类与管控的费用预算执行报告；对成本进行归集和汇总的生产成本报告；对新开发的项目进行专题报告等。此类报告，有些采用报表形式，有些采用文字加图表形式报告，根据管理的需要灵活机动地设计相应内容。

试分析：得力文具的管理会计报告体系。

（资料来源：吴富中，“基于管理会计的内部管理报告体系构建——以得力文具为例”，财会月刊，2016.04）

一、管理会计报告认知

企业管理会计报告，是指企业运用管理会计方法，根据财务和业务的基础信息加工整理形成的，满足企业价值管理和决策支持需要的内部报告。

企业管理会计报告的目标是为企业各层级进行规划、决策、控制和评价等管理活动提供有用信息。企业应建立管理会计报告组织体系，根据需要设置管理会计报告相关岗位，明确岗位职责。企业各部门都应履行提供管理会计报告所需信息的责任。

企业管理会计报告的形式要件包括报告的名称、报告期间或时间、报告对象、报告内容以及报告人等。企业管理会计报告的对象是对管理会计信息有需求的各个层级、各个环节的管理者。企业可根据管理的需要和管理会计活动的性质设定报告期间。一般应以日历期间（月度、季度、年度）作为企业管理会计报告期间，也可根据特定需要设定企业管理会计报告期间。企业管理会计报告的内容应根据管理需要和报告目标而定，易于理解并具有一定灵活性。企业管理会计报告的编制、审批、报送、使用等应与企业组织架构相适应。企业管理会计报告体系应根据管理活动全过程进行设计，在管理活动各环节形成基于因果关系链的结果报告和原因报告。

企业管理会计报告体系可按照多种标准进行分类，包括但不限于：

1. 按照企业管理会计报告使用者所处的管理层级可分为战略层管理会计报告、经营层管理会计报告和业务层管理会计报告；

2. 按照企业管理会计报告内容可分为综合企业管理会计报告和专项企业管理会计报告；

3. 按照管理会计功能可分为管理规划报告、管理决策报告、管理控制报告和管理评价报告；

4. 按照责任中心可分为投资中心报告、利润中心报告和成本中心报告；

5. 按照报告主体整体性程度可分为整体报告和分部报告。

二、战略层管理会计报告

战略层管理会计报告是为战略层开展战略规划、决策、控制和评价以及其他方面的管理活动提供相关信息的对内报告。

【小贴士】战略层管理会计报告的报告对象是企业的战略层，包括股东大会、董事会和监事会等。

战略层管理会计报告包括但不仅限于战略管理报告、综合业绩报告、价值创造报告、经营分析报告、风险分析报告、重大事项报告、例外事项报告等，详见表 11－1。这些报告可独立提交，也可根据不同需要整合后提交。战略层管理会计报告应精炼、简洁、易于理解，报告主要结果、主要原因，并提出具体的建议。

表 11－1　　战略层管理会计报告的类型及内容

分　类	基本内容
战略管理报告	一般包括内外部环境分析、战略选择与目标设定、战略执行及其结果，以及战略评价等。
综合业绩报告	一般包括关键绩效指标预算及其执行结果、差异分析以及其他重大绩效事项等。
价值创造报告	一般包括价值创造目标、价值驱动的财务因素与非财务因素、内部各业务单元的资源占用与价值贡献，以及提升公司价值的措施等。
经营分析报告	一般包括过去经营决策执行情况回顾、本期经营目标执行的差异及其原因、影响未来经营状况的内外部环境与主要风险分析、下一期的经营目标及管理措施等。
风险分析报告	一般包括企业全面风险管理工作回顾、内外部风险因素分析、主要风险识别与评估、风险管理工作计划等。
重大事项报告	针对企业的重大投资项目、重大资本运作、重大融资、重大担保事项、关联交易等事项进行的报告。
例外事项报告	针对企业发生的管理层变更、股权变更、安全事故、自然灾害等偶发性事项进行的报告。

三、经营层管理会计报告

经营层管理会计报告是为经营管理层开展与经营管理目标相关的管理活动提供相关信息的对内报告。经营层管理会计报告的报告对象是经营管理层。

经营层管理会计报告主要包括全面预算管理报告、投资分析报告、项目可行性报告、融资分析报告、盈利分析报告、资金管理报告、成本管理报告、绩效评价报告，具体内容见表

11—2。经营层管理会计报告应做到内容完整、分析深入。

表 11—2　　经营层管理会计报告的类型及内容

分　类	基本内容
全面预算管理报告	一般包括预算目标制定与分解、预算执行差异分析以及预算考评等。投资分析报告的内容一般包括投资对象、投资额度、投资结构、投资进度、投资效益、投资风险和投资管理建议等。
项目可行性报告	一般包括项目概况、市场预测、产品方案与生产规模、厂址选择、工艺与组织方案设计、财务评价、项目风险分析，以及项目可行性研究结论与建议等。
融资分析报告	一般包括融资需求测算、融资渠道与融资方式分析及选择、资本成本、融资程序、融资风险及其应对措施和融资管理建议等。
盈利分析报告	一般包括盈利目标及其实现程度、利润的构成及其变动趋势、影响利润的主要因素及其变化情况，以及提高盈利能力的具体措施等。企业还应对收入和成本进行深入分析。盈利分析报告可基于企业集团、单个企业，也可基于责任中心、产品、区域、客户等进行。
资金管理报告	一般包括资金管理目标、主要流动资金项目如现金、应收票据、应收账款、存货的管理状况、资金管理存在的问题以及解决措施等。企业集团资金管理报告的内容一般还包括资金管理模式（集中管理还是分散管理）、资金集中方式、资金集中程度、内部资金往来等。
成本管理报告	一般包括成本预算、实际成本及其差异分析，成本差异形成的原因以及改进措施等。
业绩评价报告	一般包括绩效目标、关键绩效指标、实际执行结果、差异分析、考评结果，以及相关建议等。

四、业务层管理会计报告

业务层管理会计报告是为企业开展日常业务或作业活动提供相关信息的对内报告。其报告对象是企业的业务部门、职能部门以及车间、班组等。

业务层管理会计报告应根据企业内部各部门、车间或班组的核心职能或经营目标进行设计，主要包括研究开发报告、采购业务报告、生产业务报告、配送业务报告、销售业务报告、售后服务业务报告、人力资源报告等，具体见表 11—3 所示。业务层管理会计报告应做到内容具体，数据充分。

表 11—3　　业务层管理会计报告的类型及内容

分　类	基本内容
研究开发报告	一般包括研发背景、主要研发内容、技术方案、研发进度、项目预算等。
采购业务报告	一般包括采购业务预算、采购业务执行结果、差异分析及改善建议等，要重点反映采购质量、数量以及时间、价格等方面的内容。
生产业务报告	一般包括生产业务预算、生产业务执行结果、差异分析及改善建议等。生产业务报告要重点反映生产成本、生产数量以及产品质量、生产时间等方面的内容。
配送业务报告	一般包括配送业务预算、配送业务执行结果、差异分析及改善建议等。配送业务报告要重点反映配送的及时性、准确性以及配送损耗等方面的内容。
销售业务报告	一般包括销售业务预算、销售业务执行结果、差异分析及改善建议等。销售业务报告要重点反映销售的数量结构和质量结构等方面的内容。
售后服务业务报告	一般包括售后服务业务预算、售后服务业务执行结果、差异分析及改善建议等。售后服务业务报告重点反映售后服务的客户满意度等方面的内容。
人力资源报告	一般包括人力资源预算、人力资源执行结果、差异分析及改善建议等。人力资源报告重点反映人力资源使用及考核等方面的内容。

五、企业管理会计报告的流程

企业管理会计报告流程包括报告的编制、审批、报送、使用、评价等环节。企业管理会计报告由管理会计信息归集、处理并报送的责任部门编制。

企业应根据报告的内容、重要性和报告对象等，确定不同的审批流程。经审批后的报告方可报出。企业应合理设计报告报送路径，确保企业管理会计报告及时、有效地送达报告对象。企业管理会计报告可以根据报告性质、管理需要进行逐级报送或直接报送。企业应建立管理会计报告使用的授权制度，报告使用人应在权限范围内使用企业管理会计报告。企业应对管理会计报告的质量、传递的及时性、保密情况等进行评价，并将评价结果与绩效考核挂钩。企业应当充分利用信息技术，强化管理会计报告及相关信息集成和共享，将管理会计报告的编制、审批、报送和使用等纳入企业统一信息平台。企业应定期根据管理会计报告使用效果以及内外部环境变化对管理会计报告体系、内容以及编制、审批、报送、使用等进行优化。企业管理会计报告属内部报告，应在允许的范围内传递和使用。相关人员应遵守保密规定。

六、企业管理会计报告信息系统

管理会计报告模块应实现基于信息系统中财务数据、业务数据自动生成管理会计报告，支持企业有效实现各项管理会计活动。

管理会计报告模块应为用户生成报告提供足够丰富、高效、及时的数据源，必要时应建立数据仓库和数据集市，形成统一规范的数据集，并在此基础上，借助数据挖掘等商务智能工具方法，自动生成多维度报表。

管理会计报告模块应为企业战略层、经营层和业务层提供丰富的通用报告模板。管理会计报告模块应为企业提供灵活的自定义报告功能。企业可以借助报表工具自定义管理会计报表的报告主体、期间（定期或不定期）、结构、数据源、计算公式以及报表展现形式等。系统可以根据企业自定义报表的模板自动获取数据进行计算加工，并以预先定义的展现形式输出。

管理会计报告模块应提供用户追溯数据源的功能。用户可以在系统中对报告的最终结果数据进行追溯，可以层层追溯其数据来源和计算方法，直至业务活动。管理会计报告模块可以独立的模块形式存在于信息系统中，并从其他管理会计模块中获取数据生成报告；也可内嵌到其他管理会计模块中，作为其他管理会计模块重要的输出环节。管理会计报告模块应与财务报告系统相关联，既能有效生成企业整体报告，也能生成分部报告，并实现整体报告和分部报告的联查。

七、管理会计报告案例分析

新疆贝肯能源工程股份有限公司（以下简称：贝肯能源）成立于2009年，是一家专业从事油气、盐卤、地热等勘探、开发及工程技术服务的大型综合性企业。公司采用了基于价值创造的管理会计报告体系，主要由三大部分组成，对应贝肯能源各级管理层，三级报告中包含了企业内外部信息，能够根据应用主体的需求提供信息支持，保障企业价值创造活动的顺利开展，具体如图 11－1 所示。

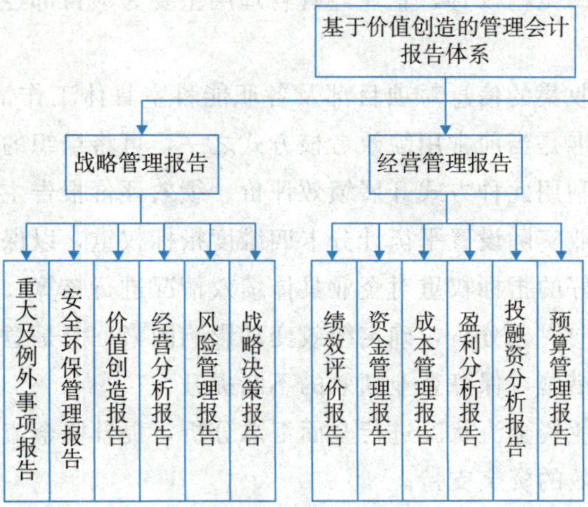

图 11－1　贝肯能源管理会计报告体系示意图

（一）战略管理报告

战略管理报告编制的目的是为决策层合理制定战略决策提供信息支持，因此其主要由总经理等高级管理人员编制，在提交董事会审核通过后采用。按照贝肯能源组织架构，其高级管理人员主要包括总经理、副总经理、总工程师及总会计师。作为战略层级的信息报告，战略管理报告内容应高度简练，且具有较高的前瞻性及综合性。

在重大及例外事项报告中，决策层需要对企业一年内发生的重大及例外事项进行记录，其目的是提醒战略决策者注意，因此无需对具体格式进行明确。

在安全环保报告中，贝肯能源主营业务涉及石油化工产品、钻井工程及井下作业等业务，因此需要加强对安全工作的重视程度，加之国家近年来对环保监察力度的不断提升，环保工作也需进一步加强。

在价值创造报告方面，以业务项目部为具体解析单位，对其工作内容及经营业绩进行汇总，解析其盈利能力高低，并以季度为周期开展横纵向对比分析，从而确定价值创造具体业务及流程，保障各类物资的合理调配。

在经营分析报告方面，全面概括企业一年内的经营状况，准确列示经营指标具体数值及变动情况，合理预测未来阶段的发展情况，为管理层合理制定经营决策提供依据。

在风险管理报告方面，积极采取有效手段以全面解析公司所面临的内外部环境，准确查找存在的危机，对其具体等级进行确定，据此编制有效解决方案。

在战略决策报告方面，系统收集外部宏观信息，提升企业战略决策制定准确性及有效性，增强战略可执行性。战略决策报告需要包含三个方面的内容，一是明确战略目标，按照企业主营业务及发展方向，合理制定发展战略；二是系统分析内外部环境，在系统分析外部宏观整体环境的同时，收集整理行业竞争者相应信息；三是战略实施成果，对战略具体落实情况进行汇总分析，对比战略设定与落实情况之间的差异，并明确差异产生原因。

（二）经营管理报告

经营管理报告编制的目的是为经营管理者合理组织开展生产经营活动、有效实现战略目标提供信息支持，因此具体内容更多的涉及财务指标，需要对资金、成本及利润等数据信息进行收集整理。按照贝肯能源组织架构设置，企业经营管理层主要为项目部经理、副经理以及职能部室主任、副主任。

在绩效评价报告方面，利用收集的信息对项目部及各职能科室具体工作情况进行考核，以确定具体工作绩效。平衡计分卡是当前常用绩效考核方式之一，可将组织的战略落实为可操作的衡量指标和目标值，因此利用此种方式开展绩效评价。绩效评价报告主要包含三项内容，一是指标权重信息，按照企业实际设置平衡计分卡四维度指标权重，以保证评价结果准确性；二是评价结果，依据设定好的指标权重对企业具体绩效情况进行核算，然后与企业以往数据及行业平均数据进行横纵向对比分析，确定绩效变动影响因素；三是意见建议，依据所发现问题制定行之有效的应对措施，保障企业绩效的不断提升。

在资金管理报告方面，对企业资金流状况进行全面汇总分析，提升资金流的安全性，保证生产经营活动能够得到充足有效的资金支持。

在成本管理报告方面，全面记录企业生产经营活动成本发生、核算及管控等信息，为经营管理层降低生产经营成本、加快价值创造提供支持。成本管理报告主要包含三项内容，一是成本预算及核算，详细记录成本预算数据及最终核算值，然后进行数据对比，明确是否存在波动，并查找问题存在原因；二是重要指标信息，对销售成本率、成本费用率等重要成本指标数据进行汇总，以此对成本变动情况进行直观体现；三是管理与评价，准确区分可控及不可控成本，并对其发生原因及具体应对措施进行列示，从而开展有效成本管理。

在盈利分析报告方面，全面汇总企业所有产品及服务所产生的收益及相应成本，确定是否实现预期盈利目标，从而为企业合理调整生产结构提供支持。

在投融资分析报告方面，汇总企业所有的投融资活动信息，分析其中存在的风险，明确具体实施原则，以提升企业资金应用效率。

在预算管理报告方面，依据企业发展战略编制整体预算，按照组织架构进行分解并传达至各职能部室；对各部门预算执行情况进行信息收集整理，评价执行效果并根据存在问题制定对策建议。预算管理报告主要内容可分为整体预算编制及分解、预算执行结果分析及考核、问题分析及建议三部分，从而对企业预算管理情况进行全面反映。

（三）基层管理报告

基层管理报告编制的目的是为基层业务人员提供生产经营活动最新信息，以保证其能够及时对生产流程中存在的问题进行调整。在基层管理报告的信息支持下，相应管理人员能够增强对生产流程的了解，保证价值创造活动的顺利开展。

在人力资源报告方面，对各生产经营活动所属人员工种、薪酬成本及在职培训教育等信息进行收集整理，明确一线职工结构构成，调动职工工作积极性，实现人力资源各项作用的充分发挥。人力资源报告主要由三部分构成，一是职工职业构成，对职工工种、专业、合同种类及教育水平等信息进行收集整理，明确职工结构构成；二是薪酬成本信息，对职工月度薪酬及产生的收益进行记录，核算预算与实际值，确定预算执行情况，以有效控制人工成本；三是在职培训情况，对企业组织开展的一线职工培训活动进行整理，明确培训的目的、人员、内容及培训成果，以提升后期培训效果。

在销售业务报告方面，全面收集整理企业各项销售业务具体业绩，横纵向对比分析企业产品销售情况，发现销售行为中存在问题并提出具体建议，为企业销售业绩提升提供信息支持。销售业务报告主要由两部分构成，一是销售业绩，收集整理各项产品销售情况，明确产品价格、销量、毛利率及相应客户信息，推断市场需求变动趋势，为销售业务预算的编制提供支持；二是销售问题汇总及建议，依据销售业绩变动情况查找其中存在的问题，并通过具体分析制定相应应对策略。

在生产业务报告方面，对企业生产业务工作内容进行全面汇总，明确具体生产流程，为基层管理者合理分配生产任务、有效开展流程优化提供支持。生产业务报告主要由两部分构成，一是生产任务制定及实施情况，对各生产单位具体工作任务进行明确，并进一步分解为具体生产目标，记录相应目标落实情况；二是生产问题汇总，对生产过程中发生的问题进行全面汇总，分析发生原因并制定具体应对措施。

在采购业务报告方面，对企业所有采购业务信息进行汇总，有效提升物资采购质量，保证生产经营活动的顺利开展。采购业务报告主要由两部分构成，一是采购任务落实情况，汇总企业物资需求及最终采购落实情况，明确采购时间、数量、单价、总金额及供应商，记录不同供应商同一物资价格，有效控制采购成本；二是采购问题分析，记录采购计划与实际采购情况，分析其中存在差异原因并提出具体应对措施。

（资料来源：曹艳娜，“基于价值创造的管理会计报告体系研究——以贝肯能源为例”，财会通讯，2022.01）

课程素养 11－2

中国石化管理会计报告的创新与实践

中国石化是我国最大的一体化国有能源化工公司之一，资产规模达到 2 万亿元，拥有全资及控股子企业 1694 家，其中上市公司 9 家。为了有效应对宏观及市场环境的变化，中国石化内部展开了资产分类管理专项工作，旨在将企业的全部资产按照价值创造能力进行分类，编制资产分类评价创效报告，从而为管理提供依据，确保战略目标的顺利实现。中国石化根据资产与企业战略定位的契合程度和对预期经济效益的实现程度，创新性地将集团资产重分类为高效、低效、无效和负效资产；在对各类资产进行针对性管理的过程中，形成了由资产分类统计报告、监控报告和创效报告所组成的管理会计报告体系。中国石化的资产分类管理体系以管理会计报告体系为核心，以资产分类的指导纲领、基础设施和绩效考核机制为保障，在运行过程中取得了良好的创效成效。这是对企业管理会计报告的形式、内容及实践应用的一次重大创新，为其他企业的管理会计报告创新之路提供了借鉴。

（来源：中国管理会计）

项目总结

本项目主要学习管理会计报告的相关内容。

本项目从管理会计报告认知开始，重点学习战略层管理会计报告、经营层管理会计报告、业务层管理会计报告的相关内容，熟悉企业管理会计报告的流程，了解企业管理会计报告信息系统，最后通过管理会计报告典型案例进行分析。

职业能力训练

一、单项选择题

1. 管理会计报告按照（　　）可分为整体报告和分部报告。

A. 报告主体整体性程度　　B. 按照管理会计功能

C. 责任中心　　D. 企业管理会计报告内容

2. 下列各项中，属于业务层管理会计报告的是（　　）。

A. 资金管理报告　　B. 投资分析报告

C. 成本管理报告　　D. 人力资源报告

3. 下列关于管理会计报告模板表述中，不正确的是（　　）。

A. 管理会计报告模块应为用户生成报告提供足够丰富、高效、及时的数据源

B. 管理会计报告模块应为用户提供灵活的自定义报告功能

C. 管理会计报告模块应提供用户追溯数据源的功能

D. 管理会计报告模块应为企业战略层、经营层和业务层提供丰富的专用报告模板

4. 下列各项中，不属于战略层管理会计报告的是（　　）。

A. 对外投资报告　　B. 战略管理报告

C. 综合业绩报告　　D. 经营分析报告

5. 下列各项中，不属于经营层管理会计报告的是（　　）。

A. 全面预算管理报告　　B. 融资分析报告

C. 盈利分析报告　　D. 采购业务报告

6. 按企业使用报告的层级，可以将管理会计报告分为（　　）。

A. 战略层报告、经营层报告、业务层报告

B. 战略管理报告、战略层报告、分部报告

C. 战略层报告、经营层报告、整体报告

D. 战略层报告、经营层报告、专项报告

7. 下列关于管理会计报告的说法中，正确的是（　　）。

A. 管理会计报告的内容是根据会计准则确定的

B. 管理会计报告的内容是根据会计管理制度确定的

C. 管理会计报告的内容是根据会计需要确定的

D. 管理会计报告的内容是根据外部使用的需要确定的

8. 下列各项中，属于企业战略管理报告内容的是（　　）。

A. 价值分析　　B. 重大事项

C. 价值创造目标　　D. 内外部环境分析

9. 下列各项中，属于战略管理会计报告中内部环境的是（　　）。

A. 员工　　B. 客户

C. 竞争者　　　　D. 供应商

10. 下列各项中，不属于经营层管理会计报告的是（　　）。

A. 投资分析报告　　　　B. 战略评价报告

C. 全面预算报告　　　　D. 项目可行性报告

二、多项选择题

1. 企业管理会计报告的目标是为企业各层级进行（　　）等管理活动提供有用信息。

A. 规划　　B. 决策　　C. 控制　　D. 评价

2. 管理会计报告按照企业管理会计报告使用者所处的管理层级可分为（　　）。

A. 战略层管理会计报告　　　　B. 经营层管理会计报告

C. 业务层管理会计报告　　　　D. 企业管理会计报告

3. 管理会计报告按照企业管理会计报告内容可分为（　　）。

A. 综合企业管理会计报告　　　　B. 专项企业管理会计报告

C. 整体报告　　　　D. 分部报告

4. 管理会计报告按照管理会计功能可分为（　　）。

A. 管理规划报告　　　　B. 管理决策报告

C. 管理控制报告　　　　D. 管理评价报告

5. 管理会计报告按照责任中心可分为（　　）。

A. 筹资中心报告　　　　B. 投资中心报告

C. 利润中心报告　　　　D. 成本中心报告

6. 战略层管理会计报告的报告对象是企业的战略层，包括（　　）。

A. 股东大会　　　　B. 董事会

C. 监事会　　　　D. 经营经理层

7. 业务层管理会计报告的报告对象包括（　　）。

A. 业务部门　　　　B. 职能部门

C. 车间　　　　D. 班组

8. 下列各项中，属于经营层管理会计报告的有（　　）。

A. 全面预算管理报告　　　　B. 成本管理报告

C. 融资分析报告　　　　D. 盈利分析报告

9. 下列各项中，属于战略层管理会计报告的有（　　）。

A. 综合业绩报告　　　　B. 价值创造报告

C. 融资分析报告　　　　D. 全面预算管理报告

10. 下列各项中，属于战略层管理会计报告的有（　　）。

A. 风险因素分析　　　　B. 战略评价

C. 战略执行及其结果　　　　D. 内外环境分析

三、判断题

1. 企业管理会计报告，是指企业运用管理会计方法，根据财务和业务的基础信息加工

整理形成的，满足企业价值管理和决策支持需要的外部报告。 （ ）

2. 企业管理会计报告的对象是对管理会计信息有需求的各个层级、各个环节的管理者。 （ ）

3. 企业管理会计报告，是根据财务和业务的基础信息加工整理形成的。 （ ）

4. 管理会计报告的报告对象主要是企业内部管理者及外部投资者。 （ ）

5. 管理会计报告的期间是固定的，企业不可根据管理的需要和管理会计活动的性质设定报告期间。 （ ）

6. 一般应以日历期间（月度、季度、年度）作为企业管理会计报告期间，也可根据特定需要设定企业管理会计报告期间。 （ ）

7. 管理会计报告按内容可分为投资中心报告、利润中心报告和成本中心报告。 （ ）

8. 企业管理会计报告体系应根据管理活动全过程进行设计，在管理活动各环节形成基于因果关系链的结果报告和原因报告。 （ ）

9. 管理会计报告模块不用为企业战略层、经营层和业务层提供丰富的通用报告模板。 （ ）

10. 管理会计报告模块应提供用户追溯数据源的功能。 （ ）

四、综合题

中石化某石油公司管理会计报告体系的构建

中石化某石油公司于 2002 年成立的中石化某石油公司位于新疆维吾尔自治区，油田主体位于塔里木盆地，是中石化的上游油田企业之一，主要从事油气田勘探、开发、生产与油气销售业务。

随着 2011 年中石化集团提出的建设世界一流能源化工公司战略的实施，必须构建与此相适应的国际一流的财务管理决策支持系统，对管理会计信息的决策支持能力也提出了更高的要求。随着石油价格的不断下跌，石油行业普遍面临着油田开发程度不断加深、老油田不能稳产、新增储量埋深逐渐增加、单井产量逐年降低、生产要素的价格上涨快等问题。要想实现企业持续稳定的发展，在客观上急需建立起符合油田自身开发和生产经营特点的管理会计信息库，通过管理的创新建立一套相对完善的管理会计报告系统提供决策服务。

基于上述背景与要求，该公司积极开展有关管理会计方法的创新学习，弥补传统财务报告的不足，逐步构建一套适应自身实际情况的管理报告体系，通过该报告体系不断透视企业生产经营管理薄弱环节、油气井管理存在的问题，从而为企业的管理改善提供决策服务。

该石油公司以问题为导向构建管理会计报告体系，弥补财务报表在企业管理决策支撑方面的不足，拟考虑以实用性、针对性和多样性为目标，构建内部管理报告体系，主要目的是从财务角度透视生产经营各环节的问题与潜力，为决策层识别经营风险，发现发展潜力，优化企业资源配置决策提供支持。该公司构建的内部管理报告体系主要包括三大报告：企业现状报告、指标趋势报告、决策支持报告。每月为决策层提供企业现状报告，每年根据管理需要，不定期提供指标趋势报告和决策支持报告。

1. 企业现状报告。该公司将企业的现状分成五个部分进行报告，分别是企业的财务状况、资产状况、用工情况、纳税情况以及经营状况。

2. 指标趋势报告。该报告回答企业是否一直赚钱亏钱的问题。该报告反映企业核心指标历年的变化趋势，以便决策层可随时掌握企业的成长能力，为未来持续盈利水平提升决策提供支撑。

3. 决策支持报告。该报告对现有数据进行深度加工，通过构建模型，为企业提供决策服务信息，它由年度盈亏平衡点测算报告、生产经营要素对年度利润的敏感性分析报告、年度效益评价报告、单井效益评价报告、增量成本投入边际贡献评价报告。

分析：该石油公司管理会计报告体系的特点和相关启示。

（资料来源：王小龙，柴良棋，吴杰，“石油企业管理会计报告体系构建探讨”，财会通讯，2017.22）

附 录

附录 1 复利终值系数表

期数	1%	2%	3%	4%	5%	6%	7%	8%	9%	10%
1	1.0100	1.0200	1.0300	1.0400	1.0500	1.0600	1.0700	1.0800	1.0900	1.1000
2	1.0201	1.0404	1.0609	1.0816	1.1025	1.1236	1.1449	1.1664	1.1881	1.2100
3	1.0303	1.0612	1.0927	1.1249	1.1576	1.1910	1.2250	1.2597	1.2950	1.3310
4	1.0406	1.0824	1.1255	1.1699	1.2155	1.2625	1.3108	1.3605	1.4116	1.4641
5	1.0510	1.1041	1.1593	1.2167	1.2763	1.3382	1.4026	1.4693	1.5386	1.6105
6	1.0615	1.1262	1.1941	1.2653	1.3401	1.4185	1.5007	1.5869	1.6771	1.7716
7	1.0721	1.1487	1.2299	1.3159	1.4071	1.5036	1.6058	1.7138	1.8280	1.9487
8	1.0829	1.1717	1.2668	1.3686	1.4775	1.5938	1.7182	1.8509	1.9926	2.1436
9	1.0937	1.1951	1.3048	1.4233	1.5513	1.6895	1.8385	1.9990	2.1719	2.3579
10	1.1046	1.2190	1.3439	1.4802	1.6289	1.7908	1.9672	2.1589	2.3674	2.5937
11	1.1157	1.2434	1.3842	1.5395	1.7103	1.8983	2.1049	2.3316	2.5804	2.8531
12	1.1268	1.2682	1.4258	1.6010	1.7959	2.0122	2.2522	2.5182	2.8127	3.1384
13	1.1381	1.2936	1.4685	1.6651	1.8856	2.1329	2.4098	2.7196	3.0658	3.4523
14	1.1495	1.3195	1.5126	1.7317	1.9799	2.2609	2.5785	2.9372	3.3417	3.7975
15	1.1610	1.3459	1.5580	1.8009	2.0789	2.3966	2.7590	3.1722	3.6425	4.1772
16	1.1726	1.3728	1.6047	1.8730	2.1829	2.5404	2.9522	3.4259	3.9703	4.5950
17	1.1843	1.4002	1.6528	1.9479	2.2920	2.6928	3.1588	3.7000	4.3276	5.0545
18	1.1961	1.4282	1.7024	2.0258	2.4066	2.8543	3.3799	3.9960	4.7171	5.5599
19	1.2081	1.4568	1.7535	2.1068	2.5270	3.0256	3.6165	4.3157	5.1417	6.1159
20	1.2202	1.4859	1.8061	2.1911	2.6533	3.2071	3.8697	4.6610	5.6044	6.7275
21	1.2324	1.5157	1.8603	2.2788	2.7860	3.3996	4.1406	5.0338	6.1088	7.4002
22	1.2447	1.5460	1.9161	2.3699	2.9253	3.6035	4.4304	5.4365	6.6586	8.1403
23	1.2572	1.5769	1.9736	2.4647	3.0715	3.8197	4.7405	5.8715	7.2579	8.9543
24	1.2697	1.6084	2.0328	2.5633	3.2251	4.0489	5.0724	6.3412	7.9111	9.8497
25	1.2824	1.6406	2.0938	2.6658	3.3864	4.2919	5.4274	6.8485	8.6231	10.835
26	1.2953	1.6734	2.1566	2.7725	3.5557	4.5494	5.8074	7.3964	9.3992	11.918
27	1.3082	1.7069	2.2213	2.8834	3.7335	4.8223	6.2139	7.9881	10.245	13.110
28	1.3213	1.7410	2.2879	2.9987	3.9201	5.1117	6.6488	8.6271	11.167	14.421
29	1.3345	1.7758	2.3566	3.1187	4.1161	5.4184	7.1143	9.3173	12.172	15.863
30	1.3478	1.8114	2.4273	3.2434	4.3219	5.7435	7.6123	10.063	13.268	17.449
40	1.4889	2.2080	3.2620	4.8010	7.0400	10.286	14.975	21.725	31.409	45.259
50	1.6446	2.6916	4.3839	7.1067	11.467	18.420	29.457	46.902	74.358	117.39
60	1.8167	3.2810	5.8916	10.520	18.679	32.988	57.946	101.26	176.03	304.48

续表

期数	12%	14%	15%	16%	18%	20%	24%	28%	32%	36%
1	1.1200	1.1400	1.1500	1.1600	1.1800	1.2000	1.2400	1.2800	1.3200	1.3600
2	1.2544	1.2996	1.3225	1.3456	1.3924	1.4400	1.5376	1.6384	1.7424	1.8496
3	1.4049	1.4815	1.5209	1.5609	1.6430	1.7280	1.9066	2.0972	2.3000	2.5155
4	1.5735	1.6890	1.7490	1.8106	1.9388	2.0736	2.3642	2.6844	3.0360	3.4210
5	1.7623	1.9254	2.0114	2.1003	2.2878	2.4883	2.9316	3.4360	4.0075	4.6526
6	1.9738	2.1950	2.3131	2.4364	2.6996	2.9860	3.6352	4.3980	5.2899	6.3275
7	2.2107	2.5023	2.6600	2.8262	3.1855	3.5832	4.5077	5.6295	6.9826	8.6054
8	2.4760	2.8526	3.0590	3.2784	3.7589	4.2998	5.5895	7.2058	9.2170	11.703
9	2.7731	3.2519	3.5179	3.8030	4.4355	5.1598	6.9310	9.2234	12.167	15.917
10	3.1058	3.7072	4.0456	4.4114	5.2338	6.1917	8.5944	11.806	16.060	21.647
11	3.4785	4.2262	4.6524	5.1173	6.1759	7.4301	10.657	15.112	21.199	29.439
12	3.8960	4.8179	5.3503	5.9360	7.2876	8.9161	13.215	19.343	27.983	40.038
13	4.3635	5.4924	6.1528	6.8858	8.5994	10.699	16.386	24.759	36.937	54.451
14	4.8871	6.2613	7.0757	7.9875	10.147	12.839	20.319	31.691	48.757	74.053
15	5.4736	7.1379	8.1371	9.2655	11.974	15.407	25.196	40.565	64.359	100.71
16	6.1304	8.1372	9.3576	10.748	14.129	18.488	31.243	51.923	84.954	136.97
17	6.8660	9.2765	10.761	12.468	16.672	22.186	38.741	66.461	112.14	186.28
18	7.6900	10.575	12.376	14.463	19.673	26.623	48.039	85.071	148.02	253.34
19	8.6128	12.056	14.232	16.777	23.214	31.948	59.568	108.89	195.39	344.54
20	9.6463	13.744	16.367	19.461	27.393	38.338	73.864	139.38	257.92	468.57
21	10.804	15.668	18.822	22.575	32.324	46.005	91.592	178.41	340.45	637.26
22	12.100	17.861	21.645	26.186	38.142	55.206	113.57	228.36	449.39	866.67
23	13.552	20.362	24.892	30.376	45.008	66.247	140.83	292.30	593.20	1178.7
24	15.179	23.212	28.625	35.236	53.109	79.497	174.63	374.14	783.02	1603.0
25	17.000	26.462	32.919	40.874	62.669	95.396	216.54	478.90	1033.6	2180.1
26	19.040	30.167	37.857	47.414	73.949	114.48	268.51	613.00	1364.3	2964.9
27	21.325	34.390	43.535	55.000	87.260	137.37	332.96	784.64	1800.9	4032.3
28	23.884	39.205	50.066	63.800	102.97	164.84	412.86	1004.3	2377.2	5483.9
29	26.750	44.693	57.576	74.009	121.50	197.81	511.95	1285.6	3137.9	7458.1
30	29.960	50.950	66.212	85.850	143.37	237.38	634.82	1645.5	4142.1	10143
40	93.051	188.88	267.86	378.72	750.38	1469.8	5455.9	19427	66521	*
50	289.00	700.23	1083.7	1670.7	3927.4	9100.4	46890	*	*	*
60	897.60	2595.9	4384.0	7370.2	20555	56348	*	*	*	*

注：①* >99 999。

②计算公式：复利终值系数 $=(1+i)^n$，$F=P(1+i)^n$。式中，P 为现值或初始值；i 为报酬率或利率；n 为计息期数；F 为终值或本利和。

附录2 复利现值系数表

期数	1%	2%	3%	4%	5%	6%	7%	8%	9%	10%
1	0.9901	0.9804	0.9709	0.9615	0.9524	0.9434	0.9346	0.9259	0.9174	0.9091
2	0.9803	0.9612	0.9426	0.9246	0.9070	0.8900	0.8734	0.8573	0.8417	0.8264
3	0.9706	0.9423	0.9151	0.8890	0.8638	0.8396	0.8163	0.7938	0.7722	0.7513
4	0.9610	0.9238	0.8885	0.8548	0.8227	0.7921	0.7629	0.7350	0.7084	0.6830
5	0.9515	0.9057	0.8626	0.8219	0.7835	0.7473	0.7130	0.6806	0.6499	0.6209
6	0.9420	0.8880	0.8375	0.7903	0.7462	0.7050	0.6663	0.6302	0.5963	0.5645
7	0.9327	0.8706	0.8131	0.7599	0.7107	0.6651	0.6227	0.5835	0.5470	0.5132
8	0.9235	0.8535	0.7894	0.7307	0.6768	0.6274	0.5820	0.5403	0.5019	0.4665
9	0.9143	0.8368	0.7664	0.7026	0.6446	0.5919	0.5439	0.5002	0.4604	0.4241
10	0.9053	0.8203	0.7441	0.6756	0.6139	0.5584	0.5083	0.4632	0.4224	0.3855
11	0.8963	0.8043	0.7224	0.6496	0.5847	0.5268	0.4751	0.4289	0.3875	0.3505
12	0.8874	0.7885	0.7014	0.6246	0.5568	0.4970	0.4440	0.3971	0.3555	0.3186
13	0.8787	0.7730	0.6810	0.6006	0.5303	0.4688	0.4150	0.3677	0.3262	0.2897
14	0.8700	0.7579	0.6611	0.5775	0.5051	0.4423	0.3878	0.3405	0.2992	0.2633
15	0.8613	0.7430	0.6419	0.5553	0.4810	0.4173	0.3624	0.3152	0.2745	0.2394
16	0.8528	0.7284	0.6232	0.5339	0.4581	0.3936	0.3387	0.2919	0.2519	0.2176
17	0.8444	0.7142	0.6050	0.5134	0.4363	0.3714	0.3166	0.2703	0.2311	0.1978
18	0.8360	0.7002	0.5874	0.4936	0.4155	0.3503	0.2959	0.2502	0.2120	0.1799
19	0.8277	0.6864	0.5703	0.4746	0.3957	0.3305	0.2765	0.2317	0.1945	0.1635
20	0.8195	0.6730	0.5537	0.4564	0.3769	0.3118	0.2584	0.2145	0.1784	0.1486
21	0.8114	0.6598	0.5375	0.4388	0.3589	0.2942	0.2415	0.1987	0.1637	0.1351
22	0.8034	0.6468	0.5219	0.4220	0.3418	0.2775	0.2257	0.1839	0.1502	0.1228
23	0.7954	0.6342	0.5067	0.4057	0.3256	0.2618	0.2109	0.1703	0.1378	0.1117
24	0.7876	0.6217	0.4919	0.3901	0.3101	0.2470	0.1971	0.1577	0.1264	0.1015
25	0.7798	0.6095	0.4776	0.3751	0.2953	0.2330	0.1842	0.1460	0.1160	0.0923
26	0.7720	0.5976	0.4637	0.3607	0.2812	0.2198	0.1722	0.1352	0.1064	0.0839
27	0.7644	0.5859	0.4502	0.3468	0.2678	0.2074	0.1609	0.1252	0.0976	0.0763
28	0.7568	0.5744	0.4371	0.3335	0.2551	0.1956	0.1504	0.1159	0.0895	0.0693
29	0.7493	0.5631	0.4243	0.3207	0.2429	0.1846	0.1406	0.1073	0.0822	0.0630
30	0.7419	0.5521	0.4120	0.3083	0.2314	0.1741	0.1314	0.0994	0.0754	0.0573
35	0.7059	0.5000	0.3554	0.2534	0.1813	0.1301	0.0937	0.0676	0.0490	0.0356
40	0.6717	0.4529	0.3066	0.2083	0.1420	0.0972	0.0668	0.0460	0.0318	0.0221
45	0.6391	0.4102	0.2644	0.1712	0.1113	0.0727	0.0476	0.0313	0.0207	0.0137
50	0.6080	0.3715	0.2281	0.1407	0.0872	0.0543	0.0339	0.0213	0.0134	0.0085
55	0.5785	0.3365	0.1968	0.1157	0.0683	0.0406	0.0242	0.0145	0.0087	0.0053

续表

期数	12%	14%	15%	16%	18%	20%	24%	28%	32%	36%
1	0.8929	0.8772	0.8696	0.8621	0.8475	0.8333	0.8065	0.7813	0.7576	0.7353
2	0.7972	0.7695	0.7561	0.7432	0.7182	0.6944	0.6504	0.6104	0.5739	0.5407
3	0.7118	0.6750	0.6575	0.6407	0.6086	0.5787	0.5245	0.4768	0.4348	0.3975
4	0.6355	0.5921	0.5718	0.5523	0.5158	0.4823	0.4230	0.3725	0.3294	0.2923
5	0.5674	0.5194	0.4972	0.4761	0.4371	0.4019	0.3411	0.2910	0.2495	0.2149
6	0.5066	0.4556	0.4323	0.4104	0.3704	0.3349	0.2751	0.2274	0.1890	0.1580
7	0.4523	0.3996	0.3759	0.3538	0.3139	0.2791	0.2218	0.1776	0.1432	0.1162
8	0.4039	0.3506	0.3269	0.3050	0.2660	0.2326	0.1789	0.1388	0.1085	0.0854
9	0.3606	0.3075	0.2843	0.2630	0.2255	0.1938	0.1443	0.1084	0.0822	0.0628
10	0.3220	0.2697	0.2472	0.2267	0.1911	0.1615	0.1164	0.0847	0.0623	0.0462
11	0.2875	0.2366	0.2149	0.1954	0.1619	0.1346	0.0938	0.0662	0.0472	0.0340
12	0.2567	0.2076	0.1869	0.1685	0.1372	0.1122	0.0757	0.0517	0.0357	0.0250
13	0.2292	0.1821	0.1625	0.1452	0.1163	0.0935	0.0610	0.0404	0.0271	0.0184
14	0.2046	0.1597	0.1413	0.1252	0.0985	0.0779	0.0492	0.0316	0.0205	0.0135
15	0.1827	0.1401	0.1229	0.1079	0.0835	0.0649	0.0397	0.0247	0.0155	0.0099
16	0.1631	0.1229	0.1069	0.0930	0.0708	0.0541	0.0320	0.0193	0.0118	0.0073
17	0.1456	0.1078	0.0929	0.0802	0.0600	0.0451	0.0258	0.0150	0.0089	0.0054
18	0.1300	0.0946	0.0808	0.0691	0.0508	0.0376	0.0208	0.0118	0.0068	0.0039
19	0.1161	0.0829	0.0703	0.0596	0.0431	0.0313	0.0168	0.0092	0.0051	0.0029
20	0.1037	0.0728	0.0611	0.0514	0.0365	0.0261	0.0135	0.0072	0.0039	0.0021
21	0.0926	0.0638	0.0531	0.0443	0.0309	0.0217	0.0109	0.0056	0.0029	0.0016
22	0.0826	0.0560	0.0462	0.0382	0.0262	0.0181	0.0088	0.0044	0.0022	0.0012
23	0.0738	0.0491	0.0402	0.0329	0.0222	0.0151	0.0071	0.0034	0.0017	0.0008
24	0.0659	0.0431	0.0349	0.0284	0.0188	0.0126	0.0057	0.0027	0.0013	0.0006
25	0.0588	0.0378	0.0304	0.0245	0.0160	0.0105	0.0046	0.0021	0.0010	0.0005
26	0.0525	0.0331	0.0264	0.0211	0.0135	0.0087	0.0037	0.0016	0.0007	0.0003
27	0.0469	0.0291	0.0230	0.0182	0.0115	0.0073	0.0030	0.0013	0.0006	0.0002
28	0.0419	0.0255	0.0200	0.0157	0.0097	0.0061	0.0024	0.0010	0.0004	0.0002
29	0.0374	0.0224	0.0174	0.0135	0.0082	0.0051	0.0020	0.0008	0.0003	0.0001
30	0.0334	0.0196	0.0151	0.0116	0.0070	0.0042	0.0016	0.0006	0.0002	0.0001
35	0.0189	0.0102	0.0075	0.0055	0.0030	0.0017	0.0005	0.0002	0.0001	*
40	0.0107	0.0053	0.0037	0.0026	0.0013	0.0007	0.0002	0.0001	*	*
45	0.0061	0.0027	0.0019	0.0013	0.0006	0.0003	0.0001	*	*	*
50	0.0035	0.0014	0.0009	0.0006	0.0003	0.0001	*	*	*	*
55	0.0020	0.0007	0.0005	0.0003	0.0001	*	*	*	*	*

注：

① * ＜0.0001。

② 计算公式：复利现值系数＝ $(1+i)^{-n}$，$P=\dfrac{F}{(1+i)^{n}}=F(1+i)^{-n}$。式中，$P$ 为现值或初始值；i 为报酬率或利率；n 为计息期数；F 为终值或本利和。

附录3 年金终值系数表

期数	1%	2%	3%	4%	5%	6%	7%	8%	9%	10%
1	1.0000	1.0000	1.0000	1.0000	1.0000	1.0000	1.0000	1.0000	1.0000	1.0000
2	2.0100	2.0200	2.0300	2.0400	2.0500	2.0600	2.0700	2.0800	2.0900	2.1000
3	3.0301	3.0604	3.0909	3.1216	3.1525	3.1836	3.2149	3.2464	3.2781	3.3100
4	4.0604	4.1216	4.1836	4.2465	4.3101	4.3746	4.4399	4.5061	4.5731	4.6410
5	5.1010	5.2040	5.3091	5.4163	5.5256	5.6371	5.7507	5.8666	5.9847	6.1051
6	6.1520	6.3081	6.4684	6.6330	6.8019	6.9753	7.1533	7.3359	7.5233	7.7156
7	7.2135	7.4343	7.6625	7.8983	8.1420	8.3938	8.6540	8.9228	9.2004	9.4872
8	8.2857	8.5830	8.8923	9.2142	9.5491	9.8975	10.260	10.637	11.029	11.436
9	9.3685	9.7546	10.159	10.583	11.027	11.491	11.978	12.488	13.021	13.580
10	10.462	10.950	11.464	12.006	12.578	13.181	13.816	14.487	15.193	15.937
11	11.567	12.169	12.808	13.486	14.207	14.972	15.784	16.646	17.560	18.531
12	12.683	13.412	14.192	15.026	15.917	16.870	17.889	18.977	20.141	21.384
13	13.809	14.680	15.618	16.627	17.713	18.882	20.141	21.495	22.953	24.523
14	14.947	15.974	17.086	18.292	19.599	21.015	22.551	24.215	26.019	27.975
15	16.097	17.293	18.599	20.024	21.579	23.276	25.129	27.152	29.361	31.773
16	17.258	18.639	20.157	21.825	23.658	25.673	27.888	30.324	33.003	35.950
17	18.430	20.012	21.762	23.698	25.840	28.213	30.840	33.750	36.974	40.545
18	19.615	21.412	23.414	25.645	28.132	30.906	33.999	37.450	41.301	45.599
19	20.811	22.841	25.117	27.671	30.539	33.760	37.379	41.446	46.019	51.159
20	22.019	24.297	26.870	29.778	33.066	36.786	40.996	45.762	51.160	57.275
21	23.239	25.783	28.677	31.969	35.719	39.993	44.865	50.423	56.765	64.003
22	24.472	27.299	30.537	34.248	38.505	43.392	49.006	55.457	62.873	71.403
23	25.716	28.845	32.453	36.618	41.431	46.996	53.436	60.893	69.532	79.543
24	26.974	30.422	34.427	39.083	44.502	50.816	58.177	66.765	76.790	88.497
25	28.243	32.030	36.459	41.646	47.727	54.865	63.249	73.106	84.701	98.347
26	29.526	33.671	38.553	44.312	51.114	59.156	68.677	79.954	93.324	109.18
27	30.821	35.344	40.710	47.084	54.669	63.706	74.484	87.351	102.72	121.10
28	32.129	37.051	42.931	49.968	58.403	68.528	80.698	95.339	112.97	134.21
29	33.450	38.792	45.219	52.966	62.323	73.640	87.347	103.97	124.14	148.63
30	34.785	40.568	47.575	56.085	66.439	79.058	94.461	113.28	136.31	164.49
40	48.886	60.402	75.401	95.026	120.80	154.76	199.64	259.06	337.88	442.59
50	64.463	84.579	112.80	152.67	209.35	290.34	406.53	573.77	815.08	1163.9
60	81.670	114.05	163.05	237.99	353.58	533.13	813.52	1253.2	1944.8	3034.8

续表

期数	12%	14%	15%	16%	18%	20%	24%	28%	32%	36%
1	1.0000	1.0000	1.0000	1.0000	1.0000	1.0000	1.0000	1.0000	1.0000	1.0000
2	2.1200	2.1400	2.1500	2.1600	2.1800	2.2000	2.2400	2.2800	2.3200	2.3600
3	3.3744	3.4396	3.4725	3.5056	3.5724	3.6400	3.7776	3.9184	4.0624	4.2096
4	4.7793	4.9211	4.9934	5.0665	5.2154	5.3680	5.6842	6.0156	6.3624	6.7251
5	6.3528	6.6101	6.7424	6.8771	7.1542	7.4416	8.0484	8.6999	9.3983	10.146
6	8.1152	8.5355	8.7537	8.9775	9.4420	9.9299	10.980	12.136	13.406	14.799
7	10.089	10.731	11.067	11.414	12.142	12.916	14.615	16.534	18.696	21.126
8	12.300	13.233	13.727	14.240	15.327	16.499	19.123	22.163	25.678	29.732
9	14.776	16.085	16.786	17.519	19.086	20.799	24.713	29.369	34.895	41.435
10	17.549	19.337	20.304	21.322	23.521	25.959	31.643	38.593	47.062	57.352
11	20.655	23.045	24.349	25.733	28.755	32.150	40.238	50.399	63.122	78.998
12	24.133	27.271	29.002	30.850	34.931	39.581	50.895	65.510	84.320	108.44
13	28.029	32.089	34.352	36.786	42.219	48.497	64.110	84.853	112.30	148.48
14	32.393	37.581	40.505	43.672	50.818	59.196	80.496	109.61	149.24	202.93
15	37.280	43.842	47.580	51.660	60.965	72.035	100.82	141.30	198.00	276.98
16	42.753	50.980	55.718	60.925	72.939	87.442	126.01	181.87	262.36	377.69
17	48.884	59.118	65.075	71.673	87.068	105.93	157.25	233.79	347.31	514.66
18	55.750	68.394	75.836	84.141	103.74	128.12	195.99	300.25	459.45	700.94
19	63.440	78.969	88.212	98.603	123.41	154.74	244.03	385.32	607.47	954.28
20	72.052	91.025	102.44	115.38	146.63	186.69	303.60	494.21	802.86	1298.8
21	81.699	104.77	118.81	134.84	174.02	225.03	377.46	633.59	1060.8	1767.4
22	92.503	120.44	137.63	157.42	206.34	271.03	469.06	812.00	1401.2	2404.7
23	104.60	138.30	159.28	183.60	244.49	326.24	582.63	1040.4	1850.6	3271.3
24	118.16	158.66	184.17	213.98	289.49	392.48	723.46	1332.7	2443.8	4450.0
25	133.33	181.87	212.79	249.21	342.60	471.98	898.09	1706.8	3226.8	6053.0
26	150.33	208.33	245.71	290.09	405.27	567.38	1114.6	2185.7	4260.4	8233.1
27	169.37	238.50	283.57	337.50	479.22	681.85	1383.1	2798.7	5624.8	11198
28	190.70	272.89	327.10	392.50	566.48	819.22	1716.1	3583.3	7425.7	15230
29	214.58	312.09	377.17	456.30	669.45	984.07	2129.0	4587.7	9802.9	20714
30	241.33	356.79	434.75	530.31	790.95	1181.9	2640.9	5873.2	12941	28172
40	767.09	1342.0	1779.1	2360.8	4163.2	7343.9	22729	69377	207874	609890
50	2400.0	4994.5	7217.7	10436	21813	45497	195373	819103	*	*
60	7471.6	18535	29220	46058	114190	281733	*	*	*	*

注：

① * >999 999。

② 计算公式：年金终值系数 $=\dfrac{(1+i)^n-1}{i}$，$F=A\dfrac{(1+i)^n-1}{i}$。式中，A 为每期等额支付（或收入）的金额；i 为报酬率或利率；n 为计息期数；F 为年金终值或本利和。

附录4　年金现值系数表

期数	1%	2%	3%	4%	5%	6%	7%	8%	9%	10%
1	0.9901	0.9804	0.9709	0.9615	0.9524	0.9434	0.9346	0.9259	0.9174	0.9091
2	1.9704	1.9416	1.9135	1.8861	1.8594	1.8334	1.8080	1.7833	1.7591	1.7355
3	2.9410	2.8839	2.8286	2.7751	2.7232	2.6730	2.6243	2.5771	2.5313	2.4869
4	3.9020	3.8077	3.7171	3.6299	3.5460	3.4651	3.3872	3.3121	3.2397	3.1699
5	4.8534	4.7135	4.5797	4.4518	4.3295	4.2124	4.1002	3.9927	3.8897	3.7908
6	5.7955	5.6014	5.4172	5.2421	5.0757	4.9173	4.7665	4.6229	4.4859	4.3553
7	6.7282	6.4720	6.2303	6.0021	5.7864	5.5824	5.3893	5.2064	5.0330	4.8684
8	7.6517	7.3255	7.0197	6.7327	6.4632	6.2098	5.9713	5.7466	5.5348	5.3349
9	8.5660	8.1622	7.7861	7.4353	7.1078	6.8017	6.5152	6.2469	5.9952	5.7590
10	9.4713	8.9826	8.5302	8.1109	7.7217	7.3601	7.0236	6.7101	6.4177	6.1446
11	10.3676	9.7868	9.2526	8.7605	8.3064	7.8869	7.4987	7.1390	6.8052	6.4951
12	11.2551	10.5753	9.9540	9.3851	8.8633	8.3838	7.9427	7.5361	7.1607	6.8137
13	12.1337	11.3484	10.6350	9.9856	9.3936	8.8527	8.3577	7.9038	7.4869	7.1034
14	13.0037	12.1062	11.2961	10.5631	9.8986	9.2950	8.7455	8.2442	7.7862	7.3667
15	13.8651	12.8493	11.9379	11.1184	10.3797	9.7122	9.1079	8.5595	8.0607	7.6061
16	14.7179	13.5777	12.5611	11.6523	10.8378	10.1059	9.4466	8.8514	8.3126	7.8237
17	15.5623	14.2919	13.1661	12.1657	11.2741	10.4773	9.7632	9.1216	8.5436	8.0216
18	16.3983	14.9920	13.7535	12.6593	11.6896	10.8276	10.0591	9.3719	8.7556	8.2014
19	17.2260	15.6785	14.3238	13.1339	12.0853	11.1581	10.3356	9.6036	8.9501	8.3649
20	18.0456	16.3514	14.8775	13.5903	12.4622	11.4699	10.5940	9.8181	9.1285	8.5136
21	18.8570	17.0112	15.4150	14.0292	12.8212	11.7641	10.8355	10.0168	9.2922	8.6487
22	19.6604	17.6580	15.9369	14.4511	13.1630	12.0416	11.0612	10.2007	9.4424	8.7715
23	20.4558	18.2922	16.4436	14.8568	13.4886	12.3034	11.2722	10.3711	9.5802	8.8832
24	21.2434	18.9139	16.9355	15.2470	13.7986	12.5504	11.4693	10.5288	9.7066	8.9847
25	22.0232	19.5235	17.4131	15.6221	14.0939	12.7834	11.6536	10.6748	9.8226	9.0770
26	22.7952	20.1210	17.8768	15.9828	14.3752	13.0032	11.8258	10.8100	9.9290	9.1609
27	23.5596	20.7069	18.3270	16.3296	14.6430	13.2105	11.9867	10.9352	10.0266	9.2372
28	24.3164	21.2813	18.7641	16.6631	14.8981	13.4062	12.1371	11.0511	10.1161	9.3066
29	25.0658	21.8444	19.1885	16.9837	15.1411	13.5907	12.2777	11.1584	10.1983	9.3696
30	25.8077	22.3965	19.6004	17.2920	15.3725	13.7648	12.4090	11.2578	10.2737	9.4269
35	29.4086	24.9986	21.4872	18.6646	16.3742	14.4982	12.9477	11.6546	10.5668	9.6442
40	32.8347	27.3555	23.1148	19.7928	17.1591	15.0463	13.3317	11.9246	10.7574	9.7791
45	36.0945	29.4902	24.5187	20.7200	17.7741	15.4558	13.6055	12.1084	10.8812	9.8628
50	39.1961	31.4236	25.7298	21.4822	18.2559	15.7619	13.8007	12.2335	10.9617	9.9148
55	42.1472	33.1748	26.7744	22.1086	18.6335	15.9905	13.9399	12.3186	11.0140	9.9471

续表

期数	12%	14%	15%	16%	18%	20%	24%	28%	32%	36%
1	0.8929	0.8772	0.8696	0.8621	0.8475	0.8333	0.8065	0.7813	0.7576	0.7353
2	1.6901	1.6467	1.6257	1.6052	1.5656	1.5278	1.4568	1.3916	1.3315	1.2760
3	2.4018	2.3216	2.2832	2.2459	2.1743	2.1065	1.9813	1.8684	1.7663	1.6735
4	3.0373	2.9137	2.8550	2.7982	2.6901	2.5887	2.4043	2.2410	2.0957	1.9658
5	3.6048	3.4331	3.3522	3.2743	3.1272	2.9906	2.7454	2.5320	2.3452	2.1807
6	4.1114	3.8887	3.7845	3.6847	3.4976	3.3255	3.0205	2.7594	2.5342	2.3388
7	4.5638	4.2883	4.1604	4.0386	3.8115	3.6046	3.2423	2.9370	2.6775	2.4550
8	4.9676	4.6389	4.4873	4.3436	4.0776	3.8372	3.4212	3.0758	2.7860	2.5404
9	5.3282	4.9464	4.7716	4.6065	4.3030	4.0310	3.5655	3.1842	2.8681	2.6033
10	5.6502	5.2161	5.0188	4.8332	4.4941	4.1925	3.6819	3.2689	2.9304	2.6495
11	5.9377	5.4527	5.2337	5.0286	4.6560	4.3271	3.7757	3.3351	2.9776	2.6834
12	6.1944	5.6603	5.4206	5.1971	4.7932	4.4392	3.8514	3.3868	3.0133	2.7084
13	6.4235	5.8424	5.5831	5.3423	4.9095	4.5327	3.9124	3.4272	3.0404	2.7268
14	6.6282	6.0021	5.7245	5.4675	5.0081	4.6106	3.9616	3.4587	3.0609	2.7403
15	6.8109	6.1422	5.8474	5.5755	5.0916	4.6755	4.0013	3.4834	3.0764	2.7502
16	6.9740	6.2651	5.9542	5.6685	5.1624	4.7296	4.0333	3.5026	3.0882	2.7575
17	7.1196	6.3729	6.0472	5.7487	5.2223	4.7746	4.0591	3.5177	3.0971	2.7629
18	7.2497	6.4674	6.1280	5.8178	5.2732	4.8122	4.0799	3.5294	3.1039	2.7668
19	7.3658	6.5504	6.1982	5.8775	5.3162	4.8435	4.0967	3.5386	3.1090	2.7697
20	7.4694	6.6231	6.2593	5.9288	5.3527	4.8696	4.1103	3.5458	3.1129	2.7718
21	7.5620	6.6870	6.3125	5.9731	5.3837	4.8913	4.1212	3.5514	3.1158	2.7734
22	7.6446	6.7429	6.3587	6.0113	5.4099	4.9094	4.1300	3.5558	3.1180	2.7746
23	7.7184	6.7921	6.3988	6.0442	5.4321	4.9245	4.1371	3.5592	3.1197	2.7754
24	7.7843	6.8351	6.4338	6.0726	5.4509	4.9371	4.1428	3.5619	3.1210	2.7760
25	7.8431	6.8729	6.4641	6.0971	5.4669	4.9476	4.1474	3.5640	3.1220	2.7765
26	7.8957	6.9061	6.4906	6.1182	5.4804	4.9563	4.1511	3.5656	3.1227	2.7768
27	7.9426	6.9352	6.5135	6.1364	5.4919	4.9636	4.1542	3.5669	3.1233	2.7771
28	7.9844	6.9607	6.5335	6.1520	5.5016	4.9697	4.1566	3.5679	3.1237	2.7773
29	8.0218	6.9830	6.5509	6.1656	5.5098	4.9747	4.1585	3.5687	3.1240	2.7774
30	8.0552	7.0027	6.5660	6.1772	5.5168	4.9789	4.1601	3.5693	3.1242	2.7775
35	8.1755	7.0700	6.6166	6.2153	5.5386	4.9915	4.1644	3.5708	3.1248	2.7777
40	8.2438	7.1050	6.6418	6.2335	5.5482	4.9966	4.1659	3.5712	3.1250	2.7778
45	8.2825	7.1232	6.6543	6.2421	5.5523	4.9986	4.1664	3.5714	3.1250	2.7778
50	8.3045	7.1327	6.6605	6.2463	5.5541	4.9995	4.1666	3.5714	3.1250	2.7778
55	8.3170	7.1376	6.6636	6.2482	5.5549	4.9998	4.1666	3.5714	3.1250	2.7778

注：

计算公式：年金现值系数$=\frac{1-(1+i)^{-n}}{i}$，$P=A\frac{1-(1+i)^{-n}}{i}$。式中，$A$ 为每期等额支付（或收入）的金额；i 为报酬率或利率；n 为计息期数；P 为年金现值或本利和。

参考文献

1. 财政部会计资格评价中心，《2021 年度全国会计专业技术资格考试辅导教材 中级会计资格 财务管理》，经济科学出版社，2020.12。

2. 中国注册会计师协会，《2021 年注册会计师全国统一考试辅导教材 财务成本管理》，中国财政经济出版社，2021.03。

3. 中国注册会计师协会，《2021 年注册会计师全国统一考试辅导教材 公司战略与风险管理》，中国财政经济出版社，2021.03。

4. 邵敬浩，《管理会计（第四版）》，高等教育出版社，2018.08。

5. 周阅，丁增稳，《管理会计基础》，高等教育出版社，2019.08。

6. 周阅，丁增稳，《管理会计实务（第二版）》，高等教育出版社，2020.08。

7. 陈兴述，李勇，陈祥碧，《管理会计（第二版）》，高等教育出版社，2019.03。

8. 郭素娟，石晓燕，《管理会计（第 4 版）》，中国财政经济出版社，2019.06。

9. 杜学森，王娜，《管理会计实务（第二版）》，高等教育出版社，2021.10。

10. 高翠莲，《管理会计基础（第二版）》，高等教育出版社，2021.09。

11. 吴大军，牛彦秀，《管理会计（第 6 版）》，东北财经大学出版社，2021.02。

12. 孔德兰，《管理会计实务（第二版）》，东北财经大学出版社，2020.09。